GAME BOY ADVANCE

게임보이 어드밴스 퍼펙트 카탈로그

GAMEBOY ADVANCE PERFECT CATALOGUE

samho MEDIA

머리말

특정한 게임기에 초점을 맞춰 소프트는 물론 하드웨어까지 해설함으로써 그 게임기의 매력을 전달한다는 목적으로 제작한 본 「퍼펙트 카탈로그」 시리즈도, 첫 권인 「메가 드라이브 퍼펙트 카탈로그」가 출간된 이래 벌써 1년을 넘기고 이 책으로 통권 6권 째가 되었다. 여기까지 올 수 있도록 지지해주신 독자 여러분께 다시 한 번 깊이 감사드리고자 한다.

이번 책의 테마로는, 이제까지 본 시리즈가 다뤄온 게임기들에 비해 제법 최근에 해당하는 2001년, 즉 21세기에 발매된 '게임보이 어드밴스'를 골라보았다. 이전 「게임보이 퍼펙트 카탈로그」를 제작하던 단계에서 이미 이 책의 제작도 염두에 두고 있었으나, 대략 반년이 지나서야 드디어 발표하게 되었다. 게임보이와 마찬가지로 게임보이 어드밴스 역시 한 권으로 묶어낸 출판물이 거의 없다 보니, 「게임보이 퍼펙트 카탈로그」 발간 이후 여러 건의 요망을 받은 바 있었다. 드디어 묵은 숙제를 완수하게 되었으니, 오래 지고 있던 짐을 내려놓은 듯한 기분이라고나 할까.

게임보이 어드밴스를 한 마디로 표현하자면, '아이를 위한 게임기'라 하겠다. 게임을 즐기는 유저층이 점점 고령화의 길로 향하고 있는 현대의 게임기 시장에 정면으로 이의를 외치며, 아이를 위한 게임기라는 위치를 고집한 것이다. '마리오'와 '젤다'를 비롯한 인기 시리즈물이 다수 발매되는 한편 신규 타이틀도 적극적으로 출시되어있으며, '포켓몬'이 개척해낸 '수집·육성·통신·대전' 시스템을 살린 새로운 놀이법을 제안함으로써, 혼자서만 즐기는 게임기가 아니라 같은 반 친구들과 함께 즐기는 커뮤니케이션 도구라는 역할을 완수해냈다. 서드파티도 게임보이 어드밴스의 시장 특성을 충분히 이해했기에 저연령용 애니메이션 판권물 타이틀의 발매 비중을 높였던 것 역시, 이 기종만의 고유한 특징이라 할 수 있다.

게임보이 어드밴스가 현역일 당시에 초등학생 시절을 보낸 분들도 지금은 어느덧 2~30대에 접어들었을 터이니, 당시 이 게임기에 철저히 몰두하며 즐겼을 세대가 그때를 회고할 수 있는 책이 될 것을 목표로 집필하였다. 책장을 넘기며 추억에 잠기거나, 옛날이야기로 꽃을 피우기 위한 디딤돌로서 활용될 수 있다면 감사할 따름이다.

2019년 5월,
마에다 히로유키

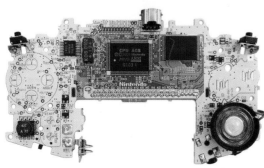
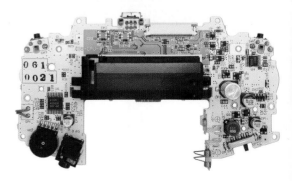

003

GAME BOY ADVANCE

게임보이 어드밴스 퍼펙트 카탈로그

CONTENTS

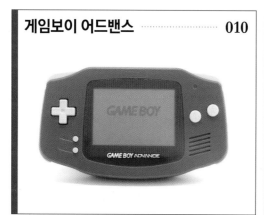

- 이 책 안에서 다루는 게임기, 소프트, 기타 각 상품은 ™ 및 ©, ® 표기를 생략했으나, 각종 권리는 해당 회사의 소유이며, 각 회사의 상표 또는 등록상표입니다.

- 이 책 안에서 다루는 게임기, 소프트, 기타 각 상품은 일부를 제외하고 현재 판매 종료되었습니다. 문의처가 게재되어 있는 상품을 제외하고, 이 책의 정보를 근거로 각 회사에 직접 문의하시는 것은 삼가 주십시오.

- 이 책에 실린 사진은 저자가 촬영한 것을 제외하고는 모두 당시의 카탈로그, 위키미디어 공용의 사진을 사용하였습니다. http://commons.wikimedia.org/wiki/Main_Page

- 회사명 및 상품명은 발매 당시 기준입니다. 또한, 일부 회사명 및 상품명이 정확한 표기가 아닌 경우가 있습니다만, 가독성을 위해 조정한 것이며 오독·오해 유발 목적이 아닙니다.

- 회사명 표기 시에는 '주식회사' 등의 표기를 생략했습니다. 또한 개인 이름의 경칭은 생략했습니다.

- 가격 표시는 원칙적으로 일본의 소비세 세외 가격 기준이시나, 낭시 표기를 따라 소비세가 포함되어 표기된 경우가 일부 있습니다.

- 한국어판의 추가 페이지는 모두 역자가 집필하였습니다.

GAMEBOY ADVANCE PERFECT CATALOGUE by Hiroyuki Maeda
Copyright © G-WALK publishing.co., ltd. 2019
All rights reserved.
Original Japanese edition published by G-WALK publishing.co., ltd.
Korean translation copyright © 2020 by Samho Media
This Korean edition published by arrangement with G-WALK publishing.co., ltd., Tokyo, through HonnoKizuna, Inc., Tokyo, and Botong Agency

이 책의 한국어판 저작권은 Botong Agency를 통한 저작권자와의 독점 계약으로 삼호미디어가 소유합니다.
신 저작권법에 의하여 한국 내에서 보호를 받는 저작물이므로 무단전재와 무단복제를 금합니다.

Special Thanks To

게임샵 트레더

꿀딴지곰	고전게임 컬럼니스트, 유튜브 채널 '꿀딴지곰의 게임탐정사무소' 운영
권생	목표는 '죽기 전에 모아둔 게임 다 하기'인 컬렉터
신비	레트로 게임 전기종 올 콜렉팅을 목표로 하는 '구닥동' 회원
오영욱	게임잡지의 DB를 꿈꾸는 게임개발자
이승준	'레트로장터' 행사 주최자
정세윤	http://blog.naver.com/plaire0
최준스	게임 유튜버/컬렉터, 유튜브 채널 '최준스' 운영
타잔	레트로 게임 컬렉터, 네이버 카페 '추억의 게임 여행' 운영자
홍성보	월간 GAMER'Z 수석기자

Chapter 1

게임보이 어드밴스 하드웨어 대연구

GAMEBOY ADVANCE HARDWARE CATALOGUE

HARDWARE

2001's SOFT
2002's SOFT
2003's SOFT
2004's SOFT
2005's SOFT
2006's SOFT
SOFT INDEX

해설 | 장기간 준비해 왔던 차세대 게임보이 구상
COMMENTARY OF GAMEBOY ADVANCE #1

12년간의 구상, 초대 게임보이 당시부터의 숙제였던 게임보이 어드밴스

게임보이 어드밴스(이하 GBA)는, 당시 닌텐도의 개발기술본부 부장이었던 오카다 사토루를 중심으로 하여 개발되었던 하드웨어다. 오카다 씨는 초대 게임보이 시대부터 하드웨어 설계에 관여해온 인물로, 게임보이를 개발할 당시 생산비 절감을 위해 부득이하게 삭제했던 사양을 부활시킨 새로운 게임보이를 만들자는 구상을 장기간 품어왔던 바, 이것이 게임보이 어드밴스의 토대가 되었다. 그렇다보니 착상 및 구상 자체는 실제로 발매되기 12년 전부터 진행된 것으로, 실은 게임보이 컬러보나도 이전에 이미 기획안이 존재했었다.

「포켓몬스터」의 히트로 인해 게임보이 시장이 일거에 재활성화된 1997년, 당시 시점에서도 이미 하드웨어적으로 낙후된 구조였던 게임보이 역시 '포켓몬' 붐의 후광을 입어 후계기 출시의 필요성이 대두되었다. 하지만 닌텐도는, 이 시점에서는 차세대 게임보이(게임보이 어드밴스)의 개발이 아직 이르다고 판단했다. 일단 붐에 순응하여 '발매 스피드를 우선하도록 한다'라는 마케팅 관점의 판단으로, 당시 샤프 사가 공급을 타진해온 신개발품인 반사형 TFT 컬러 LCD에 주목했다. 이를 사용한 게임보이 컬러를 먼저 발매하여, 게임보이 어드밴스를 투입하기 전에 일단 한 발 쉬어가는 형태로 기술 숙성에 필요한 시간을 확보하자고 결정한 것이다.

3D 그래픽 기능을 포기하고 2D에 특화시킨 이유

GBA는 개발기간이 길었던 하드웨어다 보니 그동안 게임기 업계를 둘러싼 패러다임 시프트가 여러 번 일어났는데, 그중 가장 커다란 변혁은 역시 '2D에서 3D로의 시장 변화'였다.

게임보이는 1989년에 발매된 게임기이다 보니 사실 슈퍼 패미컴(1990년)보다도 낡은 아키텍처였기에, 당초에는 슈퍼 패미컴급의 표현력을 염두에 두고 GBA의 개발을 진행해 왔다. 하지만 1993년이 되자 「릿지 레이서」(남코), 「버추어 파이터」(세가) 등 3D 폴리곤을 사용한 게임이 속속 히트하였고, 소니컴퓨터엔터테인먼트(현 소니인터랙티브엔터테인먼트)가 플레이스테이션을 발매함으로써, 게임기의 영상기술이 급격하게 3D로 전환되어 갔다.

이 당시엔, 당연히 게임보이 어드밴스도 3D 아키텍처로 변경할지 여부를 내부적으로 깊이 검토했었다고 하나, 생산비용과 실용성의 트레이드오프 문제로 3D는 시기상조라고 판단하여 결국 탑재하지 않기로 결정했다.

꼭 게임보이 어드밴스에만 한정되는 얘기는 아니나, 닌텐도의 게임기는 소비자가격을 먼저 결정하고, 하드웨어 판매만으로 충분히 이익이 확보되는 선에서 성능을 책정하는 방식을 고수한다. 게임보이 어드밴스의 경우 소비자가격 1만 엔 미만이라는 목표가 대전제였는데, 당시의 기술로 이를 만족시키며 3D를 탑재하기란 현실적으로 무리였다. 게다가 3D용 칩을 탑재하면 필연적으로 발열량이 증가하고, 당연히 배터리 소모량 폭증으로도 직결된다. 결국 '가능한가 불가능한가' 이전에 '휴대용 게임기로서 실용적인가'라는 관점에서, 3D 아키텍처의 탑재는 너무 이르다고 판단한 것이다. 반면 3D를 과감히 버린 만큼, 2D 표현력 쪽으로는 철저하게 소프트 개발사 입장에 서서 게임을 개발하기 쉬운 스펙을 추구한다.

그러한 선택과 집중의 결과로, 게임보이 어드밴스는 슈퍼 패미컴을 상회하는 2D 성능을 발휘하게 되어, 닌텐도가 내놓은 궁극의 2D 하드웨어로 완성되었다. 또한, 게임보이 어드밴스가 이루지 못하고 남긴 과제가 된 3D 표현은 그 다음 세대 휴대용 게임기인 닌텐도 DS에서 결실을 맺게 된다.

제품 발표 시의 무려 5배? 황급히 사양이 변경된 메모리 증설

게임보이 어드밴스의 실제 개발기간은 게임보이 컬러 발매 후의 약 2년간이며, 그중 CPU를 중심으로 한 주요 기능을 원칩으로 통합시킨 'CPU AGB'의 개발에만 1년이 소요되었다. 단가와 소비전력을 고려하면 원칩으로의 통합은 매우 결정적이고도 중요한 요소였기에, 충분히 시간을 들여 진행한 것이다. 칩 개발에 1년이나 들인 이유는 소프트 개발현장 및 타사 서드 파티의 의견을 충분히 수집하여 가능한 한 반영시키기 위해서였다 하니, 소프트 개발 용이성을 우선하여 제작했음이 엿보인다.

그런데 앞서 '원칩'이라고 쓰기는 하였으나, 실제로 발매된 게임보이 어드밴스의 기판은 2칩 구성이다. 이는 게임보이 어드밴스의 사양이 사전 발표된 후에 2Mbit의 SRAM을 추가했기 때문으로, 발표 당시에는 없었던 사양이다. 당초에는 CPU 측에 내장된 32KB(0.5Mbit) SRAM만으로 운용할 것을 상정했으나, 서드파티 측에서 메모리 용량 증가를 요망하는 의견이 많았던 데다, '게임보이처럼 10년

을 갈 수 있는 하드웨어를 만들자'라는 내부적인 결정도 더해져, 사후에 메모리 추가가 확정되었다. 이러한 출시 전의 뒤늦은 사양 변경은 그래픽 쪽에도 있어, 제품 발표 당시엔 65,536색이었던 동시 발색수 역시 화면 모드 추가

에 의해 실제 제품판에서는 32,768색으로 감소했다. 사전 발표한 카탈로그 스펙에 연연하지 않고 실효성능 향상을 우선한 취사선택이라 하겠다.

계획만으로 끝나버린 게임보이 어드밴스용 온라인 서비스

당초 사양에서 삭제된 요소로서, 게임보이 어드밴스의 설계 초기에는 휴대폰을 통해 모뎀으로 접속하여 다운로드 서비스 및 멀티플레이 등의 각종 온라인 서비스를 즐기게끔 한다는 계획이 있었다. 설계 당시, 일본에서는 닌텐도 자사의 가정용 게임기인 닌텐도 64로 '랜드넷'(서비스 제공사는 랜드넷DD)이란 서비스가 제공되고 있었기에, 이 랜드넷과도 연계하여 네트워크

인프라를 제공한다는 구상이 세워져 있었다고 한다.

하지만 정작 닌텐도 64의 랜드넷이 가입자가 예상만큼 모이지 않았던 데다, 전화선 접속이 주류였던지라 회선 속도가 느렸던 당시의 인터넷 환경으로는 시기상조라고 판단했는지, GBA 개발자용 개발문서에도 모뎀 관련 서술은 없었고, 온라인 서비스는 환상의 계획으로 남아 사라져 버렸다.

이 계획의 잔재격으로서 게임보이 및 게임보이 어드밴스에 연결 가능한 휴대폰 모뎀 '모바일 어댑터 GB'가 일본에서 발매되긴 하였으나, 이를 지원하는 소프트가 게임보이용으로는 5개 타이틀, 게임보이 어드밴스용으론 15개 타이틀에 불과해, 거의 보급되지 못한 채 마이너한 주변기기로 끝나버렸다.

닌텐도 휴대용 게임기 소프트 대응 일람표(2020년 기준)

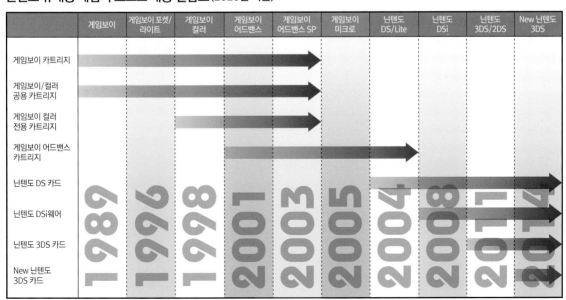

HARDWARE

2001's SOFT
2002's SOFT
2003's SOFT
2004's SOFT
2005's SOFT
2006's SOFT
SOFT INDEX

호환성을 유지하면서 32비트로 파워 업시킨 게임보이

게임보이 어드밴스

닌텐도　2001년 3월 21일　9,800엔　※ 2002년 2월 1일 8,800엔으로 가격 인하

■ 32비트 CPU의 고성능 휴대용 게임기

　게임보이 어드밴스는 닌텐도가 자사의 휴대용 게임기인 게임보이 컬러의 후계기종으로 발매한 제품이다. 이전까지의 게임보이 아키텍처에 대폭

적인 진화를 가해, 32비트 CPU 탑재와 최대 32,768색 컬러 표시, 회전·확대·축소가 가능한 고도의 그래픽 처리기술 등, 휴대용 게임기임에도 자사의 슈퍼 패미컴을 초월하는 성능을 집약시켰다. 또한 기존의 게임보이 및 게임보이 컬러용 소프트도 그대로 구동

할 수 있는데, 이 호환성 구현을 위해 구 게임보이용 8비트 CPU도 탑재한 2CPU 체제로 구성했다. 이러한 기존 게임보이 호환성은 유저들로부터 큰 환영을 받아, 이후에도 닌텐도의 휴대용 게임기가 철저하게 하위호환성을 유지하는 데 결정적인 계기가 되었다.

게임보이 어드밴스의 사양

형식번호	AGB-001
CPU	ARM 32비트 RISC CPU (ARM7TDMI) 16.78MHz 샤프 8비트 CPU (LR35902) 4.194304MHz / 8.388608MHz
메모리	ROM : 16KB (BIOS) RAM : 288KB (32KB는 칩에 내장, 256KB는 온보드) VRAM : 98KB (스프라이트용 1KB, 팔레트용 1KB 포함)
그래픽	화면해상도 　　　：240×160픽셀 (2.9인치 반사형 TFT 컬러 LCD) 스프라이트 화면 ：8×8 ~ 64×64픽셀 최대 128개(프레임 버퍼) 16색 BG 화면 　　　　：4장 (타일맵 16색 혹은 비트맵 32768색) 화면표시처리기능 ：회전·확대·축소, 알파 채널, 페이드 인·아웃, 모자이크 기능
사운드	디지털 　：모노럴 펄스 파 2음 + 파형 메모리 음원 1음 + 노이즈 1음 아날로그 ：PCM 2음 음성출력 ：스피커 (모노럴 출력), 헤드폰 (스테레오 출력)
전원 / 소비전력	AA형 건전지 2개 (약 15시간 구동), 약 600mW
외형 치수	144.5(가로)×82(세로)×24.5(높이) mm
본체 중량	약 140g

▲ 게임보이 어드밴스의 외장 패키지 박스. 화려한 컬러와 32비트 CPU를 어필하고 있다.

HARDWARE

2001's SOFT

2002's SOFT

2003's SOFT

2004's SOFT

2005's SOFT

2006's SOFT

SOFT INDEX

FRONT VIEW

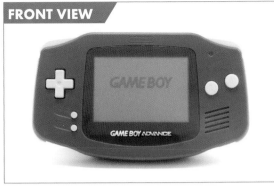

REAR VIEW

TOP VIEW

BOTTOM VIEW

LEFT SIDE VIEW

RIGHT SIDE VIEW

■ 입생로랑을 참고한 이미지 컬러

게임보이 어드밴스는 '게임보이이 면서도 게임보이가 아닌 것'으로 이미 지 컨셉을 잡아, 이전 세대까지의 세로 잡기형 스타일을 버리고 가로로 긴 본 체 디자인을 채용했다. 게다가 직선적 인 디자인이었던 게임보이에 비해 라 운드를 강조한 '코알라 얼굴' 형태라는 참신한 디자인을 확립했는데, 이는 닌 텐도 64와 마찬가지로 외장 디자인에 CAD를 도입한 결과였다 하겠다. 가로 잡기 디자인에 대해서는 닌텐도 사내 에서도 찬반이 나뉘어, 저 미야모토 시 게루조차도 '세로잡기가 아니면 게임 보이라 할 수 없다'라며 이 디자인에 부정적이었다고 한다.

게임보이 어드밴스를 대표하는 상 징색으로는 보라색을 메인으로 잡았 는데, 이는 '이제까지 닌텐도가 사용한 적이 없는 인기 색'을 찾은 결과 패션 브랜드인 입생로랑에서 힌트를 얻어 결정한 것이다.

컬러 바리에이션

오리지널 컬러
- ■ 바이올렛
- □ 화이트
- ▨ 밀키 블루
- ▨ 밀키 핑크
- ▨ 오렌지
- ■ 블랙
- ▨ 골드
- ▨ 실버

토이저러스 오리지널 컬러
- ■ 미드나이트 블루

다이에이 한정 모델
- ▨ 클리어 오렌지&클리어 블랙

게임 소프트 동봉 한정 모델
- 리플렉트 핑크 (「헬로키티 컬렉션 : 미라클 패션 메이커」 동봉)
- ■ KOF 사양 클리어 블랙 (「더 킹 오브 파이터즈 EX : NEO BLOOD」 동봉)
- chobits 사양 클리어 블루 (「쵸비츠 for Gameboy Advance : 나만의 사람」 동봉)

포켓몬센터 오리지널 모델
- 스이쿤 블루
- 세레비 그린
- ▨ 포켓몬센터 NY 버전
- ■ 라티아스·라티오스 버전

이토요카도 한정 모델
- ▨ 자이언츠 버전
- ▨ 록맨 커스텀 세트

저스코 한정 모델
- ▨ 마리오 Bros. 버전

TSUTAYA 한정 모델
- ▨ 실버

※ 일본 발매 하드웨어 기준

메인 메모리 외에는 원칩으로 집약

게임보이 어드밴스의 주요 칩은 ARM 사의 'CPU AGB'와 NEC 사의 2Mbit SRAM 단 2개뿐으로, 지극히 심플한 구성이다. 뒤에 서술할 2개의 CPU 및 VRAM, 그래픽 기능, 사운드 기능을 모두 CPU AGB라는 원칩에 쉬링크(집약)시켜, 발매 시점부터 생산단가 면에서 유리하도록 설계했다. 이렇게 작은 원칩 하나에 집적시키면 발열도 적고 소비전력도 낮아진다는 이

점까지 겸비하게 되니, 휴대용 게임기의 CPU로는 실로 합리적인 설계라 아

니할 수 없다.

CPU

CPU로는 ARM의 32비트 임베디드용 프로세서인 ARM7TDMI(16.8MHz)와 샤프의 LR35902(4.194304MHz / 8.388608MHz) 두 칩을 내장시켰다. LR35902는 원래 게임보이 컬러에 사용했던 CPU로, Z80계 CPU의 커스텀 칩이다. 앞서 서술한 대로, 이 두 CPU와 VDP(그래픽 처리용 프로세서)와 VRAM이 칩 하나로 집약되어 있는, 이른바 SoC(시스템 온 칩) 구조다.

ARM7TDMI는 2단계 파이프라인을 가진 RISC 프로세서이지만, 캐시와 MMU(메모리 관리 유닛)가 없어 범용

성이 낮은 CPU인 탓에 3D 그래픽 등고도의 연산이 필요한 분야에는 적합하지 않다. 다른 채용 사례로는, iPod에 탑재된 바 있는 CPU이기도 하다. MIPS 수치(CPU가 1초 동안 연산 가능한 명령어 수)는 15MIPS로, 슈퍼 패미컴(1.5MIPS)과 플레이스테이션(30MIPS)의 대략 중간 정도 연산 성능이라 할 수 있다(어디까지나 대략이다).

ARM7TDMI와 LR35902는 메인과 서브라는 역할분담 형태가 아니라, 한쪽이 활성화되면 다른 쪽은 동작하지 않는 구조이므로, 처리를 분산시키는

멀티 프로세서식으로 활용할 수는 없다. 또한 게임보이 미크로의 경우 아예 LR35902 부분을 삭제했으므로, 미크로에서는 구 게임보이용 소프트를 구동할 수 없다.

이러한 설계사상은 다음 세대기인 닌텐도 DS에서도 계승하여, 닌텐도 DS용 CPU로는 ARM946E-S와 ARM7TDMI 두 칩을 원칩화하여 탑재했다.

사운드

게임보이 어드밴스의 사운드 기능으로는 게임보이 시절부터 꾸준히 사용해온 PSG 음원(구형파(펄스 파) 2음 + 파형 메모리 음원 1음 + 노이즈 1음)과, 게임보이 어드밴스에 신규 채용된 PCM 음원 2음을 탑재했다(GBA용 게

임은 PSG 음원을 사용할 수 있으나, 반대로 GBC·GB용 게임의 PCM 음원 사용은 불가능하다).

PCM의 샘플링 레이트는 32.768 kHz(기본값), 16.384kHz, 8.192kHz의 세 모드 중 선택 가능하다. 건전지

소모를 억제하기 위해 음성출력 기능을 차단하는 것도 가능한데, 이는 사실 구 게임보이 때부터 내장했던 기능이다.

그래픽

게임보이 어드밴스의 그래픽 화면은 기존 세대에 비해 대폭 강화되어, 완전히 차원이 다른 레벨이 되었다. 본지면에서는 각 요소별로 개요를 설명하겠다.

화면해상도와 스프라이트 표시

화면의 해상도는 가로 240픽셀×세로 160픽셀로서, 정사각형 픽셀로 구성된 횡종비 3 : 2 화면이다. 기존 게임보이 게임을 표준 구동하면 스크린 중앙에 픽셀이 일대일 대응되어 표

시되지만, L 혹은 R 버튼을 누르면 언제든 스트레치(잡아 늘려 꽉 채운 화면) 표시로 전환할 수 있다.

스프라이트 기능은 1프레임 당 최대 128개 표시 가능(가로 방향 표시제한은 없다), 색수는 16색 또는 256색으

GAMEBOY ADVANCE

HARDWARE

2001's SOFT
2002's SOFT
2003's SOFT
2004's SOFT
2005's SOFT
2006's SOFT
SOFT INDEX

로, 8×8픽셀~64×64픽셀 범위 내에서 8픽셀 단위의 크기로 스프라이트를 표시할 수 있다. 게다가 슈퍼 패미컴에서는 불가능했던 스프라이트의 회전확대축소 표시가 가능해져, 표현력이 대폭 향상되었다.

BG 그래픽과 비트맵 화면

배경화면의 표시방법으로는 모드 0부터 모드 5까지, 총 6종류의 화면 모드를 준비했다. 모드 0~2는 게임보이와 슈퍼 패미컴 때까지 사용되었던 모드와 동일한, 8×8픽셀 타일을 다닥다닥 채워 늘어놓아 표시하는 'BG(백그라운드) 그래픽 모드'다. 상세한 것은 오른쪽 위의 표에 기재하였으나, 모드 0에서는 BG 화면을 4장 쓸 수 있고, 타일 정의 개수 1024개, 16색짜리 팔레트 16개를 쓸 수 있다. 한편 모드 2에서는 BG 화면이 2장으로 줄고 타일 정의 개수도 256개밖에 쓸 수 없으나, 256색짜리 팔레트 하나가 주어지고 회전확대축소 표시도 가능해진다.

모드 3~5는 '비트맵 화면 모드'라 불리며, PC 화면처럼 1픽셀 단위로 컬러를 지정할 수 있다. 즉, 미리 완성된 그림 한 장을 화면 전체에 표현하기 위한 모드다. 따라서 미로나 퍼즐처럼 규정된 동일 패턴이 연속되는 화면을 표현하는 쪽이 아니라, 큼직한 일러스트나 사진 등 자연스러운 천연색 그래픽을 표시하는 쪽에 적합한 모드라 할 수 있다.

비트맵 화면에도 여러 모드가 준비되어 있어, 모드 3는 240×160픽셀

게임보이 어드밴스의 스크린 모드 일람

BG 그래픽	회전확대축소	화면 수	가상 스크린 사이즈	캐릭터 정의 개수	색수(팔레트 개수)
모드 0	×	4 (BG0~3)	256×256 ~ 512×512	1024개	16색(16개)
모드 1	×	2 (BG0~1)	256×256 ~ 512×512	1024개	16색(16개) 또는 256색(1개)
	○	1 (BG2)	128×128 ~ 1024~1024	256개	256색(1개)
모드 2	○	2 (BG2~3)	128×128 ~ 1024~1024	256개	256색(1개)
비트맵	회전확대축소	화면 수	화면 사이즈	프레임 버퍼 수	색수
모드 3	○	1	240×160	1장	32768색
모드 4	○	1	240×160	2장	256색
모드 5	○	1	160×128	2장	32768색
참고	회전확대축소	화면 수	가상 스크린 사이즈	캐릭터 정의 개수	색수(팔레트 개수)
게임보이 컬러	×	1	256×256	384개	4색(16개)

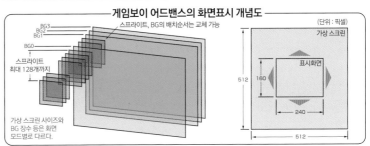

게임보이 어드밴스의 화면표시 개념도

스프라이트, BG의 배치순서는 교체 가능

BG3 / BG2 / BG1 / BG0
스프라이트 최대 128개까지
가상 스크린 사이즈와 BG 장수 등은 화면 모드별로 다르다.

(단위 : 픽셀)
가상 스크린
표시화면
512 / 160 / 240 / 512

화면 1장에 32,768색 표시가 가능하다. 모드 4는 색수가 256색으로 줄지만 프레임 버퍼 2장을 쓸 수 있다. 어떤 모드든 일장일단이 있으므로, 만들고자 하는 게임에 맞춰 화면 모드를 적시에 골라 사용하게 된다.

각종 화면 이펙트 기능

게임보이 어드밴스에 탑재되어 있는 특수 화면처리 기능으로는 스크롤 기능, 플립(그림 반전) 기능, 알파 블렌딩(반투명) 기능, 모자이크 기능, 프라이오리티(표시 우선순위 변경) 기능 등이 있다.

게임보이에 존재했던 윈도우 기능은 이번엔 내장되지 않았다. 왜냐하

면, BG 화면을 여러 장이나 쓸 수 있고 스프라이트도 넘치도록 표시 가능해 기본 기능만으로도 게임보이는 물론이고 슈퍼 패미컴조차 능가할 만큼의 표현이 가능한 성능을 지닌 하드웨어인 GBA라면, 윈도우 기능 정도는 소프트웨어로도 동등하게 처리 가능하기 때문이다. 게임보이 어드밴스는, 2D에 한정하면 개발자에게 필요한 모든 기능과 능력이 완비돼 있는 하드웨어라 할 수 있다.

CATALOGUE

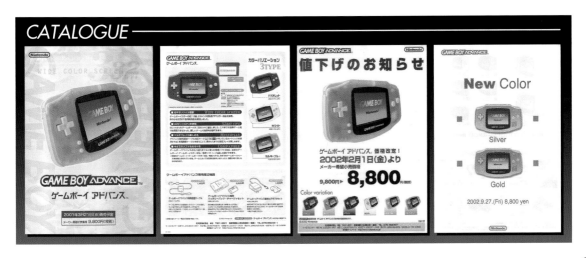

ROM 카트리지

게임보이 어드밴스의 소프트는 기존 게임보이와 마찬가지로 ROM 카트리지 형태로 공급되었다. 게임보이용 카트리지에 비해 세로 길이가 반절 정도로 줄어들었으므로, 게임보이 어드밴스용 소프트는 기존 게임보이에 물리적으로 삽입이 불가능하다. 착오로 뒤집어 꽂지 못하도록, 단자 삽입부 주변의 형상은 앞뒤 비대칭 형태로 디자인했다.

외장 패키지는 종이 재질로서, 게임보이 컬러와 마찬가지로 폐기할 때 분리수거에 용이하도록, 플라스틱 재질의 인레이(속포장)를 폐지하고 두꺼운 종이로 조립한 스페이서로 대체해 패키징하는 방법을 사용했다.

ROM 카트리지의 색깔은, 일부 예외를 제외하고는 원칙적으로 짙은 회색으로 통일했다. 예외 중에서 인상적인 것이 패미컴 미니용 카트리지로, ROM용 소프트는 패미컴과 동일한 컬러링인 연지색(앞)과 백색(뒤)의 투톤 컬러를, 디스크 시스템용 소프트는 디스크 카드와 동일한 황색을 채용했다. 패키지 역시 당시의 패미컴용 소프트를 모방한 전용 사이즈의 미니어처 패키지를 사용하였다.

카트리지 내부 구성의 경우 특수 카트리지가 몇 종류 있는데, '진동 카트리지'·'태양 센서 카트리지'·'회전 센서 카트리지'·'모션 센서 카트리지' 등등이 일부 소프트용으로 개발되었다.

◀▲ 게임보이 어드밴스용 소프트의 ROM 카트리지와 외장 패키지 사이즈 비교. 게임보이용 소프트에 비해 반절 정도로 세로 크기가 줄었다.

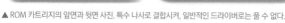

▲ ROM 카트리지의 앞면과 뒷면 사진. 특수 나사로 결합시켜, 일반적인 드라이버로는 풀 수 없다.

▲ 단자 부분을 잘 보면, 잘못 삽입할 수 없도록 특수한 형태로 제작돼 있다.

컨트롤러

게임보이 어드밴스의 컨트롤러는 기존 게임보이의 방향 키(십자 버튼) 1개 + A·B·SELECT·START 버튼 구성에 L·R 버튼을 추가하여, 총 6버튼으로 구성했다.

게임보이 어드밴스가 발매된 2001년 당시, 가정용 게임기 쪽은 이미 버튼 수가 상당히 늘어나 있었기에 A·B 버튼밖에 없는 게임기는 게임보이 외에는 거의 없었다. GBA 개발 도중의 의견 청취 시에도 소프트 개발사들의 요망사항 중 상위는 역시 버튼 증설이었다 하니, 닌텐도 내부에서도 버튼 배치 및 개수를 어떻게 할지 다각도로 검토했을 것이다.

결과적으로는 휴대하며 플레이할 때의 그립감을 손상시키지 않는 위치

▲ 본체 상단에 L·R 버튼을 추가한, 게임보이 어드밴스의 버튼 배치도.

와 배치를 감안해, 슈퍼 패미컴에 이미 들어간 바가 있는 L·R 버튼을 추가했다. 또한 플레이할 때 양손에 착 감기

도록 L·R 버튼 윗면을 오목하게 조정해 손가락에 딱 맞게 하는 등, 형태 면에서도 여러 가지로 유저를 배려하였다.

HARDWARE

2001's SOFT

2002's SOFT

2003's SOFT

2004's SOFT

2005's SOFT

2006's SOFT

SOFT INDEX

전지·전원

게임보이 어드밴스는 게임보이 컬러와 마찬가지로, AA형 건전지 2개를 전원으로 사용한다. 하드웨어의 고성능화와 고클럭화의 영향으로 게임보이 컬러에 비해 다소 전지 소모율이 높아졌지만, 그럼에도 약 15시간이라는 충분한 구동시간을 구현했다.

기존 게임보이에 존재했던 외부전원 공급 전용 단자를 삭제하여, 건전지 박스를 배터리 및 AC 어댑터 연결단자로도 공통 사용한다.

위의 서술은 모두 초대 게임보이 어드밴스 기준이며, 이후의 게임보이 어드밴스 SP 및 게임보이 마이크로는 배터리 내장형 휴대용 게임기이므로 각각 전용 AC 어댑터를 동봉했고, 교체용 배터리는 닌텐도가 직접 통신판매로만 발매했다.

▲ 건전지 박스. 건전지 극성을 착오하지 않도록, 좌우비대칭 형태로 제작했다.

▲ 게임보이 어드밴스 전용 AC 어댑터 세트.

▲ 건전지 대신 장착할 수 있는 배터리 팩.

▲ 배터리 팩 충전에 사용하는 전용 충전기.

통신 포트

게임보이 때부터 있었던 통신 포트는 게임보이 어드밴스에도 존재하며, 단자 규격은 게임보이 포켓 이후의 단자와 동일한 형태를 채용했다. 덕분에 구형 게임보이용 소프트를 즐길 때는 게임보이 포켓용 통신 케이블을 사용해 통신 플레이가 가능하다.

게임보이 어드밴스용 소프트로 통신 플레이를 즐길 경우에는 GBA 전용 통신 케이블이 필요하며, 이 케이블은 기존 규격의 결점이었던 열악한 통신 품질 문제를 대폭 개량·개선했다.

통신 속도는 통신 케이블 사용 시에는 256Kbit/초, 주변기기 접속 시에는 2Mbit/초로서, 스타트 비트와 스톱 비트를 규격에 추가해 통신 신뢰성을 한층 향상시켰다. 케이블 양 끝단에는 극성을 도입했으며, 6PIN 플러그의 폭이 좁은(보라색) 쪽이 호스트다. 대전 플레이의 경우, 호스트 기기 쪽에서 소프트가 구동 중이라면 나머지 게임보이 어드밴스는 동일 소프트 없이도 대전 플레이가 가능해졌다(이때는 게스트 쪽 GBA가 START·SELECT 버튼을 동시에 누른 상태에서 전원을 켜, 호스트로부터 게임 데이터를 전송받아야 한다).

GBA 전용 통신 케이블은 한가운데에 '접속 박스'라는 것이 달려있어, 여기에 별도의 통신 케이블을 접속함으로써 최대 4대까지의 게임보이 어드밴스를 연결할 수 있다. 이 경우에도 호스트 1대에 소프트가 끼워져 있다면, 나머지 GBA는 카트리지가 꽂혀있지 않아도 대전 플레이가 가능하다.

그 외에도 통신 포트에 장착하여 무선으로 통신 플레이를 할 수 있는 와이어리스 어댑터, 게임큐브에 연결하는 용도인 GBA 케이블 등, 다양한 통신방식이 준비된 것도 게임보이 어드밴스의 특징이라 하겠다.

▲ 본체 상단의 6PIN 통신 포트.

▲ GBA용 통신 케이블은 호스트·게스트의 구분이 있다.

▲ 접속 박스에 케이블을 꽂으면 4대까지 플레이 가능.

HARDWARE

2001's SOFT
2002's SOFT
2003's SOFT
2004's SOFT
2005's SOFT
2006's SOFT
SOFT INDEX

프론트라이트와 내장 배터리를 탑재한 폴더형 GBA

게임보이 어드밴스 SP

닌텐도　2002년 2월 14일　12,500엔　※ 2004년 9월 16일 9,800엔으로 가격 인하

▲ 컴팩트함을 강조하듯 작고 타이트하게 압축한 외장 패키지. 놀랍게도 변이 9cm인 정사각형이다!

▲ 기존의 게임보이 어드밴스와는 정반대로, 플레이어의 몸쪽에 ROM 카트리지 슬롯을 배치했다.

■ 잘 안 보이던 LCD가 일거에 진화!

　게임보이 어드밴스 SP는 본체 디자인에 꺾어 접는 클램셸(조개껍데기) 구조를 채용한, 게임보이 어드밴스의 후계 모델이다. LCD에 프론트라이트를 탑재하여, 기존 모델의 큰 결점이었던 보기 힘든 화면 문제를 개선한 모델이기도 하다. 또한 닌텐도의 역대 휴대용 게임기 사상 최초로 2차전지인 '리튬이온 충전지'를 채용해, 한 번 완충하면 일반적인 사용 시 10시간, 프론트라이트를 OFF하면 무려 18시간이나 구동 가능하다.

　기존 GBA에서 구동되는 소프트는 기본적으로 공통 사용 가능하지만, ROM 카트리지 슬롯이 유저 몸쪽으로 옮겨진 관계로 「데굴데굴 커비」 등의 특수 카트리지 소프트는 정상적으로 즐기기 어려울 수도 있다.

　주변기기 연결의 경우 헤드폰 단자가 삭제되었고, 대신 '외부확장 커넥터 2'가 신설되었다. 이 단자는 헤드폰 연결용으로 사용할 수 있으며(별매품인 변환 플러그가 필요) AC 어댑터 연결에도 사용되므로, 이 기기 전용의 AC 어댑터가 동봉돼 있다.

게임보이 어드밴스 SP의 사양

형식번호	AGS-001
CPU	ARM 32비트 RISC CPU (ARM7TDMI) 16.78MHz 샤프 8비트 CPU (LR35902) 4.194304MHz / 8.388608MHz
메모리	ROM ：16KB (BIOS) RAM ：288KB (32KB는 칩에 내장, 256KB는 온보드) VRAM ：98KB (스프라이트용 1KB, 팔레트용 1KB 포함)
그래픽	화면해상도　：240×160픽셀 (2.9인치 반사형 TFT 컬러 LCD) 스프라이트 화면 ：8×8 ~ 64×64픽셀 최대 128개 (프레임 버퍼) 16색 BG 화면　：4장 (타일맵 16색 혹은 비트맵 32768색) 화면표시처리기능 : 회전·확대·축소, 알파 채널, 페이드 인·아웃, 모자이크 기능
사운드	디지털　：모노럴 펄스 파 2음 + 파형 메모리 음원 1음 + 노이즈 1음 아날로그 ：PCM 2음 음성출력 : 스피커 (모노럴 출력), 헤드폰 (스테레오 출력)
전원 / 소비전력	리튬이온 충전지(라이트 ON시 약 10시간, 라이트 OFF시 약 18시간 구동), 약 1.6W
외형 치수	82(가로)×84.6(세로)×24.3(높이) mm (접혔을 때)
본체 중량	약 143g

▲ 바닥면의 나사를 풀면 보이는 리튬이온 배터리. 통신판매로 교환용 배터리도 별매했다.

GAMEBOY ADVANCE SP

HARDWARE
2001's SOFT
2002's SOFT
2003's SOFT
2004's SOFT
2005's SOFT
2006's SOFT
SOFT INDEX

TOP VIEW

BOTTOM VIEW

FRONT VIEW

REAR VIEW

LEFT SIDE VIEW

오픈 상태

접힌 상태

RIGHT SIDE VIEW

오픈 상태

접힌 상태

■ 다종이 발매되었고, 인기 모델도 있었다

　게임보이 어드밴스 SP는 특유의 컴팩트한 느낌과 뛰어난 디자인으로, 일본에서 2003년 굿 디자인 상을 수상했다. 바리에이션 모델도 다수 제작되어, 토이저러스 등의 대형양판점 한정품은 물론 게임 소프트가 동봉된 전용모델 등, 실로 다채로운 모델이 출시되었다. 특히 패미컴 탄생 20주년 모델은 호평을 받아, 게임보이 미크로 발매와 이후의 패미컴 관련 복각 모델로까지 이어지는 계기가 되었다.

컬러 바리에이션

오리지널 컬러
■ 플래티넘 실버
■ 애저라이트 블루
■ 오닉스 블랙
□ 펄 블루
■ 펄 핑크
■ 패미컴 컬러

토이저러스 오리지널 컬러
■ 스타라이트 골드
■ 펄 그린

게임 소프트 동봉 한정 모델
□ 펄 화이트 에디션 (「파이널 판타지 택틱스 어드밴스」 동봉)
■ 장고 레드&블랙 (「우리들의 태양」 동봉)
　마나 블루 에디션 (「신약 성검전설」 동봉)
■ 샤아 전용 컬러 (「SD건담 G제네레이션 ADVANCE」 동봉)
■ 록맨 블루 (「록맨 EXE 4」 동봉)
■ 나루토 오렌지 (「NARUTO -나루토- 나루토 RPG : 이어받은 불의 의지」 동봉)
■ 킹덤 딥 실버 에디션 (「킹덤 하츠 : 체인 오브 메모리즈」 동봉)

캠페인 한정 모델
■ 패미컴 탄생 20주년 모델 (TSUTAYA·닌텐도 2003년 여름 캠페인)
□ 동키 콩 바나나 컬러 (동키 서머 캠페인)

포켓몬센터 오리지널 모델
■ 아차모 오렌지
■ 리자몽 에디션
　이상해꽃 에디션
■ 레쿠쟈 에디션
　피카츄 에디션

포켓몬센터 NY 오리지널 모델
■ 가이오가 에디션
■ 그란돈 에디션

※ 일본 발매 하드웨어 기준

2001's SOFT
2002's SOFT
2003's SOFT
2004's SOFT
2005's SOFT
2006's SOFT
SOFT INDEX

「슈퍼 마리오브라더스」 발매 20주년에 맞춰 출시된 소형 GBA

게임보이 미크로

닌텐도   2005년 9월 13일   12,000엔

▶「슈퍼 마리오브라더스」 20주년을 기념하는 축하
기획이란 측면이 강했던 패미컴 컬러.

GAME BOY micro

▌무게가 불과 80g인
게임보이 어드밴스

 게임보이 미크로는 게임보이 계보
의 제품으로는 최후에 해당하는 휴대
용 게임기다. 게임보이 어드밴스용 게

임을 구동하는 기기이지만 '어드밴스'
라는 상품명은 빠졌으며, 바디 전체가
도장된 알루미늄으로 제작되는 등, 기
존 제품 대비로 다소 특수한 포지션의
기기였다.

 극한까지 소형화한 탓에 게임보이

용 CPU 등은 삭제되었으므로, 게임보
이 및 게임보이 컬러용 소프트는 구동
되지 않는다(아예 물리적으로 구 기종의
ROM 카트리지를 삽입할 수 없도록 했다).
통신 포트 역시 전원 포트와 통합되면
서 단자 형태를 변경했으므로, 케이블
도 전용 규격으로 써야 한다.

 게임보이로서는 최초로 백라이트
식의 투과형 TFT LCD가 채용되어, 사
이즈가 작음에도 화질이 양호하다. 휴
대성이 좋다는 점도 한몫 하여, 당시
에는 같은 시기에 발매된 PLAY-YAN
micro를 결합시켜 음악&동영상 플레
이어로 사용하는 유저도 많았다.

게임보이 미크로의 사양

형식번호	OXY-001
CPU	ARM 32비트 RISC CPU (ARM7TDMI) 16.78MHz
메모리	ROM : 16KB (BIOS) RAM : 288KB (32KB는 칩에 내장, 256KB는 온보드) VRAM : 98KB (스프라이트용 1KB, 팔레트용 1KB 포함)
그래픽	화면해상도 : 240×160픽셀 (2.0인치 투과형 TFT 컬러 LCD) 스프라이트 화면 : 8×8 ~ 64×64픽셀 최대 128개(프레임 버퍼) 16색 BG 화면 : 4장 (타일맵 16색 혹은 비트맵 32768색) 화면표시처리기능 : 회전·확대·축소, 알파 채널, 페이드 인·아웃, 모자이크 기능
사운드	아날로그 : PCM 2음 음성출력 : 스피커 (모노럴 출력), 헤드폰 (스테레오 출력)
전원 / 소비전력	리튬이온 충전지(약 6~10시간 구동), 약 1.6W
외형 치수	101.0(가로)×50.0(세로)×17.2(높이) mm
본체 중량	약 80g

GAMEBOY MICRO

HARDWARE

2001's SOFT

2002's SOFT

2003's SOFT

2004's SOFT

2005's SOFT

2006's SOFT

SOFT INDEX

FRONT VIEW

REAR VIEW

TOP VIEW

BOTTOM VIEW

LEFT SIDE VIEW

RIGHT SIDE VIEW

(역주 ※) 닌텐도가 일본 한정으로 2003년 10월 1일부터 12년간 운영했던 웹 기반 회원제 포인트 서비스. 닌텐도 게임기 및 소프트를 구입하고 포인트 번호를 입력하거나 앙케트에 회신하는 등으로 포인트를 적립하면, 클럽 닌텐도 회원 한정 굿즈와 오리지널 소프트 증정 등의 각종 특전을 제공했다. 2015년 9월 30일 운영을 종료했다.

페이스플레이트 교체 등의 부가기능도 있다

게임보이 미크로는 전면 커버(페이스플레이트)의 탈착이 가능해, 당초에는 다양한 디자인의 페이스플레이트가 별도로 판매될 예정이었다. 하지만 게임보이 미크로 자체의 판매량이 부진했기에 페이스플레이트 발매는 백지화되어, 공식적으로는 클럽 닌텐도(역주 ※) 및 「슈퍼로봇대전 J」의 응모 캠페인 경품으로 불과 2종류만 제공되는 데 그쳤다.

기존 GBA에 비해 본체 가격이 다소 비쌌던 점과, 같은 시기에 역시

▲ SELECT·START 버튼은 전원 인디케이터 기능도 겸하므로, 전원 ON 시에는 푸른색, 배터리 부족 시에는 붉은색으로 빛난다.

GBA 소프트 구동이 가능했던 닌텐도 DS가 발매된 점 등의 이유로 기기 판매량이 게임보이 어드밴스 SP를 밑돌아, 결국 게임보이 시리즈 본류 시장은 게임보이 후계기의 자리를 닌텐도 DS에게 내주는 형태로 막을 내렸다.

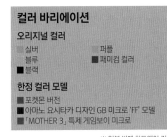

▲ 클럽 닌텐도 경품으로 제공되었던, '패미컴 II컨트롤러' 버전 페이스플레이트.

컬러 바리에이션
오리지널 컬러

실버	퍼플
블루	패미컴 컬러
블랙	

한정 컬러 모델

■ 포켓몬 버전
■ 야마노 요시타카 디자인 GB 미크로 'FF' 모델
■ 「MOTHER 3」 특제 게임보이 미크로

※ 일본 발매 하드웨어 기준

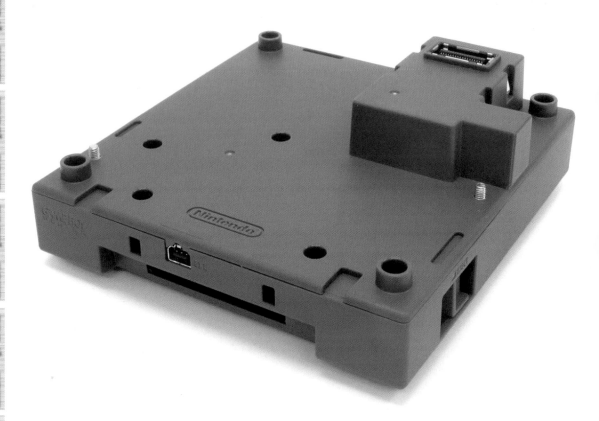

게임보이 어드밴스용 게임을 TV의 대화면으로 즐긴다

게임보이 플레이어

닌텐도　2003년 3월 21일　5,000엔　※ 게임큐브와의 세트 상품 '엔조이 플러스 팩'도 19,800엔으로 발매

■ 에뮬레이터가 아니라, GBA 그 자체

　게임보이 플레이어는 닌텐도 게임큐브용 주변기기로서, 게임큐브를 통해 게임보이 어드밴스용 소프트를 가정용 TV로 플레이할 수 있도록 해주는 제품이다. 게임큐브와는 본체 밑면

의 하이스피드 포트로 연결되며, 컨트롤러도 게임큐브에 연결된 것을 사용하므로, 이 기기가 있으면 게임보이 어드밴스의 모든 기능을 대체 가능하다. 슈퍼 패미컴의 '슈퍼 게임보이'와 동일한 포지션의 제품이라 하겠다.

　소프트 구동은 게임보이·게임보이 컬러·게임보이 어드밴스용이라면 모

두 가능하며, GBA용 통신 포트도 마련돼 있으므로 다른 게임보이와 대전 플레이도 할 수 있다. 기울기 검출 센서가 있는 「데굴데굴 커비」와 같은 특수 카트리지 게임은 게임큐브 본체를 기울이며 플레이해야 할 테니 제대로 즐기긴 어렵겠으나, 어쨌든 구동은 된다.

　GBA 부분은 사실 소프트웨어 에뮬레이션이 아니라 하드웨어 기능을 통째로 플레이어 내에 탑재한 것이므로, 기본적으로 모든 소프트가 정상 동작한다. 다만 게임큐브 쪽의 부팅 ROM 만으로는 게임보이 플레이어를 인식하지 못하므로, 실제로 구동하려면 전용 스타트업 디스크가 있어야 한다(일단 플레이어가 구동되고 나면 디스크를 빼내

게임보이 플레이어의 사양

형식번호	DOL-017
CPU	ARM 32비트 RISC CPU
메모리	하이닉스 2Mbit SRAM
전원 / 소비전력	게임큐브 본체에서 전력 공급, 약 0.8mW
외형 치수	150(가로)×155.1(세로)×57.3(높이) mm
본체 중량	약 370g

HARDWARE

2001's SOFT
2002's SOFT
2003's SOFT
2004's SOFT
2005's SOFT
2006's SOFT

SOFT INDEX

▲ 정면에는 카트리지 슬롯과 확장 포트가 보인다.

▲ 우측면에는 카트리지 추출용 레버를 설치했다.

▲ 기동용 디스크. 이것을 게임큐브에 세팅해야만 동작한다.

ゲームボーイアドバンスのソフトがテレビで遊べる！

▲ 게임보이 플레이어의 외장 패키지. 게임큐브의 본체 색깔에 맞춰 4종류의 컬러로 발매되었다.

▲ 친숙한 부팅 로고부터 나오고 시작하는 GBA용 소프트.

▲ TV 화면이므로 GBA의 LCD 화면보다 훨씬 선명한 색깔로 보인다!

▲ 전원이 켜져 있는 상태라도 소프트를 교체할 수 있는 '카트리지 교환'.

▲ 내장된 픽처 프레임은 총 20종류. 체크무늬부터 군용 위장무늬 등의 장난스러운 것까지 완비되어 있다.

▲ '게임보이 어드밴스(골드 컬러)'의 픽처 프레임 상태로 구동. 선호하는 컬러로 즐겨보자.

도 상관없다).

게임보이 플레이어 내에는 각종 메뉴가 내장되어 있는데, 이를 이용하면 컨트롤러의 버튼 할당, 화면 크기, 화질, 화면 테두리의 픽처 프레임 변경 등을 설정할 수 있다. 큰 화면으로

GBA 게임을 즐기고픈 유저라면 꼭 구비해야 할 제품이라 하겠다.

컬러 바리에이션

오리지널 컬러

■ 바이올렛
　 오렌지
■ 블랙
　 실버

021

충실하게 구비된 닌텐도 순정 액세서리들을 일괄 소개

게임보이 어드밴스의 주변기기

게임보이 어드밴스의 주변기기는 GBA SP 및 미크로와의 차이는 물론이고 구형 게임보이·게임보이 컬러용 주변기기와의 상성도 엮여 있어, 그야말로 다양한 종류가 존재한다. 따라서

본 지면에서는 닌텐도 순정품으로 발매된 지원 주변기기를 기능별로 묶어서 소개하겠다.

서드파티에서 제작된 주변기기 중에도 독특한 것들과 인상적인 것들이

다수 있기는 하나, 지면 한계 상 아쉽지만 제외하였다. 아무쪼록 너른 양해를 바란다.

전 원 POWER SUPPLY

배터리 팩 충전기 세트

2001년 3월 21일　3,500엔

배터리 팩(AGB-003)과, 가정용 콘센트로 충전할 수 있는 충전기(AGB-004(JPN))의 세트 상품.

AGB-A-AS(JPN)

AC 어댑터 세트

2001년 3월 21일　1,500엔

AC 어댑터(AGB-009(JPN))와, GBA의 건전지 박스에 장착해 사용하는 전원 연결 유닛(AGB-008)의 세트 상품.

AGS-002

AC 어댑터

2003년 2월 14일　1,500엔

게임보이 어드밴스 SP 전용 AC 어댑터. 일반 판매하지 않고, 서비스센터를 통해서만 판매했다.

AGS-003

배터리 팩

2003년 2월 14일　2,100엔

게임보이 어드밴스 SP 전용의 교환용 배터리 팩. 일반 판매하지 않고, 서비스센터를 통해서만 판매했다.

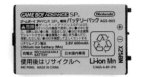

OXY-002

AC 어댑터

2005년 9월 13일　1,750엔

게임보이 미크로 전용 AC 어댑터. 일반 판매하지 않고, 서비스센터를 통해서만 판매했다.

OXY-003

배터리 팩

2005년 9월 13일　2,100엔

게임보이 미크로 전용의 교환용 배터리 팩. 일반 판매하지 않고, 서비스센터를 통해서만 판매했다.

 게임보이 어드밴스 사용 가능　 게임보이 어드밴스 SP 사용 가능　 게임보이 미크로 사용 가능　 게임보이 플레이어 사용 가능

통 신 COMMUNICATION

AGB-005

통신 케이블

2001년 3월 21일   1,500엔

게임보이 어드밴스용 소프트로 통신 플레이를 하려면 필요하다. 중앙의
접속 박스에 추가로 통신 케이블을 접속하면 최대 4대까지 연결할 수 있다.

AGB-015

와이어리스 어댑터

2004년 7월 15일   2,000엔

이것을 장착한 게임보이 어드밴스 + 지원 소프트끼리의
무선 통신이 가능한 주변기기.

MGB-004

변환 커넥터

1996년 7월 21일   800엔

초기 게임보이 모델용 통신 케이블(DMG-04 / DMG-04A)을 사용해,
게임보이 어드밴스와 초기 게임보이 간에 통신하기 위해 필요한 커넥터.

MGB-008

통신 케이블

1996년 7월 21일   1,500엔

게임보이 포켓 이후 모델에 채용된 소형 타입의 통신 단자에 대응되는 통신 케이블.
후일 통신품질이 향상되도록 개선한 MGB-008A, MGB-008B도 발매되었다.

CGB-003

통신 케이블

1998년 10월 21일   1,500엔

게임보이 컬러와 동시 발매된 통신 케이블이지만, 바로 위의 게임보이 포켓
용 통신 케이블(MGB-008B)과 기능이 동등한 제품이다.

OXY-004

와이어리스 어댑터

2005년 9월 13일   2,000엔

와이어리스 어댑터(AGB-015)의 게임보이 미크로 전용판.
게임보이 어드밴스와의 통신도 가능하다.

OXY-008

통신 케이블

2005년 9월 13일   1,400엔

게임보이 미크로끼리 통신 플레이할 때 사용하는
케이블. 기존 기종과 연결하려면 변환 커넥터가 필요하다.

OXY-009

변환 커넥터

2005년 9월 13일   800엔

통신 케이블(OXY-008)과 조합하여, 게임보이 미크로와
게임보이 어드밴스/SP를 연결시켜 주는 어댑터.

HARDWARE
2001's SOFT
2002's SOFT
2003's SOFT
2004's SOFT
2005's SOFT
2006's SOFT
SOFT INDEX

기　타
OTHERS

AGS-006　　※ 공식적으로는 초기 게임보이 어드밴스 모델 비지원이지만, 동작은 가능하다.

플레이얀　　2005년 2월 21일　5,000엔

플레이얀은 게임보이 어드밴스를 미디어 플레이어로 탈바꿈시켜주는 주변기기다. ASF·MP3 파일을 SD 카드(1GB까지 지원)에 복사하여 플레이얀에 삽입하고 구동하면 동영상 및 음악을 간편하게 즐길 수 있다. 연속재생·반복재생 등은 물론, LCD 화면을 꺼 전력소모를 최소화하는 슬립 모드 등 실용적인 기능을 충분히 마련했다. 또한 플레이얀 공식 웹사이트를 통해, 플레이얀에서 구동 가능한 미니게임 및 신규로 MP4 포맷 지원 기능이 추가되는 파일도 제공했다.

SD 카드에 파일을 직접 넣고 빼야 하는 등 유저가 PC를 능숙하게 사용한다는 것을 전제한 특수한 상품이었기에, 일반 소매점으로는 판매하지 않고 닌텐도 웹사이트를 통해 온라인 통신판매로만 발매했다.

▲ 상품명에서 받는 느낌 그대로, 기는 굿하고 편안한 이미지를 풍기는 외장 패키지 디자인.

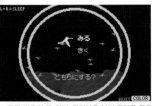

▲ 구동 직후의 톱 화면. 동영상을 볼지 음악을 들을지는 여기서 선택한다.

▲ '보다' 메뉴. 미니게임도 여기에서 즐길 수 있다.

▲ 동영상 재생 화면. 해상도는 낮지만 제법 깨끗하게 나온다.

▲ '듣다' 메뉴. 폴더를 만들면 앨범 단위로도 관리 가능.

플레이얀의 사양

형식번호	AGS-006	
카드 슬롯	SD 메모리 카드	
연속재생시간 (헤드폰 사용 시)	게임보이 어드밴스 SP	동영상 재생 : 약 4시간, 음악 재생 : 약 16시간(슬립 사용 시)
	닌텐도 DS	동영상 재생 : 약 5시간, 음악 재생 : 약 20시간(슬립 사용 시)
헤드폰 출력단자	스테레오 미니잭	
전원	게임보이 어드밴스 본체로부터 공급	
외형 치수	58.5(가로)×43.4(세로)×11.0(높이) mm	
본체 중량	약 16g	

 게임보이 어드밴스 사용 가능　 게임보이 어드밴스 SP 사용 가능　 게임보이 미크로 사용 가능　 게임보이 플레이어 사용 가능

HARDWARE

2001's SOFT

2002's SOFT

2003's SOFT

2004's SOFT

2005's SOFT

2006's SOFT

SOFT INDEX

모아보면 재미있는, 플레이얀의 미니게임

플레이얀에서 즐길 수 있는 미니게임은 총 12종류+1개. 플레이얀 공식 웹사이트에서
무료로 다운로드한 ASF 파일을 SD 카드에 복사해두기만 하면 즐길 수 있다.

AVOID
상하좌우에서 날아오는 둥근 물체를 방향키로 피해보자. 점점 물체 수가 늘어나 어려워진다.

BAT
A 버튼으로 스윙하여, 날아오는 공을 쳐내자. 한 번이라도 공을 놓치면 바로 게임 오버.

FIRE
왼쪽의 포대를 방향키 상하로 각도 조정해 떨어지는 물체를 격파하자. 착지해버리면 게임 오버.

FISH
방향키 상하로만 조작. 왼쪽으로 스크롤되는 지형에 끼이지 않도록 잘 움직이며 전진하자.

INSECT
플레이어는 벌레가 되어, 사다리 게임 풍의 덩굴을 계속 오른다. 적 벌레와 부딪치면 바로 게임 오버.

JUMP
오른쪽으로 달리는 플레이얀을 가로막는 방해물을 숙이거나 점프해 피하는 게임. 의외로 어렵다.

KEEPER
플레이어는 '키퍼'가 되어, 전방에서 날아오는 볼로부터 골문을 지키자! 조작은 좌우 이동뿐.

MEMORY
'사이먼'이란 게임처럼, 빛나는 순서를 기억해 똑같이 버튼을 누르자. 기억력과 집중력이 중요하다.

NEKOROID
고양이 위를 나는 벌레를 총(?)으로 격추하자! 적의 공격은 방향키 좌우로 뒹굴어 피할 수 있다.

NOSE
콧구멍에 손가락이 박히지 않도록 A 버튼으로 콧물을 발사해 격퇴하자. A 버튼만 사용한다.

TRIPLE
이른바 3단 뛰기 게임. A 버튼 연타로 대시해, 홉·스텝·점프의 합계로 비거리를 겨룬다.

WAVE
플레이어는 한가운데 사람이 되어, 좌우 사람들에 맞춰 정확한 타이밍으로 파도타기를 하자.

실은 위에서 소개한 것 외에, 13번째 게임 'CREDIT'가 존재한다. 홈페이지를 잘 찾아보자!

동영상 파일 [SD-VIDEO 규격] ※ 플레이얀 신기능 추가 파일로 지원

동영상 포맷	ASF (MPEG-4 VIDEO)	MP4 (MPEG-4 VIDEO)※
화면 사이즈	128×96(Sub-QCIF), 176×144(QCIF), 240×176, 320×240(QVGA), 352×288(CIF)	
비트레이트	64kbps ~ 1Mbps	64kbps ~ 1Mbps
프레임레이트	6~30fps	6~30fps
음성 포맷	G.726 (모노럴)	AAC (스테레오)※
비트레이트	32kbps	16k~320kbps
샘플링 주파수	8kHz	16kHz, 22.05k, 24k, 32k, 44.1k, 48kHz

음악 파일 (MP3 파일)

비트레이트	32k, 40k, 48k, 56k, 64k, 80k, 96k, 112k, 128k, 160k, 192k, 224k, 256k, 320k(bps), CBR, VBR, ABR
샘플링 주파수	32kHz, 44.1kHz, 48kHz
ID3 태그	v1, v1.1, v2, v1/v2 혼재, v1.1/v2 혼재

기 타  OTHERS

AGS-006

PLAY-YAN micro

2005년 2월 21일 5,000엔

MP4 파일 재생을 기본 지원하며, 인터페이스 그래픽도 리뉴얼한 마이너 체인지판. 미니게임 플레이 기능은 삭제되었다.

AGB-010

카드e 리더

2001년 12월 1일 5,800엔

프로그램 혹은 데이터가 인쇄된 종이 재질의 'e카드'를 게임보이 어드밴스로 읽어 들일 수 있는 주변기기. 트레이딩 카드와 게임을 융합시킨다는 새로운 컨셉의 제품으로, 「포켓몬 카드e」를 비롯해 여러 지원 소프트가 발매되었다.

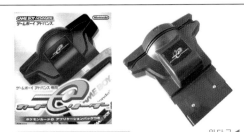

소비전력	약 200mW (게임보이 어드밴스에서 공급)
외형 치수	95(가로)×98.6(세로) × 42.8(높이) mm
중량	약 70g

프로그램 데이터

◀ 구성된 카드 뒷면에 띠가 프린트되어 있는 캐릭터는, 다 읽히면 게임 & 워치 프로그램으로 맨홀을 즐길 수 있다!

AGB-014

카드e 리더+

2003년 6월 27일 4,800엔

상위 규격인 'e카드+'를 지원하는 카드 리더로, 카드 정보의 세이브 기능과 통신 케이블을 이용한 통신 기능이 추가되었다. 기존의 e카드도 사용 가능하다.

AGB-016

6pin 보호 커버

2003년 6월 27일 카드e 리더+에 동봉

게임보이 어드밴스 SP에 카드e 리더+(AGB-014)를 장착할 때 액정 및 단자를 보호하기 위해 사용하는 커버.

AGS-004

헤드폰 변환 플러그

2003년 2월 14일 500엔

게임보이 어드밴스 SP에 시중의 3.5파이 스테레오 이어폰/헤드폰을 연결할 때 필요하다.

CGB-003

스테레오 헤드폰

1989년 4월 21일 1,000엔(세금 포함)※

초기형 게임보이에 동봉된 것과 동등한 스테레오 헤드폰. 게임보이 어드밴스 SP에서 사용하려면 헤드폰 변환 플러그(AGS-004)가 필요하다.

 게임보이 어드밴스 사용 가능   게임보이 어드밴스 SP 사용 가능   게임보이 미크로 사용 가능   게임보이 플레이어 사용 가능

OXY-007

전용 파우치

2005년 9월 13일　게임보이 미크로 본체에 동봉

본체 패키지에 동봉되어 있는 펠트 재질의 파우치. 알루미늄 바디는 기스가 나기 쉬우므로, 이를 세심하게 배려했다.

AGB-023

GBA 클리너

2004년 11월 21일　1,000엔

실은 닌텐도 DS용 클리너 세트의 동봉품이지만, 게임보이 어드밴스에도 사용 가능.

DMG-08

클리닝 킷

1989년 4월 21일　800엔(세금 포함)※

본체와 카트리지의 단자를 청소하기 위한 킷. 패키지는 2종류가 있지만 내용물은 동일하다.

DOL-011

GBA 케이블

2001년 12월 14일　1,400엔

게임보이 어드밴스를 게임큐브의 컨트롤러 단자에 연결하여 컨트롤러 대용으로 사용할 수 있게 해주는 케이블. 또한 게임보이 어드밴스를 경유하여, 게임보이 어드밴스용 주변기기를 게임큐브에서 이용 가능하게끔 상호 연동시키는 사용법도 가능하다.

▲ 일반적인 통신 케이블과 달리, 자칫하여 뽑히지 않도록 걸쇠로 맞물리는 구조로 만든 것이 특징.

▲ 카드e 리더+와 GBA 케이블을 사용하여 게임큐브와 연결한 연동 실례. 「동물의 숲 e+」처럼, 게임보이 어드밴스와 연동이 가능한 소프트도 있었다.

세계 각국에 발매되었던 게임보이 어드밴스

게임보이 어드밴스는 여타 닌텐도 게임기와 마찬가지로 세계 곳곳에 보급되어 호평을 받았다. 특히 북미에서 대인기를 누려, 일본에는 나오지 않았던 백라이트 탑재형 게임보이 어드밴스 SP가 출시되기도 하고(기본적으로 GBA SP는 프론트 라이트형), 아동용 비디오 소프트인 'Gameboy Advance Video' 규격을 독자적으로 전개하기도 했다(아래 박스 내용 참조).

소프트는 닌텐도의 타이틀을 비롯한 대형 퍼블리셔의 게임과 메이저한 시리즈 작품 외에는 대부분이 현지에서 독자적으로 개발한 오리지널 타이틀로서, 일본 시장과는 유저

층 구성이 크게 달랐던 탓에, 아쉽게도 서로의 시장에 이식 판매되는 경우는 거의 없었다.

일본에서도 호평을 받았던 풍부한 본체 컬러 바리에이션은 서양에서도 적극적으로 전개되어, 토이저

러스와 월마트 등의 대기업 양판점 한정 모델이나 특정 게임과의 콜라보 모델 등이 다양하게 출시되었다. 그중에는 일본에선 미발매된 컬러 본체도 있었다.

북미에서만 출시된 비디오 소프트, Gameboy Advance Video

◀ 회색 카트리지가 신선하다. 아쉽게도 일본판 GBA에선 재생 불가능.

Gameboy Advance Video는 미국 마제스코 사가 어린이용 비디오 공급매체로 게임보이 어드밴스를 활용한 서비스로서, 일반적인 게임 소프트와 구별하기 위해 회색 카트리지를 채용했다. 오른쪽 사진에 나온 것 외에도 「포켓몬」이나 디즈니 작품 등을 비디오화해, 개당 10달러 전후로 발매했다.

Chapter 2

게임보이 어드밴스
일본 소프트 올 카탈로그

GAMEBOY ADVANCE SOFTWARE ALL CATALOGUE

해설 **게임보이 어드밴스의 소프트 이야기**
COMMENTARY OF GAMEBOY ADVANCE #2

본체 동시발매 타이틀은 사상 최다량인 30종!

게임보이 어드밴스의 소프트를 살펴보다보면 특히 강한 인상을 받게 되는 점이, 화려하기 이를 데 없는 런칭 타이틀 라인업이 이닐까 싶다. 본체 빌매일이었던 2001년 3월 21일에 동시발매된 타이틀 수가 무려 30종으로서, 일반적인 게임기가 보통 몇 종류에 그치는 것을 생각해 보면 상당히 많은 숫자다. 게다가 그 소프트들의 면면을 살펴봐도 하드웨어의 신기능을 선보이는 면모가 강한 '겉보기 그래픽 치중형' 게임이 아니라, 「파워프로 군 포켓」·「악마성 드라큘라」·「록맨 EXE」·「파이어 프로레슬링」 등 하나하나가 킬러 타이틀급이나 다름없는 간판 시리즈 인기작을 아낌없이 투입했으니, 각 개발사들이 게임보이 어드밴스에 얼마나 큰 기대를 걸고 있었는지가 여실히 느껴진다.

이렇게 된 데에는 몇 가지 이유가 있었는데, 가장 큰 요인으로 꼽히는 것은 닌텐도가 서드파티용 소프트 개발 킷을 상당히 이른 시기부터 적극적으로 제공했다는 점이다. 발매 전년인 2000년 8월경에 이미 500개 내지는 1,000개 단위로 보급돼 있었다고

하니, 닌텐도도 서드파티들도 충분한 여유를 갖고 개발에 임할 수 있었다는 점이 크게 작용했다. 애초에 GBA는 게임보이 컬러의 후계기인데다 하위호환성까지 완비한 기종이다. 즉 사실상 성공이 예견되던 게임이었던지라, 각 개발사들도 안심하고 소프트 개발에 주력했을 것임은 쉽게 상상할 수 있다. 오히려 너무 이른 시기에 대량으로 개발 킷이 나돈 부작용격으로, 게임보이 어드밴스 실기가 발매되기도 전에 에뮬레이터가 공개돼 버린 진기한 사태까지도 발생했다. 이를 교훈삼아, 이후 닌텐도는 개발 킷 공급을 통제하는 쪽으로 정책을 바꿨다고 한다.

또 하나로는, 게임보이 어드밴스의 기본 설계가 슈퍼 패미컴의 연장선상에 있는 2D 아키텍처였던 점도 큰 요인으로 꼽힌다. 지금처럼 미들웨어가 잘 정비되어 있지 못했던 당시의 게임 개발현장에서는, 폴리곤 기반의 3D 그래픽이 중심인 게임의 경우 개발 노하우 축적 유무에 따른 회사 간 개발력 격차가 컸기에, 3D 게임의 개발은 개발사 입장에서도 부담감이 강했다. 반면 GBA는 2D 그래픽이 메인인 게

임기였으므로, 슈퍼 패미컴 시절에 구축해둔 개발환경과 노하우를 그대로 활용할 수 있었다.

또한, 꼭 런칭 타이틀에 한정되는 이야기는 아니나, 슈퍼 패미컴의 연장선상에 있는 게임기라는 점을 살려 「파이널 판타지」·「브레스 오브 파이어」·「택틱스 오우거」 등 슈퍼 패미컴 시대의 인기 타이틀을 리메이크해 발매하는 경우도 다수 있었다. 화면해상도 등의 차이가 있으니 원작의 리소스 데이터를 100% 재활용할 수는 없으나, 개발사에게나 해당 게임의 팬들에게나 비교적 부담이 적은 해법이었으니, 슈퍼 패미컴 시절의 풍부한 소프트 자산이 게임보이 어드밴스의 전반적인 소프트 라인업에 일조했다는 점은 반드시 꼽아야 할 일면이라 하겠다.

닌텐도는 하드웨어 발매 초기의 부족한 소프트 라인업을 커버하기 위해 GBA에 하위호환 기능을 넣은 것이었겠으나, 군이 거기에 의존하지 않아도 될 만큼 충분히 많은 소프트가 공급되었으니, 이것이야말로 기쁜 계산착오였을지도 모르겠다.

판권물 게임이 많은 것이 인상적인 GBA 소프트 시장

일본에서의 게임보이 어드밴스는 비교적 저연령층에 인기가 많았던 휴대용 게임기라, 그 경향을 반영해서인

지 여타 가정용 게임기와는 소프트 라인업의 경향이 명확히 달랐다. 최대의 특징은 '판권물 게임이 많다'는 점인

데, 그중에서도 특히 소년·소녀용 TV 애니메이션화 작품의 게임판이 눈에 띄게 많았다. 이러한 경향은 게임보이

어드밴스 발매 초기부터 일정 정도 엿보였으나 2003~2004년경에는 특히 현저해지는데, 같은 시기의 라이벌 기종이었던 플레이스테이션 2와 Xbox에는 저연령층 시장이 거의 존재하지 않았기에 소프트가 게임보이 어드밴스 쪽에 집중적으로 몰린 것이 그 이유로 추측된다. 반대로 보면, 플레이스테이션 2 등에서는 일정한 시장을 형성했던 미소녀 게임과 심야 애니메이션(역주 ※) 계열 타이틀이 게임보이 어드밴스에는 거의 발매되지 않았으니, 양쪽 시장에 명확한 경계선이 존재했다고 할 수 있다.

한편 게임큐브와의 관계성을 따져 보면, 게임보이 플레이어 등 일부 주변기기를 통한 연동 요소가 있기는 하였으나, 게임큐브 쪽은 3D 폴리곤 중심의 아키텍처였던 데다 닌텐도 타이틀 외에는 서양 개발 게임의 비율이 높았던 점도 있어, 게임큐브와 게임보이 어드밴스는 시장이 거의 경합하지 않았다. 오히려 GBA 쪽은 서양 게임 이식작의 비중이 극도로 낮아서 일본에서 발매된 총 타이틀 중 태반이 일본 국내용이었을 정도라, 전 세계에서 시장을 전개한 역대 게임기 중 매우 드물게도 확고한 내수 타이틀 중심이라는 특이한 라인업을 형성했다. 일본 게임 시장이 전통적으로 판권물 게임이 많고 저연령층의 저변이 강했음을 감안하더라도, 게임보이 어드밴스는 지극히 드문 사례라 할 수 있겠다.

(역주 ※) 일본의 TV 애니메이션은 23시경을 기준으로 그 이전의 오후·저녁시간대 등에 방영되는 '아동용 애니메이션'과, 23시 이후의 심야시간대에 방영되는 '심야 애니메이션'으로 나뉜다. 심야 애니메이션은 청년·성인·매니아층이 타깃으로, 좀 더 자극적인 묘사와 전개를 추구하는 편이다.

▲ 판권물 타이틀이 유독 많았던 게임보이 어드밴스. 장르도 작품 타이틀도 실로 다양하기 그지없다.

이 책에 게재된 카탈로그의 범례

① 게임 타이틀명

② 기본 스펙 표기란
발매 회사, 발매일, 가격(세금 포함 가격인 경우 (세금 포함))을 표기).

③ 패키지 표지

④ 게임 화면

⑤ 내용 설명

⑥ 장르 아이콘
게임의 장르를 10종류로 분류한 아이콘.

STG 슈팅 게임	**ACT** 액션 게임	**PZL** 퍼즐 게임
RPG 롤플레잉 게임	**SLG** 시뮬레이션 게임	**SPT** 스포츠 게임
RCG 레이싱 게임	**AVG** 어드벤처 게임	**ETC** 교육·기타
TBL 테이블 게임		

⑦ 기능 및 지원 주변기기 아이콘
통신 케이블 지원 여부 및 지원 주변기기를 표시하는 아이콘.

슈퍼 마리오 어드밴스 2 ①
⑥ ACT 닌텐도 2001년 12월 14일 4,800엔 ②

⑦

③ ④

「슈퍼 마리오 월드」 및 「마리오브라더스」의 리메이크작. 「슈퍼 마리오 월드」는 마리오와 루이지의 성능을 차별화시키고 맵 화면에서 사용 캐릭터를 교대 가능하도록 바꿨으며, 성·요새 클리어 후에도 재도전할 수 있도록 하는 등 시스템을 개선했고, 보이스 추가 등 연출도 다소 변경했다. ⑤

어드밴스 전용 통신케이블 지원 / 어드밴스 전용 통신케이블 지원 / 어드밴스 전용 와이어리스 어댑터 지원 / 어드밴스 전용 와이어리스 어댑터 지원 / 카드e 리더 지원 / 카드e 리더 지원 / 카드e 리더+ 지원 / 카드e 리더+ 지원

HARDWARE / 2001's SOFT / 2002's SOFT / 2003's SOFT / 2004's SOFT / 2005's SOFT / 2006's SOFT / SOFT INDEX

HARDWARE
2001's SOFT
2002's SOFT
2003's SOFT
2004's SOFT
2005's SOFT
2006's SOFT
SOFT INDEX

2001

게임보이 어드밴스는 발매 첫 해에 발매된 소프트가 무려 132개 타이틀에, 심지어 본체와 동시에 발매된 런칭 타이틀이 30종이나 되어, 역대 게임기 중에서도 최다수를 자랑하는 화려한 스타트를 끊었다.

대히트한 휴대용 게임기 '게임보이 컬러'의 뒤를 잇는 차세대기로서 사실상 성공이 보장되어 있었던 데다, 일찍부터 각 서드파티에 개발기자재가 공급되어 적극적인 준비가 가능했던 점이 스타트의 호조로 연결되었다. 개발

사들 역시 저마다 자사의 인기 시리즈 타이틀 신작을 투입했으니, 이 점만으로도 게임보이 어드밴스에 얼마나 기대를 걸었는지가 엿보인다.

슈퍼 마리오 어드밴스

ACT　닌텐도　2001년 3월 21일　4,800엔

과거의 「마리오」 시리즈 두 작품을 합본 수록한 게임. 「슈퍼 마리오 USA」에서는 마리오 일행이 적 캐릭터 및 땅속에 묻힌 야채를 들어올려 던지는 시스템으로 진행하며, 친숙한 「마리오브라더스 클래식」에선 통신 케이블을 이용해 2인 동시 플레이로 초대 「마리오브라더스」를 즐긴다.

어드밴스 GTA

RCG　MTO　2001년 3월 21일　4,980엔

게임보이 어드밴스의 런칭 타이틀로 등장한 레이싱 게임. 차량을 일단 3D로 모델링한 후 2D 데이터로 변환하여, 자연스러운 그래픽을 구현했다. 일본 내 8개사의 차량 46차종이 실명으로 등장한다. 다양한 노면 상태 및 상황을 풍부히 구비한 총 32종의 코스를 준비했다.

위닝 포스트 for 게임보이 어드밴스

SLG　코에이　2001년 3월 21일　5,600엔

마주 겸 브리더가 되어 최강마를 육성하는 시뮬레이션 게임. 오카베·에비나·고토 등 당시의 실존 기수 25명과, 후사이치 페가수스·에어 샤커 등 실존했던 씨수말도 등장한다. 풀게이트 16두 사양으로 박력 넘치는 레이스 장면이 펼쳐지는 등, 경마 팬이라면 납득할 만한 작품.

F-ZERO FOR GAMEBOY ADVANCE

RCG　닌텐도　2001년 3월 21일　4,800엔

슈퍼 패미컴판의 25년 후 세계를 무대로 펼쳐지는 초고속 레이싱 게임. 등장하는 머신은 숨겨진 기체를 포함해 총 10대이며, 22개 코스가 준비돼 있다. 로켓 스타트를 채용하여, 이를 활용하면 최고속도로 출발할 수 있다. 통신 케이블을 사용하면 4명까지 통신대전도 가능하다.

STG 슈팅 게임　**ACT** 액션 게임　**PZL** 퍼즐 게임　**RPG** 롤플레잉 게임　**SLG** 시뮬레이션 게임　**SPT** 스포츠 게임　**RCG** 레이싱 게임　**AVG** 어드벤처 게임　**ETC** 교육·기타　**TBL** 테이블 게임

HARDWARE
2001's SOFT
2002's SOFT
2003's SOFT
2004's SOFT
2005's SOFT
2006's SOFT
SOFT INDEX

쿠루쿠루 쿠루링

ACT 닌텐도 2001년 3월 21일 4,800엔

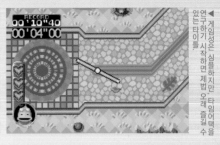

회전하는 봉 형태의 특수 헬리콥터 '헬리링'을 조작해 골 지점까지 가는 액션 게임. 벽에 닿으면 체력이 감소하므로, 헬리링의 회전과 코스의 형태를 살피며 타이밍을 잘 계산해, 올라가면 회복되는 하트 패널이나 접촉하면 기체가 역

회전하는 패널 등의 장치를 이용하여 진행해야 한다. 게임 모드는 조작법을 배우는 '연습', 스토리에 따라 30스테이지를 공략하는 '모험', 50스테이지의 '도전', 2~4명이 대전하는 '대전', 기체의 외형을 변경하는 '정비'를 수록했다.

코나미 와글와글 레이싱 어드밴스

RCG 코나미 2001년 3월 21일 5,800엔

코나미의 역대 캐릭터들이 등장하여, 각 캐릭터들의 등장 게임을 모티브로 삼은 코스에서 대결하는 레이싱 게임. 코스 상에 아이템이 든 벨이 설치돼 있으며, 접촉하면 미사일과 폭탄 등의 아이템을 입수하게 된다. 입수한 아이템을 구사해 라이벌을 방해하며 1위를 노려보자.

JGTO 공인 GOLFMASTER : JAPAN GOLF TOUR GAME

SPT 코나미 2001년 3월 21일 5,800엔

일본골프투어기구 공인 골프 게임. 플레이스테이션용 소프트 「실황 골프마스터 2000」의 이식작이다. 아오키 이사오와 마루야마 시게키를 비롯한 투어 플레이어 12명이 실명으로 등장한다. 게임 모드는 5종이 준비돼 있고, 코스는 18홀 6코스가 마련되어 있다.

J리그 포켓

SLG 코나미 2001년 3월 21일 5,800엔

약소 축구 클럽의 감독이 되어 J1 리그 우승을 노리는 육성 시뮬레이션 게임. 선수는 육성 방침에 따라 다양한 타입으로 성장한다. 이를 조합해 만들어지는 다종다양한 작전을 구사하여 나만의 클럽으로 키워보자. 감독 평가가 올라가면 실존 J리그 선수를 획득할 수도 있다.

악마성 드라큘라 : Circle of the Moon

ACT 코나미 2001년 3월 21일 5,800엔

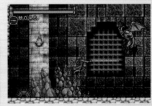

게임보이 어드밴스의 런칭 타이틀로 등장한, 「악마성 드라큘라 X : 월하의 야상곡」을 잇는 탐색형 액션 게임. 가장 큰 특징은 '듀얼 셋업 시스템'이다. 특정한 적을 물리치면 입수하는 '동작 카드'와 '속성 카드'를 조합함으로써 다양한 능력을 획득할 수 있다.

HARDWARE

2001's SOFT

2002's SOFT

2003's SOFT

2004's SOFT

2005's SOFT

2006's SOFT

SOFT INDEX

전일본 GT 선수권

RCG　켐코　2001년 3월 21일　5,200엔　모바일 어댑터 GB 지원

같은 명칭의 자동차 레이스가 소재인 레이싱 게임. GT-R, 수프라, NSX 등 실제 2000년도 전일본 GT 선수권 참가 팀들의 차량을 사용한다. 워크스 팀들도 실명으로 등장한다. 코스도 실제로 전일본 GT 선수권에서 사용하는 6개 코스를 수록했다. GT 드라이버가 되어 우승을 노리자!

츄츄 로켓!

PZL　세가　2001년 3월 21일　4,800엔

'츄츄'(쥐)를 유도하여 로켓에 태우는 게 목적인 퍼즐 게임. 플레이어는 화살표 패널을 설치할 수 있다. 츄츄는 벽에 부딪치면 오른쪽으로 선회하며, 화살표 패널을 밟으면 해당 방향으로 전진한다. 드림캐스트 유저들이 제작한 퍼즐 스테이지 2,500문제가 수록돼 있다.

트위티의 하티 파티

ETC　켐코　2001년 3월 21일　4,980엔

'루니 툰'의 캐릭터들이 등장하는 보드 게임. 석화되는 저주에 걸린 트위티를 돕기 위해 마법의 보석을 모두 모으는 것이 목적. 특정한 칸에 멈추거나 라이벌과 마주치면 보석을 쟁탈하는 미니게임이 펼쳐진다. 통신 케이블을 이용하면 최대 4명까지 대전 가능하다.

나폴레옹

SLG　닌텐도　2001년 3월 21일　4,800엔　모바일 어댑터 GB 지원

나폴레옹 보나파르트가 되어 동료들과 함께 밀랍인형사 '마담 타소'를 물리치는 게 목적인 실시간 전략 게임. 나폴레옹을 조작해 상황에 맞춰 지시를 내리며 돌아다녀 부대를 승리로 이끈다. 역사적 사실 기반에서 벗어나 대담하게 개변한 스토리가 특징으로, 다른 시대의 인물도 등장한다.

열혈 피구 파이터즈

SPT　아틀라스　2001년 3월 21일　4,980엔

패밀리 컴퓨터용 게임 「열혈고교 피구부」의 개발팀이 제작한 스포츠 게임. 체력 시스템을 채택했기 때문에, 슛에 맞아 체력이 바닥나면 퇴장 처리되어 내야로 돌아올 수 없다. 슛 중에는 필살 슛이 50종류나 준비돼 있어, 간편하게 호쾌한 시합을 펼칠 수 있다.

배틀 네트워크 : 록맨 EXE

RPG　캡콤　2001년 3월 21일　4,800엔

액션 게임이었던 이전작들과 달리 RPG로 등장한 「록맨」 시리즈 신작. 다양한 사물이 네트워크로 연결된 세상에서 '컴퓨터세계'와 '현실세계' 두 세계를 무대로, 온라인 범죄 집단 WWW(월드 쓰리)와 싸운다. 전투는 직감적이고 알기 쉬우면서도 참신해, 많은 팬을 모았다.

STG 슈팅 게임　**ACT** 액션 게임　**PZL** 퍼즐 게임　**RPG** 롤플레잉 게임　**SLG** 시뮬레이션 게임　**SPT** 스포츠 게임　**RCG** 레이싱 게임　**AVG** 어드벤처 게임　**ETC** 교육·기타　**TBL** 테이블 게임

파워프로 군 포켓 3

SPT　코나미　2001년 3월 21일　5,800엔

사고로 죽은 시리즈 첫 작품의 주인공이 사이보그로 개조
돼 부활한다는 충격적인 스토리가 전개되는, 게임보이 어
드밴스의 런칭 타이틀. 석세스 모드에서는 암약해온 악의
조직 '프로펠러 단'과의 최종결착을 그렸다. 하드웨어 진화
로 그래픽이 강화됐고, 심판 판정이 음성출력으로 나온다.

피노비의 대모험

ACT　허드슨　2001년 3월 21일　4,800엔

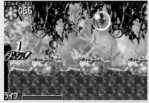

피노키오를 모티브로 삼은 액션 게임. 로봇 벌 '피노비'가
납치당한 할아버지를 찾아 여행에 나선다. 게임은 세가의
「소닉」처럼 위아래로도 넓은 스테이지 상에서 골을 향해
날며 돌아다니는 횡스크롤 액션 스타일이다. 십자키와 버
튼 하나로 끝나는 심플한 조작계도 호평받았다.

파이어 프로레슬링 A

SPT　스파이크　2001년 3월 21일　5,800엔

PC엔진에서 처음 시작된 대인기 프로레슬링 게임 시리즈
신작. 등장 레슬러가 216명, 기술 수도 1,200종이 넘는 상
당한 볼륨으로, 신규 레슬러도 만들 수 있다. 게임 모드도
7종류나 있다. 그중 하나로서 특정 스타일에 맞춰 시합하
는 '오디언스 매치'는 이 작품에서 처음 등장한다.

플레이 노벨 : 사일런트 힐

ETC　코나미　2001년 3월 21일　5,800엔　모바일 어댑터 GB 지원

플레이스테이션용 게임으로 호평을 받았던 「사일런트 힐」
이, 소설을 읽는 느낌으로 즐기는 '플레이 노벨'이라는 장
르가 되어 등장했다. 도중에 나오는 선택지에 따라 스토리
의 결말이 변화하는 멀티 엔딩을 채용했다. '모바일 어댑터
GB'도 지원해, 신규 시나리오의 다운로드도 가능했다.

나는 항공관제사

SLG　탐　2001년 3월 21일　5,800엔

항공관제사가 되어 항공기를 이착륙시키는 시뮬레이션 게
임. 풍향과 혼잡도 등을 파악하며 스케줄대로 운행시키는
게 목적이다. 등장하는 공항은 도쿄국제공항, 나고야공항,
간사이국제공항, 신치토세공항 4개소를 마련했다. 이번 작
품에선 자유롭게 스케줄을 짜볼 수도 있다.

미스터 드릴러 2

PZL　남코　2001년 3월 21일　4,800엔

주인공 '호리 스스무'를 조작해, 지저 깊숙한 곳까지 파 들
어가는 액션 퍼즐 게임. 지면을 파면 인접한 같은 색 블록
이 한번에 부서진다. 필드 내에서 산소를 캡슐로 보급하며
진행하자. 주인공의 아버지는 「디그더그」의 주인공 '호리
타이조'로, 부자 대대로 땅을 파는 게임에 나오는 셈.

HARDWARE

2001's SOFT

2002's SOFT

2003's SOFT

2004's SOFT

2005's SOFT

2006's SOFT

SOFT INDEX

모모타로 축제
RPG　허드슨　2001년 3월 21일　5,200엔

「모모타로 전설 Ⅱ」 후의 세계를 무대로, 모모타로가 '유희'의 도를 섭렵하러 키치카치 마을 등 각지에서 개최되는 축제를 순회하는 미니게임 모음집+RPG. 게임 내에서 '유희'로 칭하는 여러 어트랙션(미니게임)을 플레이하며, 일본 유명 축제를 일러스트화한 '축제 카드'도 수집하게 된다.

몬스터 가디언즈
RPG　코나미　2001년 3월 21일　5,800엔　모바일 어댑터 GB 지원

마수(魔獸)를 다루는 자가 되어, 몬스터를 통솔해 싸우는 시뮬레이션 RPG. 쿠데타로 부모를 잃고 나라에서 추방된 주인공이 복수를 위해 일어선다는 스토리다. 등장 몬스터는 84종류. 전투에서 포획하거나 알을 부화시키거나 합성하는 등, 입수방법이 다양하게 마련돼 있다.

유희왕 : 던전 다이스 몬스터즈
SLG　코나미　2001년 3월 21일　5,800엔

▶패키지 내에서는 '블랙 매지션 걸 카드(결투에서의 사용 불가)'가 동봉돼 있다.

만화판 '유희왕'의 '던전 다이스 몬스터즈' 편을 기반으로 제작한 보드 게임. 15개의 주사위 중 3개를 골라 굴려 몬스터를 소환해 자신의 던전을 구축한다는 룰 하에서, 원작에서도 등장한 캐릭터들과 승부를 펼친다. 몬스터의 주사위는 124종류(이중 '유희왕' 공식 카드 게임에도 등장하는 것은 110종류)나 되고, 게임 내에서 입수가 제일 어려운 블랙 매지션 걸의 주사위를 입수하면 게임의 오프닝이 바뀐다.

EZ-TALK 초급편 1
ETC　키넷　2001년 3월 21일　6,000엔

게임보이 어드밴스 본체에서 음성 출력되는 영어를 들으며, 주인공 소년 '제이'를 조작해 일상생활을 한다는 영어 회화 학습 게임. 스토리는 어머니가 아침에 깨우러 들어오는 데에서부터 시작되며, '옷을 입어라'·'물건을 사와라' 등 등의 회화를 게임으로 체험하게 된다.

EZ-TALK 초급편 2
ETC　키넷　2001년 3월 21일　6,000엔

영어 지시를 따라 소년 '제이'를 조작해 부모와 어린 여동생을 도와준다는 내용의 리스닝 게임. 「EZ-TALK 초급편 1」 이후의 에피소드 6~10을 수록했고, 다른 시리즈에서 입수한 패스워드(An8A 등)를 입력해야만 플레이 가능하다. 영어 문장은 나오지 않지만, 지시는 다시 들을 수 있다.

STG 슈팅 게임　ACT 액션 게임　PZL 퍼즐 게임　RPG 롤플레잉 게임　SLG 시뮬레이션 게임　SPT 스포츠 게임　RCG 레이싱 게임　AVG 어드벤처 게임　ETC 교육·기타　TBL 테이블 게임

EZ-TALK 초급편 3

ETC　키넷　2001년 3월 21일　6,000엔

기초적인 영어 지시에 따라 소년 '제이'를 조작해, 아버지 와 함께 정원에서 페인트칠 등을 하며 3일차를 보내는 내 용의 영어 듣기 학습 게임. 「EZ-TALK 초급편 2」에 이은 에피소드 11~15를 수록했고, 시리즈 작품 중 하나에서 입 수한 패스워드를 입력해야만 플레이 가능.

EZ-TALK 초급편 4

ETC　키넷　2001년 3월 21일　6,000엔

기초적인 영어 지시에 따라 소년 '제이'를 조작해, 가족과 의 대화를 통해 영어 듣기능력을 학습하는 리스닝 게임. 「EZ-TALK 초급편 3」에 이은 에피소드 16~20을 수록했 고, 시리즈 작품 중 하나에서 입수한 패스워드를 입력해 야만 플레이 가능. 지시를 잘 따르면 평가가 오른다.

EZ-TALK 초급편 5

ETC　키넷　2001년 3월 21일　6,000엔

기초적인 영어 지시에 따라 소년 '제이'를 조작해, 가족과 의 대화를 통해 영어 듣기능력을 학습하는 리스닝 교재 게 임. 「EZ-TALK 초급편 4」에 이은 에피소드 21~25를 수록 했고, 시리즈 작품 중 하나에서 입수한 패스워드를 입력해 야만 플레이 가능. 지시 이행이 굼뜨면 질책도 당한다.

EZ-TALK 초급편 6

ETC　키넷　2001년 3월 21일　6,000엔

영어 지시에 따라 소년 '제이'를 조작해, 가족과의 대화를 통해 영어 듣기능력을 학습하는 리스닝 게임 시리즈의 마 지막 작품. 「EZ-TALK 초급편 5」에 이은 에피소드 26~30 을 수록했고, 시리즈 작품 중 하나에서 입수한 패스워드를 입력해야만 플레이 가능하다.

겟 백커스 탈환대 : 지옥의 스카라무슈

RPG　코나미　2001년 4월 26일　5,800엔

당시 '주간 소년 매거진'에서 연재되던 인기 만화 '겟 백커 스'가 원작인 롤플레잉 게임. '미도 반'과 '아마노 긴지'가 원작대로 의뢰를 받아 악인이 빼앗아간 것을 되찾아준다. 스토리가 진행될수록 동료가 늘어나, 최대 6명까지 파티 를 짤 수 있다.

탐미몽상 마이네 리베

SLG　코나미　2001년 4월 26일　5,800엔

'천사금렵구'로 유명한 만화가 유키 카오리가 캐릭터 디자 인을 맡아 제작된, 여성용 미소년 유혹 시뮬레이션 게임. 「두근두근 메모리얼」처럼, 행동을 선택해 자신의 능력치를 단련한다. 2년간의 학생 생활 후, 졸업 파티에서 마음에 둔 상대가 댄스를 청해오게끔 만드는 게 목적.

스페이스 헥사이트 : 메텔 레전드 EX

PZL　죠르단　2001년 4월 27일　5,300엔

심플하지만 깊이가 있는 보드 게임 '헥사이트'가, 마츠모토 레이지 원작의 OVA '메텔 레전드'와 콜라보레이션한 퍼즐 게임. 이 작품의 핵심인 '메텔 레전드 EX'라는 모드는 OVA의 어나더 스토리다. 기계화로 특수한 생명체가 된 '헥사이트'를 물리쳐 지구를 지키는 게 이 모드의 목적이다.

도라에몽 : 녹색의 행성 두근두근 대구출!

ACT　에포크 사　2001년 4월 27일　4,800엔　모바일 어댑터 GB 지원

침략당한 녹색의 행성 '지아스타'를 구하러 가는 액션 게임. 가던 도중 습격당해, 4차원 주머니와 비밀도구를 빼앗기고 만다. 비밀도구를 되찾아가며, 침략자에 사로잡힌 사람들을 구해내자. 모바일 어댑터 GB를 지원해, 이를 사용하면 특수 아이템 및 힌트를 입수할 수 있었다.

봄버맨 스토리

RPG　허드슨　2001년 4월 27일　5,200엔

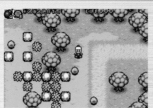

유명한 「봄버맨」이 액션 RPG 작품이 되었다. '노멀 모드'에서는 필드 및 던전 내에서 방해하는 적들을 봄버맨 게임의 룰대로 물리치고 퍼즐을 풀며 전진하자. '배틀 게임' 모드에서는 익숙한 봄버맨 대전이 가능하다. 통신 케이블을 사용하면 라이벌과 대전할 수 있다.

파이널 파이트 ONE

ACT　캡콤　2001년 5월 25일　4,800엔

슈퍼 패미컴판 기반으로 개발된 인기 벨트스크롤 액션 게임. 통신 케이블로 2인 동시 플레이가 가능하고, 게임 도중 물리친 적 캐릭터 수에 따라 숨겨진 캐릭터를 사용 가능한 등의 추가 요소도 있다. 각 스테이지 보스 직전에는 플레이어 캐릭터와 보스의 대화 이벤트도 나온다.

택틱스 오우거 외전 : The Knight of Lodis

SLG　닌텐도　2001년 6월 21일　4,800엔

같은 제목의 명작 시뮬레이션 게임의 외전 작품으로, 「택틱스 오우거」의 사이드 스토리를 다뤘다. 전투 신의 그래픽은 슈퍼 패미컴으로 발매된 전작과 다름없이 풍부하고, 애니메이션도 바리에이션이 다양하다. 새로운 파고들기 요소로서 '퀘스트 모드'가 추가되었다.

토이 로보 포스

STG　글로벌 A 엔터테인먼트　2001년 6월 28일　5,200엔

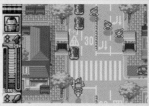

로봇 문명이 발달한 행성이 무대인 어드벤처 게임. 로봇 경찰만으로는 문제가 있다 하여 인간 경찰관을 육성하게 된다. 범인의 추적·체포 장면은 종스크롤 슈팅 스타일로 진행된다. 플레이어 기체는 로봇이며, 부품을 입수하여 자유롭게 커스터마이즈할 수 있다.

STG 슈팅 게임　**ACT** 액션 게임　**PZL** 퍼즐 게임　**RPG** 롤플레잉 게임　**SLG** 시뮬레이션 게임　**SPT** 스포츠 게임　**RCG** 레이싱 게임　**AVG** 어드벤처 게임　**ETC** 교육·기타　**TBL** 테이블 게임

HARDWARE
2001's SOFT
2002's SOFT
2003's SOFT
2004's SOFT
2005's SOFT
2006's SOFT
SOFT INDEX

쵸로Q 어드밴스

RCG　타카라　2001년 6월 29일　4,800엔

실존하는 차량을 SD 디자인으로 재현해 아이들부터 어른에게까지 널리 사랑받고 있는 미니카 '쵸로Q'. 이 귀여운 차가 주인공인 3D 레이싱 게임이다. 서킷이나 시냇가 등 다양한 코스에서 레이스에 도전한다. 승리하면 받는 각종 강화 아이템을 사용해 각 코스에서 1위 획득을 노리자.

기수 체험 게임 : 쥰마 랩소디~♪

RPG　캡콤　2001년 6월 29일　4,800엔

경마를 소재로 삼은 롤플레잉 게임. 플레이어는 신인 기수가 되어, 자신의 말과 함께 성장해간다. 조교는 미니게임 형식이며, 결과에 따라 능력치가 변동한다. 레이스는 액션 시뮬레이션 스타일로서, 다른 경마 계열 작품들과는 감각이 제법 다른 레이스를 즐길 수 있다.

유희왕 듀얼몬스터즈 5 익스퍼트 1

TBL　코나미　2001년 7월 5일　5,800엔

발매 당시의 유희왕 OCG 룰 및 사용제한 카드, 듀얼 승리 시 획득하는 카드 팩의 내용물 및 출현률까지 재현한 카드 게임. 'Curse of Anubis -아누비스의 저주-' 팩까지의 카드가 등장한다. 캠페인, 통신대전과 카드 트레이드 외에, 묘수풀이와 비슷한 'D-TACTICS' 모드도 수록했다.

브레스 오브 파이어 : 용의 전사

RPG　캡콤　2001년 7월 6일　4,800엔

슈퍼 패미컴으로 출시되었던 「브레스 오브 파이어」 시리즈 첫 작품의 이식작. 시리즈 2번째 작품인 「사명의 아이」 기준으로 시스템을 맞춰, 메뉴 화면과 전투 커맨드 화면을 업데이트했다. 통신 케이블도 지원하여, 친구와 무기 및 아이템을 교환할 수 있다.

마작형사

TBL　허드슨　2001년 7월 12일　5,200엔

가정용 게임기 쪽에는 에로 요소가 잔뜩인 탈의마작 게임이 흔하지만, 이 작품은 '마작특별수사과' 형사가 사건 탐문조사 과정에서 마작 승부에 이기면 획득하는 정보로 범인을 체포한다는 내용이다. 일본의 고전 TV 드라마 '서부경찰'의 오마쥬에 가까운 부분도 다수 엿보여 재미있다.

모리타 쇼기 어드밴스

TBL　허드슨　2001년 7월 12일　5,300엔　모바일 어댑터 GB 지원

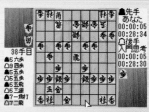

여러 하드웨어로 출시된 허드슨의 간판 쇼기(일본 장기) 게임. 고성능 CPU 덕분에 사고 스피드도 고속화되어 경쾌하게 쇼기가 진행된다. 사고 루틴도 강화해, 숙련자라도 아슬아슬한 대국을 즐길 수 있다. 대국 외에 '박보장기'와 '다음 한 수', 초보자를 위한 '쇼기 강좌'도 준비했다.

어드밴스 전용　어드밴스 전용　　어드밴스 전용　어드밴스 전용
통신케이블 지원　통신케이블 지원　　와이어리스 어댑터 지원　와이어리스 어댑터 지원

카드e 리더 지원　카드e 리더 지원　　카드e 리더+ 지원　카드e 리더+ 지원

EX 모노폴리

TBL　타카라　2001년 7월 13일　5,800엔　모바일 어댑터 GB 지원

모노폴리 아일랜드의 숙박권을 받은 주인공이, 아일랜드에서 다양한 대회를 돌파해 모노폴리 성의 대회에서 승리하는 게 목적인 보드 게임. '멀티플레이 모드'를 고르면 최대 5명까지 함께 플레이 가능하다. 모바일 어댑터 GB로 온라인 랭킹을 보고 자신의 실력을 확인 가능했다.

슈퍼 스트리트 파이터 II X 리바이벌

ACT　캡콤　2001년 7월 13일　4,800엔

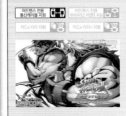

일본 각지의 게임센터에서 지금도 대전 플레이가 성황인 「슈퍼 스트리트 파이터 II X」의 이식작. 조작 및 필살기 구사가 용이하도록 각종 개량을 가했고, 팬들이 요망해왔던 '진 고우키'의 플레이어 사용도 가능해졌다. 참공파동권에서 연속 콤보로의 연결을 성공시켜 보자.

모두의 사육 시리즈 ① : 나의 장수풍뎅이

AVG　MTO　2001년 7월 13일　5,200엔

여름방학에 할아버지가 사는 시골 마을로 내려온 주인공. 마을에서는 장수풍뎅이가 대인기라 다들 기르고 있었다. 친구들과 함께 놀기 위해 장수풍뎅이를 잡아, 잘 길러내 미니게임으로 대전해보자. 등장하는 장수풍뎅이는 40종류가 넘는다. 모두 잡아 도감을 완성시키자.

바람의 크로노아 : 꿈꾸는 제국

ACT　남코　2001년 7월 19일　5,300엔

신비한 세계를 헤매고 있던 크로노아가, 꿈꾸기가 금지된 제국을 무대로 괴물 퇴치에 나서는 퍼즐 액션 게임. 바람의 구슬이나 스테이지 상의 물체를 이용해 전진하는 퍼즐 요소, 플로트 보드 등을 이용하는 액션 요소를 포함한 여러 비전(스테이지)으로 구성된 다섯 월드를 공략한다.

마리오 카트 어드밴스

RCG　닌텐도　2001년 7월 21일　4,800엔　모바일 어댑터 GB 지원

마리오 등 8명이 속도를 겨루는 레이싱 게임. 시스템은 초대 「슈퍼 마리오 카트」 기준이라 코인 부활 등 공통점이 많지만, 시리즈 최다 코스를 수록했으며 모바일 어댑터 GB로 일본 유저간 타임 비교도 가능했던 등 독자적인 특징도 많다. 최대 4인 대전, 원 카트리지 플레이도 지원한다.

근육 랭킹 : 콘고 군의 대모험!

AVG　코나미　2001년 7월 26일　5,800엔　모바일 어댑터 GB 지원

10살이 된 콘고 군이 마왕 '다크 머슬'을 물리치고 아버지를 구한다는 스토리의 스포츠 게임. 종목은 '삼진 아웃'·'샷건 터치'·'킥 타깃'·'몬스터 박스'·'나인 후프스'·'비치 플래그'·'스파이더 클라임&10m 밧줄 오르기'가 수록돼 있다. 원작은 일본 TBS의 스포츠 예능 프로.

HARDWARE

2001's SOFT

2002's SOFT

2003's SOFT

2004's SOFT

2005's SOFT

2006's SOFT

SOFT INDEX

JGTO 공인 GOLFMASTER 모바일 : JAPAN GOLF TOUR GAME

SPT   코나미   2001년 7월 26일   5,800엔   모바일 어댑터 GB 지원

같은 제목의 게임에 모바일 시스템 GB 지원 기능을 붙인 버전. 전작의 모드에 '챌린지'를 추가했고, '드래곤'과 '니어 핀'이라는 미니게임을 수록했다. 모바일 시스템 GB를 사용하면 '모바일 랭킹'에 자신의 기록을 등록하여, 20종 이상의 항목으로 랭킹을 겨룰 수 있었다.

스타커미 : STAR COMMUNICATOR

ETC   코나미   2001년 7월 26일   5,800엔   모바일 어댑터 GB 지원

텔레파시로 통신할 수 있는 '스타커미'란 이름의 우주생물을 길러, '스타커미'의 힘을 사용해 메일 교환 등을 하는 커뮤니케이션 소프트. '다마고치'처럼 음식을 주거나 미니게임으로 돈을 벌거나 하여 '스타커미'를 결혼시켜 2세를 키우는 등, 오랫동안 꾸준히 즐길 수 있다.

모바일 프로야구 : 감독의 지휘

SPT   코나미   2001년 7월 26일   5,800엔   모바일 어댑터 GB 지원

프로야구 팀의 감독이 되어 팀을 육성해, 시합 도중 지시를 내려 우승을 노리는 시뮬레이션 게임. 선수는 모두 실명으로 등장한다. 선수에게 칩을 주면 능력을 끌어올릴 수 있다. 모바일 시스템 GB도 지원해, 최신 선수 데이터를 다운로드받을 수도 있었다.

제로 투어즈

RPG   미디어 링   2001년 7월 27일   5,480엔   모바일 어댑터 GB 지원

소문으로만 듣던 '드래곤 족'을 만나고 싶어 친구들과 함께 여행을 나서는 롤플레잉 게임. 여행을 안내해주는 '투어 컨덕터'가 성장하면 이벤트가 발생하고 행동범위도 넓어지는 시스템이다. 모바일 어댑터 GB를 지원해, 이를 사용하면 다양한 요소를 해금할 수 있었다.

황금의 태양 : 풀리는 봉인

RPG   닌텐도   2001년 8월 1일   4,800엔

게임보이 어드밴스 초기에 등장한 닌텐도 발매의 롤플레잉 게임 작품. 전통적인 필드 탐색형 RPG이지만, '에너지'라는 시스템의 채용과 도중의 던전 등에 배치된 다양한 퍼즐 요소 등, 게임성에 색다른 맛을 한층 가미했다.

도카폰 Q : 몬스터 헌터!

RPG   아스믹 에이스 엔터테인먼트   2001년 8월 3일   4,800엔

11살 생일을 맞은 '탭'이라는 소년이, 모험가가 되어 다양한 장소를 탐색하는 롤플레잉 게임. 특징은 적 몬스터를 생포해 동료로 삼을 수 있다는 점이다. 배틀은 「도카폰」시리즈 전통의 가위바위보 방식. 무기·방어구는 레벨 올리기가 가능해, 뭘 쓰든 최강이 될 수 있다.

모두의 사육 시리즈 ② : 나의 사슴벌레

AVG　MTO　2001년 8월 3일　5,200엔

「모두의 사육 시리즈」 제 2탄으로, 테마는 사슴벌레. 마을의 진설인 '환상의 사슴벌레'를 숲에서 발견한 주인공이, 찾아내 사로잡으려 분투한다. 어떻게 기르느냐로 강해지기도 약해지기도 하는 사슴벌레를 잘 키워 대전시키자. 도감 기능이 있어, 다양한 사슴벌레 수집도 하나의 재미다.

쥬라기 공원 Ⅲ : 공룡을 만나러 가자!

SLG　코나미　2001년 8월 9일　5,800엔

같은 제목의 영화가 소재인 경영 시뮬레이션 게임. 발굴대를 파견해 DNA를 수집, 다양한 공룡을 부화시키고 호텔 등의 시설을 세우며 '쥬라기 공원'을 운영해보자. 등장하는 공룡은 영화로 첫 등장한 프테라노돈 등을 포함해 140종류. 통신기능으로 친구와 공룡 교환도 가능하다.

키와메 마작 디럭스 : 미래전사 21

TBL　아테나　2001년 8월 10일　5,200엔

약관의 신진기예 프로 작사 16명이 뜨거운 싸움을 벌이는 마작 TV프로 '미래전사 21배'를 소재로 삼은 마작 게임. 플레이어는 17번째 작사로 참전해 '미래전사 21배' 우승을 노린다. 그 외에 프리 대국을 즐기는 '오픈 전', 방영된 대국의 if 상황을 즐기는 '미래전사 21~if'를 준비했다.

슈퍼 블랙배스 어드밴스

SPT　스타피시　2001년 8월 10일　4,800엔

인기 배스 낚시 게임 시리즈의 게임보이 어드밴스판. 등장하는 물고기는 11종류. 루어는 64종류×2색을 준비했다. 게임 모드로는 바로 낚시부터 시작하는 '퀵 피시', 아마추어로 시작해 톱 프로를 노리는 '토너먼트', 프리 플레이인 '프랙티스'가 준비돼 있다.

와리오 랜드 어드밴스 : 요키의 보물

ACT　닌텐도　2001년 8월 21일　4,800엔

▶보스 스테이지와 일반 스테이지가 분리되는 등, 전략의 담성을 여럿 개로 해랑 했다.

황금의 피라미드 안에 잠들어 있는 보물을 찾아 와리오가 분투하는 라이프제 액션 게임. 「와리오 랜드」 시리즈로는 5번째에 해당한다. 특정한 적의 공격을 받으면 와리오가 짜부라지거나 불이 붙는 등 리액션이 일어나, 다양한 모습으로 변신한다. '벌룬와리오'나 '박쥐와리오'가 되면 일반적으로는 갈 수 없는 장소로도 이동 가능하다. 총 18스테이지 수록이라 시리즈 타 작품에 비해 볼륨이 적으나, 스코어 어택과 CD 모으기 등 파고들기 요소도 충실하다.

STG 슈팅 게임　ACT 액션 게임　PZL 퍼즐 게임　RPG 롤플레잉 게임　SLG 시뮬레이션 게임　SPT 스포츠 게임　RCG 레이싱 게임　AVG 어드벤처 게임　ETC 교육·기타　TBL 테이블 게임

쥬라기 공원 III : 어드밴스드 액션

ACT　코나미　2001년 8월 30일　5,800엔

같은 제목 영화의 스토리를 따라가는 액션 게임. 사고로 인적이 끊긴 섬은, 과거 '쥬라기 공원' 계획 실행 도중 파탄에 이른 그 섬이었다. 공룡이 활보하는 위험한 섬을 탈출하기 위해, 무선으로 오는 정보를 따라 구조선이 있다는 항구로 향한다. 스테이지에는 다양한 위험이 기다린다.

고교입시 어드밴스 시리즈 영어 구문 편 : 26 units 수록

ETC　키넷　2001년 8월 31일　6,800엔

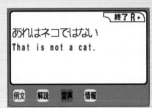

일본 고교입시 수준(발매 당시)의 영어 구문을 배우는 학습용 소프트. 포인트 학습과 테스트를 거쳐 be동사와 비교, 수동태, 현재완료형, There is~ 구문 등을 단원별로 학습한다. 성적 모드도 수록해, 테스트 결과와 도전 상황 확인 및 플레이어가 취약한 단원의 파악이 가능하다.

고교입시 어드밴스 시리즈 영어 숙어 편 : 650 phrases 수록

ETC　키넷　2001년 8월 31일　6,800엔

일본 고교입시 수준(발매 당시)의 영어 숙어를 배우는 학습 소프트. '차근차근'과 '간단히' 2종류의 트레이닝 모드 및 테스트 모드를 활용해 학습을 진행한다. 단어를 코드와 사전 양쪽으로 검색하는 기능도 마련해, 학습 도중 등장한 단어의 용례 등을 확인할 수 있다.

고교입시 어드밴스 시리즈 영어 단어 편 : 2000 words 수록

ETC　키넷　2001년 8월 31일　6,800엔

영어단어의 암기를 돕는 학습 소프트. 암기우선도 순으로 분류한 '차근차근 트레이닝', 스테이지 및 알파벳, 난이도 순별로 익히는 '간단 트레이닝' 2종류의 트레이닝 모드와, 테스트 모드를 수록했다. 발음 확인도 가능하지만, 음성출력이 아니라 발음기호로 보여주는 식이다.

메다로트 내비 : 장수풍뎅이

RPG　이매지니어　2001년 9월 7일　5,800엔

「메다로트」 시리즈의 외전격인 전략 시뮬레이션 RPG. 기존의 3：3 배틀이 아니라, 9×9칸 위에 5개까지 메다로트를 배치해 싸우는 턴제 배틀로, 다리의 '추진' 능력치 순으로 행동한다. 후지오카 켄키가 맡은 캐릭터·메카 디자인, '우주표류'라는 상황 등, 시리즈 중에서도 이색적인 작품.

메다로트 내비 : 사슴벌레

RPG　이매지니어　2001년 9월 7일　5,800엔

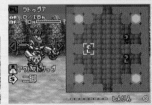

메다로트의 기반인 인간형 골조 '틴펫'이라는 설정에 구애받지 않은 기발한 메카닉 디자인으로 시리즈 팬들을 놀라게 한 작품으로, 「메다로트 내비 : 장수풍뎅이」의 어나더 버전. 장수풍뎅이 편의 주인공 기체는 그랜비틀이지만, 이쪽은 사슴벌레형인 소닉스태그가 주인공 기체다.

어드밴스 전용 통신케이블 지원　어드밴스 전용 통신케이블 지원　어드밴스 전용 와이어리스 어댑터 지원　어드밴스 전용 와이어리스 어댑터 지원　카드e 리더 지원　카드e 리더 지원　카드e 리더+ 지원　카드e 리더+ 지원

HARDWARE

2001's SOFT

2002's SOFT

2003's SOFT

2004's SOFT

2005's SOFT

2006's SOFT

SOFT INDEX

러브히나 어드밴스 : 축복의 종은 과연 울릴까

AVG　마벨러스 엔터테인먼트　2001년 9월 7일　5,800엔

애니메이션판 '러브히나'가 기반인 연애 어드벤처 게임. 플레이어는 주인공 케이다로가 되어 히나타장 입주자들과 교류한다. 입주자마다 '러브 도'가 설정돼 있어, 최종적으로 '러브 도'가 높은 입주민이 있으면 개별 엔딩으로 간다. 패키지에 히로인들이 그려진 팝업 그리팅 카드를 동봉했다.

환상수호전 : 카드 스토리즈

RPG　코나미　2001년 9월 13일　5,800엔

자사의 인기 RPG인 「환상수호전 II」의 스토리를 기반으로 삼아 카드 게임화한 작품. 매력 넘치는 캐릭터들의 카드를 모아 자신만의 덱을 조합해보자. 캐릭터간의 관계성을 잘 간파하면 일발역전까지도 노릴 수 있다. 통신 케이블을 지원하여, 자신이 짠 덱으로 친구와 대전도 가능하다.

로봇 퐁코츠 2 : 크로스 버전

RPG　허드슨　2001년 9월 13일　5,200엔

'로보퐁'을 모아 육성하는 RPG. 전작까지는 1 : 1이었던 배틀을 4 : 4 팀 배틀로 변경, 공격·회복 등의 역할을 부여해 편성하도록 하여 전략성을 부가했다. 로보퐁 수집은 전지를 조합해 탄생시키는 시스템으로 변경했고, 통신기능을 사용하면 전지 4개로 새 로보퐁을 만들 수 있다.

로봇 퐁코츠 2 : 링 버전

RPG　허드슨　2001년 9월 13일　5,200엔

「로봇 퐁코츠 2 : 크로스 버전」의 어나더 버전으로, 최초에 입수하는 로보퐁, 이벤트로 입수 가능한 화석 로보퐁의 종류 등에 차이가 있다. 로보퐁을 만들어내는 통신 스파크는 사람 수만큼 카트리지가 필요하지만, 원 카트리지로도 즐길 수 있는 '패널 어택 27'도 마련돼 있다.

FIELD OF NINE : DIGITAL EDITION 2001

ETC　코나미　2001년 9월 20일　5,800엔

프로야구가 소재인 카드 게임. 일본프로야구기구 공인이므로 등장 선수는 전부 실명이며, 카드는 총 500종류를 수록했다. 자신만의 드림 팀을 짤 수 있는 것은 물론, 다양한 효과가 있는 작전 카드를 쓰면 번타를 병살로 바꿀 수도 있는 등, 카드 게임다운 재미가 있는 게임.

슈퍼로봇대전 A

SLG　반프레스토　2001년 9월 21일　5,800엔

'슈로대'란 애칭으로 친숙한 대인기 시리즈 「슈퍼로봇대전」의 게임보이 어드밴스판. 반프레스토의 GBA 시장 첫 참가작으로, TV 애니메이션으로 방영되었던 여러 로봇 관련 작품의 히어로들이 마치 프로야구의 '올스타전'처럼 한 무대에서 뒤섞여 활약하는 게임이다.

STG 슈팅 게임　ACT 액션 게임　PZL 퍼즐 게임　RPG 롤플레잉 게임　SLG 시뮬레이션 게임　SPT 스포츠 게임　RCG 레이싱 게임　AVG 어드벤처 게임　ETC 교육·기타　TBL 테이블 게임

HARDWARE
2001's SOFT
2002's SOFT
2003's SOFT
2004's SOFT
2005's SOFT
2006's SOFT
SOFT INDEX

Z.O.E 2173 TESTAMENT

SLG　코나미　2001년 9월 27일　5,800엔

「ZONE OF THE ENDERS : THE 2nd RUNNER」(원제는 「ANUBIS」)의 1년 후 벌어진 사건을 그린 시뮬레이션 롤플레잉 게임. 능동적으로 전투에 참가할 수 있는 '인터랙티브 액션 시스템'을 탑재했다. 이 전투법을 선택할 경우, 공격 시 적을 직접 조준하고 방어 시엔 조준을 피해야 한다.

사이바라 리에코의 전당마작

TBL　미디어 링　2001년 9월 28일　4,800엔

만화가 사이바라 리에코의 만화로 친숙한 도박꾼들이 다수 등장하는 마작 게임. 마작이 전부인 '역만 타운'에서 1위를 노리는 '스토리 모드', 대전 상대를 고르고 룰도 자유롭게 설정하는 '프리 대국 모드', 통신 케이블로 2~4인 동시 플레이 가능한 '통신대국 모드'를 준비했다.

노부나가의 야망

SLG　코에이　2001년 9월 28일　6,800엔

코에이를 대표하는 작품이라 해도 아무 이의가 없을 「노부나가의 야망」. 시리즈 중 「무장풍운록」의 시스템을 기준으로 제작했지만, 통신기능을 살린 다인용 플레이를 위해 별도로 준비된 단편 시나리오도 즐길 수 있는 등, 원작인 PC판에 비해 색다른 플레이가 가능하다.

하테나 사테나

PZL　허드슨　2001년 10월 4일　5,200엔

네모네모 로직 기반의 퍼즐에 '칼라보 룰'이란 오리지널 규칙을 결합시킨 퍼즐 게임. '칼라보 룰'이란 각 행·열에 그 색이 몇 칸 있는지를 알려주는 '가로·세로 힌트'와, 색을 칠한 칸에 커서를 맞추면 표시되는 '컬러 힌트'를 바탕으로 그림을 완성시켜나가는 룰이다.

기기괴계 어드밴스

ACT　알트론　2001년 10월 5일　5,200엔

귀여운 무녀가 주인공인 탑뷰 액션 슈팅 게임. 부적을 던져 몰려오는 적 캐릭터들을 물리치고 각 스테이지의 보스도 쓰러뜨려, 납치당한 '칠복신'을 구출하는 게 목적이다. 이식되면서 '사요'·'미키'·'마누케' 세 캐릭터 중에서 선택해 조작할 수 있게 되었다.

모두 함께 뿌요뿌요

PZL　세가　2001년 10월 18일　4,800엔

컴파일로부터 지식재산권을 사들인 세가가 독자적으로 개발한 첫 '뿌요뿌요' 게임으로, 세가판 「뿌요뿌요」 중에서는 유일하게 구작 캐릭터만 등장하는 작품. 스토리 모드는 기존 작품보다 길어졌지만 각 장별로 세이브할 수 있도록 해, 유저가 즐기기 쉽도록 배려했다.

어드밴스 전용 통신케이블 지원　어드밴스 전용 통신케이블 지원　어드밴스 전용 와이어리스 어댑터 지원　어드밴스 전용 와이어리스 어댑터 지원　카드e 리더 지원　카드e 리더 지원　카드e 리더+ 지원　카드e 리더+ 지원

역전재판

AVG　캡콤　2001년 10월 12일　4,800엔

변호사 '나루호도 류이치'가 되어, 살인 혐의를 뒤집어쓴 피고인의 무죄를 증명하고 사건의 진상을 밝히는 '법정 배틀 어드벤처 게임'. 각 스테이지는 현장을 조사해 정보를 모으는 '탐정 파트'와, 법정에서 피고인의 무죄를 증명해

가는 '법정 파트' 두 부분으로 구성되며, 법정에서는 입수한 정보와 증거품으로 검찰 측에서 제출한 증거품 및 증인들의 증언 등을 바탕으로 '심문'하여 증언 내용과의 '모순'을 찾아내 파고들어야 한다.

법정 배치라는 새로운 질의 게임으로 이후 여러 타이틀이 나와 시리즈화되었다.

햄스터 이야기 2 GBA

SLG　컬처 브레인　2001년 10월 19일　5,800엔

햄스터를 길러내, 댄스 콘테스트나 햄스터 레이스에 출장시켜 우승하는 게 목적인 육성 게임. 기른 방식에 따라 다양한 성격으로 성장하며, 성격에 따라 행동이나 댄스 등도 달라진다. 통신 케이블로 친구가 기른 햄스터와 조우시키거나 댄스 콘테스트 등에 함께 참가할 수 있다.

헬로키티 컬렉션 : 미라클 패션 메이커

AVG　이매지니어　2001년 10월 19일　5,200엔

남자친구 다니엘로부터 사진모델이 돼 달라는 부탁을 받아, 모델용 의상을 만들게 된 키티. 의상의 소재를 모으러 세계의 도시를 순회하는 어드벤처 게임이다. 등장하는 의상 디자인은 모두 오리지널로, 100만 종이 넘는 의상을 준비했다. 귀여운 의상을 만들어 촬영에 나가자.

ESPN X Games skateboarding

SPT　코나미　2001년 10월 25일　5,800엔

ESPN의 'X Games' 대회 종목 중 하나인 스케이트보드를 소재로 삼은 스포츠 게임. 플레이어 캐릭터로서, 실제 대회에서 활약한 프로스케이터 8명이 실명으로 등장한다. 룰은 하프파이프에서 트릭 점수를 겨루는 'VERT', 스테이지 내를 질주하는 'PARK' 두 가지다.

사이좋게 마작 : 카부리치

TBL　코나미　2001년 10월 25일　5,800엔

'카부리모노'(모자)를 장착하고 대국하는 이색적인 마작 게임. '카부리모노'는 모두 100종류. 그중엔 츠모나 패에 보정을 거는 것도 있어, 대국을 유리하게 이끌 수도 있다. 역만으로 났을 때나 각종 대회 우승 등, 특정 조건으로만 획득 가능한 것도 있다. 컴플리트를 노려보자.

HARDWARE

2001' s SOFT

2002' s SOFT

2003' s SOFT

2004' s SOFT

2005' s SOFT

2006' s SOFT

SOFT INDEX

히카루의 바둑
TBL 코나미 2001년 10월 25일 5,800엔

주간 소년 점프의 인기 만화 '히카루의 바둑'(한국엔 '고스트 바둑왕'으로 처음 소개)을 게임화했다. '스토리 모드'는 유저가 바둑을 전혀 모른다고 전제하고, 튜토리얼 및 '사이'의 바둑 지도 등으로 초보자 눈높이에서 진행한다. 그 외에 '프리 대국'·'통신대국'·'묘수풀이' 세 모드를 준비했다.

어디서나 대국 : 역만 어드밴스
TBL 닌텐도 2001년 10월 26일 4,800엔

마작 게임의 원점인 닌텐도의 「역만」 시리즈가 게임보이 어드밴스판으로 등장. '누구나 어디서나 간편하게!'가 컨셉으로, 초보자에겐 '역 만드는 법', 중급자에겐 '점수계산', 다인 플레이용으론 4인 대국 대전까지 제공한다! 1인 플레이 시에는 개성 풍부한 대전 캐릭터가 다수 등장한다.

친근한 펫 어드밴스 시리즈 ① : 귀여운 햄스터
SLG MTO 2001년 10월 26일 5,200엔

게임보이 컬러용으로 인기가 있었던 애완동물 게임 「친근한 펫」 시리즈의 게임보이 어드밴스판. 5종류의 햄스터를 육성하며, 햄스터용 장난감 등의 사육환경을 갖춰나가는 시뮬레이션 게임이다. 3D 폴리곤 기반의 애니메이션으로 햄스터의 움직임을 리얼하게 묘사했다.

팔랑크스
STG 켐코 2001년 10월 26일 4,980엔

일본산 PC인 X68000과 슈퍼 패미컴으로 발매된 횡스크롤 슈팅 게임의 이식작. 장면별로 공략에 적절한 무기를 골라 진행해, 스테이지 최후에서 기다리는 보스를 물리치자. 원작에서 음악을 새로 교체했고, 게임 도중에 스토리 데모를 추가했다.

쥬라기 공원 III : 잃어버린 유전자
ACT 코나미 2001년 11월 1일 5,800엔

같은 제목의 영화 세계관에 기반한 퍼즐 액션 게임. 추락한 화물기에서 유출된 청·적·황·녹색 DNA와 베이스 DNA를 수집해 공룡을 부활시키는 것이 목적이다. 각 스테이지는 공룡투성이 섬에서 DNA를 수집하는 액션 파트와, DNA의 이중나선을 완성시키는 퍼즐 파트로 나뉜다.

우정의 빅토리 골 4V4 아라시 : GET THE GOAL!!
ACT 코나미 2001년 11월 15일 5,800엔

'코로코로 코믹' 지에서 연재되었던 인기 만화 'GET THE GOAL!! 4V4 아라시'를 게임화했다. 4인제 축구인 '4V4' 특유의 속도감 있는 시합 전개와 심리전을 게임으로 잘 재현했다. 월드컵을 노리는 '스토리 모드'에서는 선수의 특훈을 미니게임으로 진행한다.

HARDWARE

2001's SOFT

2002's SOFT

2003's SOFT

2004's SOFT

2005's SOFT

2006's SOFT

SOFT INDEX

어드벤처 오브 도쿄디즈니씨

AVG　코나미　2001년 11월 22일　5,800엔

실존 테마파크 '도쿄디즈니씨'를 소재로 삼은 어드벤처 게임. 7곳의 테마포트를 탐험하여, 각 곳에 한 상씩 존재하는 '테마포트 카드'를 모으는 게 목적이다. 각 테마포트의 테마에 맞춘 미니게임이 준비돼 있어, 플레이하며 디즈니씨에서 노는 듯한 기분을 맛볼 수 있다.

빙글로직 챔프

PZL　컴파일　2001년 11월 29일　4,980엔

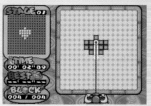

그림을 완성시키는 것이 목적인 논리 퍼즐 게임. 90도 단위로 회전 가능한 그림의 빠진 부분에 블록을 쏴 맞추는 조작법으로 진행한다. 블록은 어딘가에 부딪칠 때까지 날아가므로, 어떻게 목표 위치에 딱 맞출지를 생각해야 하는 퍼즐 게임이다. 300문제 이상을 준비했다.

억만장자 게임 : 인수합병 대작전!

TBL　타카라　2001년 11월 30일　4,800엔

'모노폴리'에 기업의 증자·인수·합병 및 퍼즐 요소를 가미한 회사 경영 보드 게임. 등장하는 '업종'은 50종류가 넘는다. 최하위라 해도 합병만 잘 하면 일발 역전할 가능성도 있으므로, 끝까지 방심할 수 없다. 게임보이 어드밴스 1대로 최대 4명까지 동시 플레이 가능하다.

기계화 군대

SLG　켐코　2001년 11월 30일　5,800엔

행성 자원을 둘러싸고 3대 군사대국이 서로 싸워, 전 우주의 정점을 노리는 실시간 전략 게임. 제목대로 유닛은 기계병기라, 레벨 업 및 부품 교환으로 강화 가능하다. 당연히 목적은 승리지만, 때로는 효율적인 채굴도 필요하다. 팬들로부터 숨은 명작으로까지 불리는 작품.

격투! 카 배틀러 GO!!

RPG　빅터 인터랙티브 소프트웨어　2001년 11월 30일　4,800엔

특수한 무장가능차량 '건 비클'을 조종하는 '카 배틀러'가 되어, 유사 3D로 묘사된 필드에서 싸우는 액션 RPG. 다양한 의뢰를 받으며 자신의 차와 무장을 강화시키자. 300만 가지 이상의 부품 조합이 가능하다. 통신 케이블을 사용하면 최대 4명까지 대전할 수 있다.

삼국지

SLG　코에이　2001년 11월 30일　6,800엔

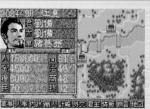

슈퍼 패미컴판 「삼국지 Ⅳ」의 리메이크 작품. 변방 이민족을 포함해 450명 이상의 무장이 등장하며, 얼굴 그래픽도 전부 리뉴얼했다. 오리지널 군주와 장군을 작성할 수도 있도록 했다. 시나리오는 6종을 준비했으며, 이 작품에서도 최대 8명까지의 멀티플레이가 가능하다.

조이드 사가
RPG　토미　2001년 11월 30일　5,400엔

남자아이용 완구 '조이드'가 소재인 롤플레잉 게임. 50명이 넘는 TV 애니메이션 및 게임판의 등장 캐릭터들과 함께 싸운다. 주인공 전용의 오리지널 조이드와, '코로코로 코믹'의 오리지널 조이드도 등장한다. 설계도와 특수 아이템을 입수하면 조이드의 진화도 가능하다.

근육 랭킹 : 해내라! 기적의 완전제패
SPT　코나미　2001년 12월 6일　5,800엔

일본의 인기 TV프로 '근육 랭킹'에 나오는 경기들을 체험해보는 스포츠 게임. '케인 코스기'를 조작하여 달리기·뛰기·잡기·오르기 등의 각종 동작을 화면 지시대로 행해 장애물을 돌파하자. 십자키뿐만 아니라, L·R 버튼 번갈아 누르기 등 경기에 맞는 조작을 수시로 요구한다.

탑블레이드 : 격투! 최강 블레이더
ACT　브로콜리　2001년 12월 6일　5,300엔

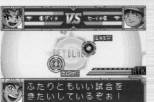

2000년 초의 초등학생들 사이에 큰 붐이었던 애니메이션 '탑블레이드'(원제는 '폭전슛 베이블레이드')가 소재인 작품. '탑블레이드'는 팽이치기를 진화시켜, 상대의 팽이와 부딪쳐 노는 완구. 상대를 공격·방어하는 심리전이 재미있다. 자기 턴에 필살기를 사용해 상대를 물리치자!

어드밴스 랠리
RCG　MTO　2001년 12월 7일　4,980엔

3D 시점으로 펼쳐지는 업다운 코스를 즐기는 오프로드 레이스가 무대인 레이싱 게임. 스타트 직후엔 예상치 못하겠지만, 기복이 격한 도로가 주행하는 드라이버를 기다린다. 드리프트가 미숙하면 골인할 수 없는 고난도 코스가 많고, 리얼한 엔진음이 플레이어의 혼을 불태운다.

학교를 만들자!! 어드밴스
SLG　빅터 인터랙티브 소프트웨어　2001년 12월 7일　4,980엔

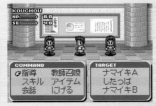

교장선생님이 되어 개성 넘치는 학교를 만들어가는 이색적인 시뮬레이션 게임. 성적 우수반을 목표로 각 반의 학생들과 상성이 좋은 교사를 배치하고, 학교 행사에 필요한 예산을 결정하자. 타 학교와의 부활동 시합을 이기기 위해 학생과 교사가 일치단결해 성장하는 모습이 재미있다.

대전략 for 게임보이 어드밴스
SLG　미디어카이트　2001년 12월 7일　4,980엔　모바일 어댑터 GB 지원

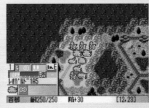

일본과 독일, 미국 등의 7개국 중에서 조작할 나라를 골라, 실존 병기를 활용해 싸우는 전략 시뮬레이션 게임. 포인트를 얻어 계급이 오르면 사용 가능 병기가 늘어난다. 병기는 400종류 이상이며, 모바일 어댑터 GB로 수십 종류의 추가 병기와 신 맵을 다운로드할 수 있었다.

HARDWARE

2001' S SOFT

2002' S SOFT

2003' S SOFT

2004' S SOFT

2005' S SOFT

2006' S SOFT

SOFT INDEX

어드밴스 전용 통신케이블 지원　어드밴스 전용 통신케이블 지원　어드밴스 전용 와이어리스 어댑터 지원　어드밴스 전용 와이어리스 어댑터 지원　카드e 리더 지원　카드e 리더 지원　카드e 리더+ 지원　카드e 리더+ 지원

HARDWARE

2001's SOFT

2002's SOFT

2003's SOFT

2004's SOFT

2005's SOFT

2006's SOFT

SOFT INDEX

다이아드로이드 월드 : 이블 제국의 야망

RPG　에포크 사　2001년 12월 7일　5,300엔

일본의 교육용 완구 '다이아 블록'의 로봇 '다이아드로이드'가 게임의 주역인 롤플레잉 게임. 모험과 전투로 획득한 경험치인 '블록'을 각 멤버에 배분해 로봇을 강화시킬 수 있다. 게임 도중 '다이아 블록' 관련 퀴즈가 출제되는 등, 본편 외에도 즐길 거리가 있다!

남코 뮤지엄

ETC　남코　2001년 12월 7일　3,800엔

1980년대 초에 오락실에서 대히트해 친숙해진 「갤럭시안」·「갤러그」·「디그더그」 3가지 작품과, 휴대용 게임기로는 최초 이식에 해당하는 「미즈 팩맨」·「폴 포지션」 2가지 작품을 합본하여, 남코의 역사를 논할 때 빼놓을 수 없는 총 5개 작품을 수록한 타이틀이다.

매지컬 베이케이션

RPG　닌텐도　2001년 12월 7일　4,800엔

마법과 커뮤니케이션에 중점을 둔 RPG. 출생지도 종족도 다른 마법학교 학생들이 우정으로 뭉쳐 고난에 맞서는 이야기를 그렸다. 주인공의 성별·마법속성은 최초에 고르지만, 통신으로 타 속성 주인공을 '아미고' 등록하면 타 속성 마법도 획득 가능하며, 추가 개방되는 숨겨진 요소도 있다.

몬스터 팜 어드밴스

SLG　테크모　2001년 12월 7일　5,800엔

유저가 보유한 음악 CD를 로딩하여 다양한 몬스터를 생성&육성하는 게임으로서 대히트했던 「몬스터 팜」. 이 작품에선 '문자를 입력'해 몬스터를 생성하게 되며, 신규 캐릭터 추가와 휴대용 게임기에 맞춘 편의성을 도입해 원작과는 색다른 느낌으로 즐길 수 있다.

월드 어드밴스 사커 : 승리로 가는 길

ACT　핸즈 온 엔터테인먼트　2001년 12월 7일　5,200엔

타이틀명에 '월드'가 붙은 대로, 세계 각국의 팀과 선수 데이터를 다량 수록한 축구 게임이다. 게임 모드로는 일반적인 플레이를 즐기는 '선수 모드' 외에 감독이 되어 선수에게 지시하는 '감독 모드', 선수의 강화가 목적인 '육성 모드'를 준비했다.

컬럼스 크라운

PZL　세가　2001년 12월 13일　4,800엔

가로·세로·대각선으로 같은 보석을 3개 맞추면 사라지는 낙하계 퍼즐 게임의 대표작. 통신대전은 물론, 특정 조건에 따라 획득하는 '정령석'을 모으는 추가 요소도 있다. 보석을 없앨 때는 연쇄반응이 나오도록 잘 맞춰 한번에 없애자. 다른 유저와 '정령석' 교환도 가능하다!

실황 월드 사커 포켓

SPT　코나미　2001년 12월 13일　5,800엔

쿼터뷰로 묘사된 필드 상에서 선수를 조작하는 축구 게임. TV경기를 시청하는 분위기를 내는 데 필수적인 '실황'에 포인트를 맞춘 작품으로, 플레이어의 액션에 따라 음성출력으로 실황이 나오는 것이 특징이다. 필드의 선수 11명을 응원하는 관중의 함성도 현장감이 넘친다.

대마작.

TBL　호리　2001년 12월 13일　3,800엔

최대 4명까지의 통신대전을 지원하는 4인 대국 마작 게임. 처음부터 즐길 수 있는 게임 모드는 'M1 월드 그랑프리'·'황금패 쟁탈 리그'·'프리 대국'·'여럿이 대국' 4종류다. 이 작품의 오리지널 요소인 황금패를 사용하면 도라를 늘릴 수 있으며, 모으면 미니게임이 개방된다.

산사라 나가 1×2

RPG　빅터 인터랙티브 소프트웨어　2001년 12월 14일　4,980엔

패밀리 컴퓨터용 「산사라 나가」, 슈퍼 패미컴용 「산사라 나가 2」 두 게임을 합본 이식한 작품. 용을 부리는 사람이 되고픈 주인공 '케말'과 용의 성장 및 모험을 그린 RPG. 스토리 도중부터 함께 여행하는 용은 알일 때부터 주인공과 인연을 맺는다. 신뢰관계를 쌓으며 모험해 나가자.

상하이 어드밴스

PZL　선 소프트　2001년 12월 14일　4,800엔

쌓여있는 마작패 중에서 같은 무늬를 뽑아내 모든 패를 없애는 정통 퍼즐 게임 「상하이」의 GBA판. 게임 모드도 다수 있고, 통신기능으로 최대 4명의 대전 플레이도 가능하다. 차분히 즐기는 1인 플레이와 더 많은 패를 가진 사람이 이기는 대전 플레이 등, 내용이 충실한 작품.

슈퍼 마리오 어드밴스 2

ACT　닌텐도　2001년 12월 14일　4,800엔

「슈퍼 마리오 월드」 및 「마리오브라더스」의 리메이크작. 「슈퍼 마리오 월드」는 마리오와 루이지의 성능을 차별화시키고 맵 화면에서 사용 캐릭터를 교대 가능하도록 바꿨으며, 성·요새 클리어 후에도 재도전할 수 있도록 하는 등 시스템을 개선했고, 보이스 추가 등 연출도 다소 변경했다.

SK8 : 토니 호크의 프로 스케이터 2

ACT　석세스　2001년 12월 14일　5,800엔

일본의 빅 3로 불리는 오카다 신·요네사카 준노스케·요네사카 신노스케 등 13명의 세계적인 탑 프로가 등장하는 스케이트보드 게임. 프로 스케이터가 되어 상금을 버는 '커리어 모드', 제한시간 내에 다양한 트릭을 어필해 득점을 버는 '싱글 세션', '프리스케이트' 세 모드를 준비했다.

HARDWARE

2001's SOFT

2002's SOFT

2003's SOFT

2004's SOFT

2005's SOFT

2006's SOFT

SOFT INDEX

배틀 네트워크 : 록맨 EXE 2

RPG　캡콤　2001년 12월 14일　4,800엔

전작의 3개월 후, 주인공 '넷토'와 록맨 앞에 넷 마피아 '가스펠'이 나타난다. 무차별 온라인 범죄를 저지르는 새로운 적에 넷토 일행이 맞선다. 전작의 시스템을 기반으로, 록맨을 강화시킬 수 있는 '스타일 체인지'를 신규 탑재했고, 록맨에 속성이 추가되는 등 전투의 폭이 넓어졌다.

ESPN winter X Games snowboarding 2002

SPT　코나미　2001년 12월 20일　5,800엔

월트 디즈니 컴퍼니 산하의 스포츠 전문 방송 'ESPN'의 이름을 빌려온 동계스포츠 게임. 스노보드 경기를 TV 채널로 시청하는 듯한 공중 시점으로 플레이한다. 코스를 주행하며 각 포인트에서 화려하게 기술을 어필하여 스테이지를 클리어하자.

익사이팅 배스

ETC　코나미　2001년 12월 20일　5,800엔　모바일 어댑터 GB 지원

한가로운 호반에서 농어 낚시를 즐기자! 호수의 대어는 과연 어디에 있을까!? 게임보이 어드밴스로 즐기는 낚시 게임. 물고기가 있는 장소는 수질·수온과 시간대 등 다양한 조건에 따라 바뀌며, 루어 선택도 중요하다. 물고기가 있는 포인트를 주의 깊게 찾아 대어를 낚자.

소닉 어드밴스

ACT　세가　2001년 12월 20일　5,800엔

메가 드라이브용 게임 「소닉 더 헤지혹」의 속편격인 작품. 주인공 소닉이 되어 스타일리시한 테크닉들을 구사하며 전진해, 악의 두목 '닥터 에그맨'을 물리치자! 고속 스크롤로 만끽하는 상쾌한 게임성은 건재하다. 카오스 에메랄드를 모두 모아 진정한 엔딩을 보자!

드래곤 퀘스트 캐릭터즈 토르네코의 대모험 2 어드밴스 : 이상한 던전

RPG　에닉스　2001년 12월 20일　5,980엔

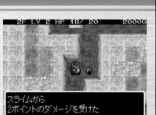

슈퍼 패미컴으로 대히트했던 「토르네코의 대모험」의 속편. 이 작품도 필드 및 던전이 매번 다양하게 변화하므로 '몇 번이고 즐길 수 있다!'란 선전문구대로 깊이 파고드는 유저가 많아, 한 발짝 전진하고는 아이템을 한 번씩 사용하면서도 항상 긴장감을 맛보며 즐길 수 있는 수작이다.

유희왕 듀얼몬스터즈 6 익스퍼트 2

TBL　코나미　2001년 12월 20일　5,800엔

'Labyrinth of Nightmare -악몽의 미궁-' 팩까지의, 사용 불능 카드 포함 총 1,111종을 수록한 카드 게임. 함정·마법 금지 등 여러 제한을 거는 '제한 듀얼'의 도입, 소환 몬스터 연출 등 전작의 내용을 강화했다. 타카하시 카즈키가 디자인한 특전 카드를 소프트에 동봉했다.

STG 슈팅 게임　ACT 액션 게임　PZL 퍼즐 게임　RPG 롤플레잉 게임　SLG 시뮬레이션 게임　SPT 스포츠 게임　RCG 레이싱 게임　AVG 어드벤처 게임　ETC 교육·기타　TBL 테이블 게임

HARDWARE
2001's SOFT
2002's SOFT
2003's SOFT
2004's SOFT
2005's SOFT
2006's SOFT
SOFT INDEX

불꽃소년 레카 -THE GAME-

ACT　코나미　2001년 12월 20일　5,800엔

같은 제목의 인기 만화(원제는 '렛카의 불꽃')의 캐릭터가 등장하는 격투 액션 게임. 주인공 '하나비시 레카'가 동료와 대전하며 실력을 쌓고 필살기를 익히며, 초필살기는 도중 여러 조건을 만족시켜 얻는다. 시작 시엔 '호카게 닌자' 쪽 캐릭터만 쓸 수 있으나, 진행할수록 늘어난다.

위저드리 서머너

RPG　미디어 링　2001년 12월 21일　5,800엔

신 직업 '소환사'를 도입하고, 몬스터를 포함해 6명 파티로 미궁을 탐색할 수 있게 된 「위저드리」 신작. 300종류에 달하는 몬스터가 등장하고, 같은 몬스터 다수와 조우해도 숫자로 생략하지 않고 모두 그래픽으로 표시된다. 입수한 아이템은 통신을 이용해 교환할 수도 있다.

기동천사 엔젤릭 레이어 : 미사키와 꿈의 천사들

RPG　에포크 사　2001년 12월 21일　5,500엔

애니메이션화도 된 CLAMP의 인기 만화를 게임화했다. '엔젤릭 레이어'란 '엔젤'이라는 인형을 사용하는 가상의 격투 게임. 플레이어는 주인공 스즈하라 미사키가 되어, 엔젤 '히카루'를 육성해 라이벌과 대전한다. 플레이어의 선택에 따라 원작과 다른 전개를 즐길 수도 있다.

스위트 쿠키 파이

ETC　컬처 브레인　2001년 12월 21일　4,980엔

과자를 만드는 장인이 테마인 파티 게임. 일류 파티시에를 목표로 과자 랜드에서 수행하는 '스토리', 과자점을 경영하는 '보드 게임' 모드가 있으며, '스토리'의 진행상황이 '보드 게임'에도 영향을 주는 시스템이다. 또한 스토리 진행에 따라 코스튬 등도 늘어난다.

슈퍼 퍼즐 보블 어드밴스

PZL　타이토　2001년 12월 21일　4,800엔

중력을 이용한 퍼즐 게임. 천정에 매달려있는 각종 '거품'은 같은 색깔로 3개 붙이면 터뜨릴 수 있다. 발사대에서 각도를 정해 거품을 쏴, 모든 거품을 터뜨리면 스테이지 클리어다. 인접한 다른 거품을 끊어 낙하시킬 수도 있으니, 화면상의 거품 배치를 잘 고려해 플레이하자.

철권 어드밴스

ACT　남코　2001년 12월 21일　5,300엔

오락실에서 인기였던 대전격투 게임 「철권」의 이식작. 아케이드판의 3D 그래픽을, 하드웨어의 회전·확대 기능을 활용해 2D 그래픽으로 재현했다. 통쾌한 공중 콤보와 등장 캐릭터들도 충실하게 재현했고 통신 케이블로 2인 플레이도 가능한, 팬들도 인정하는 고평가 작품.

도널드 덕 어드밴스

ACT UBISOFT 2001년 12월 21일 5,300엔

도널드 덕이 주인공인 액션 게임. 텔레포트 머신을 사용해 데이지를 구하러 간다는 스토리. 각 레벨에서 에너지 볼 3개를 획득해 텔레포트 머신을 구동하면 다음 레벨로 넘어가는 시스템의 게임. 에너지 볼은 책과 접촉하면 출현하며, 빛나고 있는 동안에 획득해야만 한다.

핑키 몽키 타운

ETC 스타피시 2001년 12월 21일 4,800엔

당시 일본에서 TV 광고로 인기가 있었던, 프렌테 사의 과자 '핑키'의 마스코트 캐릭터인 귀여운 원숭이 '핑키 몽키'가 게임화되었다! 미니게임으로 돈을 벌어 핑키의 방을 화려하게 장식해보자. 쇼핑뿐만 아니라 '복권'을 사용하여 레어 아이템을 입수할 수도 있다!

브레스 오브 파이어 II : 사명의 아이

RPG 캡콤 2001년 12월 21일 4,800엔

슈퍼 패미컴으로 출시된 같은 제목 타이틀의 이식작품. 이식되면서 획득하는 경험치가 2배, 획득하는 자금도 3배가 되고, 대시도 추가되어 불편 없이 즐길 수 있도록 조정했다. 휴대용 게임기이므로 중단 기능도 추가했다. 통신 케이블로 무기·방어구·아이템 교환도 가능하다.

MUTSU : 워터 루퍼 무츠

SLG 토미 2001년 12월 21일 5,200엔

전자 애완동물이란 장르로 출시된 같은 이름의 완구를 게임화한 작품. 어느 날 도착한 로봇 애완동물 'MUCHI'를 돌봐주게 된다. 'MUCHI'는 어느새 'MUTSU'로 변화해, 대화도 가능해진다. 커뮤니케이션은 대화뿐만 아니라 빛과 소리로도 가능하니, 다양한 방법으로 즐겨보자.

그랜보

RPG 캡콤 2001년 12월 28일 5,300엔

다양한 생물을 모델로 삼은 로봇 '그랜보'를 육성해 악의 조직 스카이잭과 싸우는 수집+육성 RPG. 그랜보를 헌트하여 육성해, 최대 3 : 3의 파티 배틀에 도전한다. 1~2인 플레이로 그랜보끼리 조합해 새로운 그랜보를 만드는 기능과, 통신 케이블을 이용한 대전도 지원한다.

SLOT! PRO 어드밴스 : 보물선＆오오에도 벚꽃날림 2

SLG 니혼 텔레네트 2001년 12월 28일 4,800엔

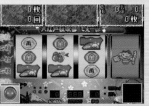

당시 홀의 인기 기종이었던 '보물선'과 '오오에도 벚꽃날림 2' 두 기기를 수록한 파치슬로 시뮬레이터. 각 기종의 게임성을 파악하거나 리치 찬스를 익혀볼 수 있다. 초보자도 슬롯을 쉽게 즐길 수 있도록, 슬롯프로 도장 모드에서 '보너스 릴 맞추기' 연습도 해볼 수 있다!

STG 슈팅 게임　**ACT** 액션 게임　**PZL** 퍼즐 게임　**RPG** 롤플레잉 게임　**SLG** 시뮬레이션 게임　**SPT** 스포츠 게임　**RCG** 레이싱 게임　**AVG** 어드벤처 게임　**ETC** 교육·기타　**TBL** 테이블 게임

2002

GAME BOY ADVANCE SOFTWARE ALL CATALOGUE

HARDWARE

2001's SOFT

2002's SOFT

2003's SOFT

2004's SOFT

2005's SOFT

2006's SOFT

SOFT INDEX

2002년에 발매된 소프트는 총 209 개 타이틀. 전년의 인기를 그대로 이어 받아, 다른 휴대용 게임기가 따라올 수 없는 강점을 보여준 결과가 되었다.

그중에서도 발군의 존재감을 보여 준 회사가 코나미로서, 이 해에 발매한

타이틀 수만 무려 40종이나 되어, 닌 텐도의 15종을 훨씬 웃돌았다. 코나미 는 런칭 당시부터 타이틀을 다수 출시 하는 등 압도적인 존재감을 발휘한 바 있지만, 이 해에도 「그라디우스」·「고 에몽」·「혼두라」 등 자사의 인기 타이

틀은 물론이고, 스포츠 게임부터 판권 물 타이틀까지 장르를 가리지 않고 골 고루 발매해, GBA의 거대 서드파티로 군림했다.

더 킹 오브 파이터즈 EX : NEO BLOOD

ACT　마벨러스 엔터테인먼트　2002년 1월 1일　5,800엔

3인 1조로 한 팀이 되어 싸우는 2D 대전격투 게임으로 친 숙한 KOF 시리즈 작품. 이 작품에선 4번째 캐릭터가 전투 를 원호하는 스트라이커 시스템을 채용해, 대전이 더욱 불 타오른다. 플레이어블 캐릭터로는 SNK 게임의 인기 멤버 들이 등장하며, 신 캐릭터로 '하바나 모에'를 추가했다.

팩맨 컬렉션

ETC　남코　2002년 1월 11일　3,800엔

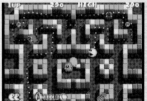

이른바 '도트 먹기' 류 게임의 대표작 「팩맨」 시리즈 중 4개 작품을 수록했다. 이중 하나는 낙하계 퍼즐 게임 「팩 어택」, 팩맨의 역사를 체험할 수 있는 작품이다. 초대 오리 지널 「팩맨」은 원래 세로화면 게임이라, 위아래로 화면이 스크롤되도록 변경을 가했다.

그라디우스 제네레이션

STG　코나미　2002년 1월 17일　5,800엔

코나미 슈팅 게임의 오마쥬가 곳곳에 들어간 GBA용 오리 지널 「그라디우스」. 모든 스테이지와 BGM을 신규 제작했 고, 본체의 회전확대축소 기능을 살린 스테이지 보스가 다 수 등장한다. 유명한 코나미 커맨드도 사용 가능하며, 휴대 용 게임기임을 배려해 난이도를 낮춰 조정했다.

스냅키즈

SLG　에닉스　2002년 1월 17일　5,980엔

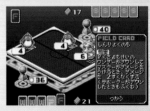

에닉스와 쇼가쿠칸의 콜라보로 탄생한 게임. 카드 배틀을 소재로 삼은 작품으로, 플레이어는 필드를 이동할 때 맞닥 뜨리는 정령(원더)을 촬영하면 만들어지는 카드를 사용할 수 있다. 촬영 타이밍에 따라 사용 가능한 기술이 늘어나 기도 하니, 여러 가지로 연구해 보자.

어드밴스 전용 통신케이블 지원　어드밴스 전용 통신케이블 지원　　어드밴스 전용 와이어리스 어댑터 지원　어드밴스 전용 와이어리스 어댑터 지원　　카드e 리더 지원　카드e 리더 지원　　카드e 리더+ 지원　카드e 리더+ 지원

유령 저택의 24시간

AVG   글로벌 A 엔터테인먼트   2002년 1월 24일   4,800엔

사람의 목숨을 24시간 뒤에 빼앗는다는 유령 저택에서의 탈출이 목표인 멀티 엔딩식 트랩 노벨 게임. 사운드 노벨과 달리 정답 선택지와 유령의 함정이 매번 바뀌지만, 몇 번 엔딩을 보면 캐릭터의 능력치가 상승해 난이도가 내려간다. 특정 조건이 만족되면 적 입장으로 플레이도 가능.

길티기어 젝스 : 어드밴스 에디션

ACT   사미   2002년 1월 25일   5,800엔

아케이드에서 인기를 얻은 대전격투 게임의 이식작. 스피디한 게임성과 화려한 연출·이펙트 등을 충실하게 재현했다. 또한 오리지널 요소로서 캐릭터 3명을 골라 팀 배틀을 펼치는 '3 on 3 모드'와, 캐릭터 2명을 골라 자유 교대하며 싸우는 '태그매치 모드'를 탑재했다.

토마토 어드벤처

RPG   닌텐도   2002년 1월 25일   4,800엔

아이들만이 사는 나라가 무대인 롤플레잉 게임. 변방 마을에 격리되어 살던 주인공이, 납치당한 여자친구를 구출하러 떠나는 여행을 그렸다. 스토리는 고전적인 편이지만, 적과 조우하면 고유 커맨드를 입력해 공격하는 '기믹'을 중심으로 한 독특한 시스템을 채용했다.

애니멀 매니아 : 두근두근 상성 체크

ETC   코나미   2002년 1월 31일   5,800엔

동물 점 소재의 점술 게임. 게임 시작 시 입력한 생년월일·혈액형에 해당하는 동물이 플레이어의 분신이 된다. 성격 진단과 상성진단을 비롯해, 친구를 다수 등록하여 어드벤처 형식의 점도 볼 수 있다. 조건을 만족시키면 방의 음악과 게임이 늘어나고, 미니게임을 즐길 수 있다.

하이퍼 스포츠 2002 WINTER

SPT   코나미   2002년 1월 31일   5,800엔

10개 종목의 동계스포츠를 즐기는 스포츠 게임. 2종류의 스키 점프와 알파인 스키, 모굴, 쇼트트랙, 피겨스케이팅, 스노보드 슬라럼, 하프파이프, 바이애슬론을 수록했다. 전 종목을 쭉 플레이하는 챔피언십뿐만 아니라, 한 경기만 플레이하거나 대전할 수도 있다.

해리 포터와 마법사의 돌

AVG   일렉트로닉 아츠 스퀘어   2002년 1월 31일   4,800엔

해리 포터가 되어 마법생물과 온갖 장치가 가득한 호그와트를 탐색하는 액션 게임. 원작에 등장하는 마법 주문이나, 빗자루를 타는 비행 액션, 헤르미온느 등의 원작 캐릭터와 함께 주문을 공부하는 미니게임 등도 즐길 수 있다. 스토리는 원작대로지만, 오리지널 요소가 많다.

STG 슈팅 게임   ACT 액션 게임   PZL 퍼즐 게임   RPG 롤플레잉 게임   SLG 시뮬레이션 게임   SPT 스포츠 게임   RCG 레이싱 게임   AVG 어드벤처 게임   ETC 교육·기타   TBL 테이블 게임

봄버맨 MAX 2 : 봄버맨 버전

ACT　허드슨　2002년 2월 7일　4,800엔

게임보이 컬러용으로 출시되었던 「봄버맨 MAX」의 속편. 어떤 캐러봄을 세팅하느냐에 따라 봄버맨에 다양한 능력과 함께 불·물·전기·흙 중에서 속성 하나가 부가되는 '캐러봄' 시스템을 채용해, 폭발이 적 쪽으로 유도되는 등의 독특한 기술로 배틀이 다양하게 변화한다.

봄버맨 MAX 2 : 맥스 버전

ACT　허드슨　2002년 2월 7일　4,800엔

'봄버맨 버전'과는 주인공과 입수 가능 캐러봄, 에어리어가 다른 어나더 버전. 특정 조건을 달성하면 클리어되는 노멀 게임과 캐러봄을 걸고 싸우는 배틀 게임, 미니게임, 다른 버전과 에어리어를 교환하는 피치 에어리어를 수록했다. 게임 하나만으론 에어리어 클리어률 100%가 불가능.

BLACK BLACK

RPG　캡콤　2002년 2월 8일　4,800엔

플레이어가 몬스터를 조종하는 '마술피리사[魔笛師]'가 되어, 던전에서 몬스터를 동료로 삼고 육성해 던전을 공략해 가는 롤플레잉 게임. 던전은 들어갈 때마다 구조가 바뀌며, 등장하는 몬스터도 들어갈 때마다 바뀐다. 개성 풍부한 몬스터들을 잘 길러내 몬스터 마스터가 되어보자.

WTA 투어 테니스 포켓

SPT　코나미　2002년 2월 14일　5,800엔

코나미가 발매한 세로화면 시점의 테니스 게임. 프로 여자 테니스계의 실존 유명 선수들이 이 게임에서는 SD화된 귀여운 모습으로 코트를 누빈다! 1인 플레이로는 세계 제패를 노리고, 최대 4인 플레이로 복식 시합에서 뜨거운 경합을 즐겨보자!

메일로 큐트

AVG　코나미　2002년 2월 14일　5,800엔　모바일 어댑터 GB 지원

편지를 테마로 삼은 어드벤처 게임. 어느 날 '다들 지금 네게로 가는 중이거든. 대접 좀 부탁해'라는 발신인 불명 엽서를 받게 된 주인공에게 계속 이상한 일이 일어난다. 플레이어는 편지를 배달받으며 일어나는 이상한 사건과 이벤트를 클리어해, 발신인이 누군지 찾아야 한다.

캡틴 츠바사 : 영광의 궤적

TBL　코나미　2002년 2월 21일　5,800엔

'공은 내 친구야!'란 명대사로 유명한 만화 '캡틴 츠바사'가 소재인 카드 게임. 감독 카드 1장과 주전 선수 카드 11장을 포함한 60장 덱을 만들어, 전후반 시합을 카드로 치르는 독특한 시스템이다. 리그전과 토너먼트, 프리 대전은 물론, 통신으로 카드를 트레이드하는 기능도 있다.

어드밴스 전용 통신케이블 지원　어드밴스 전용 통신케이블 지원　어드밴스 전용 와이어리스 어댑터 지원　어드밴스 전용 와이어리스 어댑터 지원　카드e 리더 지원　카드e 리더 지원　카드e 리더+ 지원　카드e 리더+ 지원

도모군의 이상한 TV

ACT　닌텐도　2002년 2월 21일　4,800엔

일본 NHK의 캐릭터 '도모군'이 주인공인 미니게임 모음집. 미니게임은 모두 TV 프로라는 설정이며, 클리어하면 방송예정표 풍의 메뉴 화면에 새 프로가 추가된다. 내용은 투르 드 프랑스와 야구 중계, 음악 프로 등 다양하다. 토토 아저씨와 타미 등, 도모군의 친구들도 등장.

고에몽 : 뉴 에이지 출동!

ACT　코나미　2002년 2월 28일　5,800엔

전설의 의적으로 칭송받았던 '이시카와 고에몽'이 모델인 코나미의 간판 소프트 「힘내라 고에몽」의 신규 시리즈. 무대는 근미래로, 행방불명된 쇼군을 찾으러 떠나는 횡스크롤 액션 게임이다. 각지를 돌며 '보물 지도'를 찾아 숨은 루트를 발견해 모든 스테이지를 클리어하자.

J리그 포켓 2

SPT　코나미　2002년 2월 28일　5,800엔

플레이어가 팀 감독이 되어 J1·J2 리그 제패를 목표로 하는 축구 게임. 축구경기를 직접 뛰는 것이 아니라, 커맨드로 팀에게 지시한다는 점이 특징이다. 전작에서 변경된 점은 2002년도의 모든 팀 감독으로 취임 가능하다는 것과, 선택 가능 커맨드가 압도적으로 늘었다는 것.

몬스터 주식회사

ACT　토미　2002년 3월 1일　4,800엔

2002년 개봉하여 세계적으로 대히트한 영화 '몬스터 주식회사'의 게임화 작품. 온순한 몬스터 '설리'를 조작해, 몬스터의 세계로 어쩌다 들어오게 된 소녀를 무사히 인간 세상으로 돌려보내자. 영화의 명장면이 도처에서 나오며, 게임 답게 오리지널 시나리오도 마련돼 있다.

데굴데굴 퍼즐 : 해피 파네츄!

PZL　닌텐도　2002년 3월 8일　4,800엔　기울기 센서 카트리지

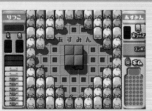

카트리지에 기울기 감지 센서를 탑재한 퍼즐 게임. 게임기 본체를 기울이면 패널에 일정 모양으로 얽혀있는 물체들이 일제히 상하좌우로 움직인다. 장애물은 고정이므로, 여기에 잘 걸쳐 같은 색깔을 연결시켜 없애자. 독특한 아이디어를 특수 카트리지와 결합시켜 게임화한 작품.

침묵의 유적 : 에스트폴리스 외전

RPG　타이토　2002년 3월 8일　5,800엔

슈퍼 패미컴용 게임 「에스트폴리스 전기」의 외전격 작품으로, 필드를 여행하는 롤플레잉 게임. 여행 도중 만나는 몬스터와 싸우고, 때로는 동료로 삼아 함께 모험하며 수많은 이벤트를 클리어하자. 전투와 모험 내내 직업 선택을 항상 염두에 두며 진행해야 하는 게 키포인트.

STG 슈팅 게임　**ACT** 액션 게임　**PZL** 퍼즐 게임　**RPG** 롤플레잉 게임　**SLG** 시뮬레이션 게임　**SPT** 스포츠 게임　**RCG** 레이싱 게임　**AVG** 어드벤처 게임　**ETC** 교육·기타　**TBL** 테이블 게임

이상한 나라의 안젤리크

SLG　코에이　2002년 3월 8일　5,800엔

널리 알려진 여성용 연애 시뮬레이션 게임 「안젤리크」의 캐릭터가 등장하는 보드 게임. '이상한 나라의 앨리스'를 모티브로 삼은 세계에서, 오후 4시까지 수호성 님의 다과회에 도착해야 한다. 적절한 이벤트와 미니게임인 퍼즐을 잘 클리어해, 무사히 골인할 수 있을까!?

K-1 포켓 그랑프리

SPT　코나미　2002년 3월 14일　5,800엔

종합격투기 단체 'K-1'의 파이터들이 귀여운 3등신 캐릭터가 되어 싸우는 2D 대전격투 게임. 실존 선수인 '무사시', '어네스토 호스트', '마이크 베르나르도' 등이 게임에 등장하여, SD화된 코믹한 모습으로 잘 재현된 자신의 대표 기술을 펼친다. 선수를 직접 편집할 수도 있다.

강의 누시 낚시 5 : 신비한 숲에서

RPG　빅터 인터랙티브 소프트웨어　2002년 3월 15일　4,800엔

저주를 받아 물고기로 변해버린 사람들을 구하러 이세계로 뛰어든 소년이 낚시를 하는 낚시 RPG. 물고기를 낚으면 레벨 업해, 낚을 수 있는 물고기가 늘어난다. 등장하는 어종들 자체는 지구와 다를 바 없으나, 스토리 관련 물고기를 낚으면 인간으로 돌아오는 등의 판타지 풍 전개가 있다.

GROOVE ADVENTURE RAVE : 빛과 어둠의 대결전

ACT　코나미　2002년 3월 20일　5,800엔

'소년 매거진' 지에서 연재되던 만화 'RAVE'를 소재로 삼은 대전격투 게임. 행동범위가 넓고 층 개념과 고저차가 있는 스테이지 내에서 캐릭터들이 검으로 싸운다. 때로는 화면에 표시되는 커맨드를 입력하는 '결정타'로 상대에게 큰 대미지를 입힐 수도 있다.

파워프로 군 포켓 4

SPT　코나미　2002년 3월 20일　5,800엔

「파워프로 군 포켓」 시리즈 4번째 작품. 특징으로 히든 석세스 모드가 정규화된 점, 전작 대비로 구장이 넓어진 점 등이 꼽힌다. 석세스 모드는 야구부가 저주를 받아 동료가 사라지고 부실도 화재로 불타는 등의 재난을 겪은 주인공이 저주를 풀기 위해 코시엔 진출을 노리는 스토리가 그려진다. 외딴섬의 약소 야구부가 대성하는 왕도 스토리, 동료들과의 풍부한 교류 이벤트, 게임과 잘 어울리는 뛰어난 BGM 등으로 호평받아, 시리즈 내에서도 인기가 많은 작품.

시리즈의 특징인 복잡한 뒷사정이 있는 여자친구 후보는 이번 작품에도 등장한다. ▶

안젤리크

SLG　코에이　2002년 3월 21일　5,800엔

슈퍼 패미컴판 「안젤리크」를 이식한 작품으로, 여성 게이머를 타깃으로 잡은 연애 시뮬레이션 게임. 평범한 여고생이었던 주인공 '안젤리크 리모쥬'가 일국의 여왕 후보가 되는 시점부터 이야기가 시작된다. 그녀를 기다리고 있는 시련과 사랑의 행방은 과연!?

실전 파치슬로 필승법! 수왕 어드밴스

SLG　샤미　2002년 3월 22일　4,800엔

게임성과 강렬한 대박 시스템으로 인기를 얻은 파치슬로 기기 '수왕(獸王)'. 이 기기의 최대 매력 '사바나 찬스'가 뜨면 LCD에 표시되는 릴 그림을 맞춰 메달을 대량 획득할 수 있다. 그 '수왕'을 게임보이 어드밴스로 재현! 스피드가 생명인 '사바나 찬스'의 타임어택 모드도 탑재했다.

친근한 펫 어드밴스 시리즈 ②: 귀여운 강아지

SLG　MTO　2002년 3월 22일　4,800엔

'귀여운 강아지로 힐링하고 싶다'라는 바람을 이루어주는 작품 중 하나로, '미니어처 닥스훈트'·'포메라니안' 등의 인기 견종 7종류가 등장한다. 강아지를 가족으로 들여, 함께 외출하거나 스포츠를 즐기거나 스킨십을 취하는 등으로 신뢰관계를 쌓아나가자.

일석팔조 : 이 게임 하나로 8종류나!

TBL　코나미　2002년 3월 28일　5,800엔

마작·화투·트럼프로 즐길 수 있는 게임 8종류를 수록한 테이블 게임 모음집. '(4인 대국)마작'·'3인 마작'·'코이코이'·'하나아와세'·'스피드'·'대부호'·'신경쇠약'·'포커'를 수록했으며, 1인용은 물론 원 카트리지 대전과 멀티 카트리지 대전까지도 지원한다.

신의 기술(記述) : Illusion of the evil eyes

TBL　코나미　2002년 3월 28일　5,800엔

만화 '겟 백커스 탈환대' 극중에 등장하며, 실제로도 발매된 트레이딩 카드가 소재인 카드 게임. 실력 좋은 스트러거('신의 기술'의 플레이어)로 오인 받은 주인공이 거액의 부와 권력을 건 카드 배틀 대회에 도전한다는 스토리이므로, 룰을 모르는 사람도 즐기며 배워볼 수 있다.

샤이닝 소울

RPG　세가　2002년 3월 28일　5,800엔

세가를 대표하는 게임 「샤이닝」 시리즈의 신작. 인간 '전사'·'마법사', 엘프 '아처', 드래고뉴트 '광전사' 중에서 오리지널 캐릭터를 제작하여 던전 내를 탐색하는 액션 RPG 스타일의 게임이다. 통신 케이블을 이용하면 4명까지 동시 접속해 파티를 짜 플레이할 수도 있다.

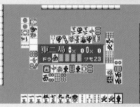
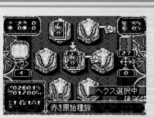

STG 슈팅 게임　ACT 액션 게임　PZL 퍼즐 게임　RPG 롤플레잉 게임　SLG 시뮬레이션 게임　SPT 스포츠 게임　RCG 레이싱 게임　AVG 어드벤처 게임　ETC 교육·기타　TBL 테이블 게임

요괴도

RPG　후우키　2002년 3월 28일　4,800엔

요괴 '슈텐도지'의 부하의 봉인이 풀려 요괴가 날뛰는 문제를 퇴마사 소년이 해결하는 고대 일본 풍 RPG. 요괴와 배틀해 이기면 동료로 삼게 되어, 수첩에서 불러낼 수 있다. 배틀은 위에서 떨어지는 행동 커맨드 블록을 고르는 독특한 시스템으로, 요괴 디자인도 꽤 독자적이다.

개구리 B BACK

RPG　카도카와쇼텐　2002년 3월 29일　5,800엔

'아아, 그때 이랬더라면!'이라는 괴로운 기억은 누구에나 있을 터. 그런 과거의 하루 전으로 돌아가 내 행동을 고칠 수 있다면 어떨까! 전대미문의 발상에서 탄생한 게임, 그 이름도 개구리가 등장하는 '개구리 B BACK'. 제목처럼 내용도 언어유희가 속출하는 유니크한 RPG다.

신일본 프로레슬링 : 투혼열전 어드밴스

ACT　토미　2002년 3월 29일　5,800엔

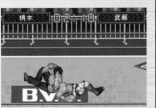

안토니오 이노키에게서 유명한 '투혼 주입'을 받은 '신일본 프로레슬링' 소속 선수들 수십 명이 등장하는 프로레슬링 게임. 각 선수의 입장 퍼포먼스부터 다양한 필살기까지 3D 폴리곤 그래픽을 프리렌더링해 게임 상에서 재현했다. 에디트 모드에서는 자신의 분신을 만들 수도 있다!

도라에몽 : 어디로든 워커

TBL　에포크 사　2002년 3월 29일　4,800엔

인기 만화 '도라에몽'이 보드 게임으로 등장했다. 잡지나 단행본 연재로 친숙한 에피소드를 방불케 하는 내용의 스테이지(시나리오) 20종류 이상을 수록했다. 각종 '비밀도구'를 잘 사용해 대전 상대와의 격차를 벌려 승기를 잡자. 데키스기 군도 이 게임에 등장한다.

햄스터 클럽 3

SLG　죠르단　2002년 3월 29일　4,800엔

방에서 함께 지내면 마음이 편안하고도 행복해지는 귀여운 햄스터를 사육하는 게임. 여러 선택지 중 무엇을 할지 결정하고, 커서를 맞춰 햄스터와 스킨십을 취해보도록. 청소와 밥 주기, 물그릇 교환 등으로 햄스터를 돌보고 함께 놀면서 한 마음이 되어보자.

파이어 엠블렘 : 봉인의 검

RPG　닌텐도　2002년 3월 29일　4,800엔

「파이어 엠블렘」 시리즈의 6번째 작품인 시뮬레이션 롤플레잉 게임. 개성 넘치는 캐릭터들을 움직여 적과 싸우고 육성시키며 진군해간다. 시리즈 최초의 휴대용 게임기 작품으로, 전원이 불시에 끊겨도 그 시점에서 재개할 수 있는 오토 세이브 기능을 채용했다.

HARDWARE　2001's SOFT　2002's SOFT　2003's SOFT　2004's SOFT　2005's SOFT　2006's SOFT　SOFT INDEX

매지컬 봉신

RPG　코에이　2002년 3월 29일　5,800엔

중국의 고전 전기소설 '봉신연의'의 이후 세계를 무대로 삼은 롤플레잉 게임. 주인공 '소라'는 다시 나타나기 시작한 요마들의 수수께끼를 파고들기 위해 조사하러 간다. 무기인 '보패(파오페이)'를 직접 제작 가능한 게 특징. 동식물·물건·자연현상 등을 조합해 최강의 보패를 만들자.

미니모니. 미카의 해피 모닝 chatty

AVG　쇼가쿠칸 뮤직 앤드 디지털 엔터테인먼트　2002년 4월 1일　4,800엔

가정방문학습 서비스인 '쇼가쿠칸 홈팔' 회원에게만 한정 판매된 영어회화 학습 소프트. 미국에 놀러간 아이돌 그룹 '미니모니.' 멤버들과 함께 미니게임을 즐기거나 대화하면서 재미있게 영어를 배운다. '단어장'과 '회화 비디오' 등의 기능을 이용해 반복 학습할 수도 있다.

덴키 블록스!

PZL　글로벌 A 엔터테인먼트　2002년 4월 11일　4,800엔

기존의 붙여서 없애는 식의 퍼즐 게임과 달리, 필드 상에 있는 색색의 껌을 움직여 화면 오른쪽에 표시된 형태로 만들면 클리어하는 완전히 새로운 퍼즐 게임. 껌들은 일제히 동일 방향으로 이동한다. 필드에 설치된 하얀 블록은 고정이므로, 이를 잘 이용해 껌을 이동시키자.

루나 레전드

RPG　미디어 링　2002년 4월 12일　5,800엔

메가 CD에서 시작된 인기작 「루나 더 실버 스타」의 리메이크 작품. 세가새턴판과 플레이스테이션판을 기준으로 삼고, GBA판 고유의 요소를 추가했다. 전투 시 게이지를 모으면 필살기를 쓸 수 있는 '아츠 게이지'와, 적을 물리치면 카드를 입수하는 등의 독특한 시스템도 탑재했다.

검은수염 해적의 빙글빙글 땅따먹기

PZL　토미　2002년 4월 18일　4,800엔

말 하나를 중심으로 주변 말 6개를 돌려, 검은수염의 붉은 말로 삼각형을 만들면 그 안의 땅을 따먹는 땅따먹기 게임. 플레이어를 도와주는 보라색 말과 방해하는 라이벌 말 등 구성이 다양하다. 스테이지도 초급·상급·특급 총 20종류가 있다. 룰은 '연습 모드'로 확인 가능.

검은수염 해적의 골프해보자

SPT　토미　2002년 4월 18일　4,800엔

장난감 '검은수염 해적 위기일발!'(한국에선 '1박2일 복불복 룰렛'으로 유명)로 친숙한 캐릭터 '검은수염'이 등장하는 3D 폴리곤 그래픽의 본격 골프 게임. 드림캐스트판 「골프해보자」의 게임성과 '검은수염'이란 독특한 캐릭터를 융합시킨 작품이다. 홀인원을 적극 노려보자!

STG 슈팅 게임　**ACT** 액션 게임　**PZL** 퍼즐 게임　**RPG** 롤플레잉 게임　**SLG** 시뮬레이션 게임　**SPT** 스포츠 게임　**RCG** 레이싱 게임　**AVG** 어드벤처 게임　**ETC** 교육·기타　**TBL** 테이블 게임

062

인생게임 어드밴스

TBL　타카라　2002년 4월 18일　4,800엔

오리지널 캐릭터를 만들어 인생을 즐기는 인기 보드 게임의 게임보이 어드밴스판. 일반 모드와 연애가 목적인 모드, 인생게임의 캐릭터와 한 쌍이 되는 모드를 수록했다. 각 직업의 미니게임 등은 클리어 후 인생 아일랜드에서 즐길 수 있다. 복수 플레이와 통신대전도 지원.

사랑해 테디

AVG　MTO　2002년 4월 19일　4,800엔

테디베어 탄생 100주년의 해에 발매된 어드벤처 게임. 실과 천 등의 소재를 모아 오리지널 테디베어를 만들 수 있다. 색과 소재, 양복과 모자 등 무려 5억 종의 조합이 가능해, 완전한 자기 취향의 테디베어를 만들 수 있다. 테디베어 뮤지엄도 있어, 레어한 테디베어도 볼 수 있다.

양들의 기분.

ACT　캡콤　2002년 4월 19일　4,800엔

바깥세상에 대한 호기심 끝에 탈출한 양들을 울타리 안쪽으로 몰아넣는 액션 게임. 제한시간 내에 목표 수만큼의 양을 트럭으로 몰아넣는 '평범한 양들.', 양과 양몰이 개를 육성해 대회 우승을 노리는 '양들의 기분.'을 수록했다. 양몰이 개와 양은 능력이 다른 여러 종류 중 선택 가능하다.

위·일레

SPT　코나미　2002년 4월 25일　5,800엔

코나미의 대인기 축구게임 「위닝 일레븐」(일본에서의 약칭이 '위일레')이 GBA로 등장. 기본 조작과 게임 감각은 본가 시리즈 그대로로, '마스터 리그'와 '트레이닝 모드'도 물론 플레이 가능하다. 휴대용 게임기의 이점을 살려, 어디서든 간편하게 즐기는 통신대전 플레이도 지원한다.

테니스의 왕자 : 지니어스 보이즈 아카데미

SPT　코나미　2002년 4월 25일　4,800엔

이 시리즈의 팬에겐 익숙할 탐뷰형 테니스 게임이다. 플레이어는 '세이슌 중학교' 테니스부원이 되어 각 시합에서 승리를 거머쥐어라! 개별 캐릭터마다 필살기가 있으니, 게이지를 모아 적절한 타이밍에 기술을 사용해 시합을 유리하게 이끌자. 통신대전으로 4인 동시 플레이도 가능.

어드밴스 GT 2

RCG　MTO　2002년 4월 26일　4,800엔

일본 내 메이커 10개사의 차량 72차종 96타입이 실명으로 등장하는 레이싱 게임. 코스도 서킷은 물론 고속도로와 고갯길, 스트리트 등 48개 코스가 준비돼 있다. 일반 레이싱뿐만 아니라, 연속 드리프트로 콤보 수를 경쟁하는 '드리콤보 모드'란 독특한 모드도 탑재했다.

이니셜 D : Another Stage

RCG　사미　2002년 4월 26일　5,800엔

인기 만화 '이니셜 D'를 소재로 삼은 레이싱 게임. 원작처럼 드라이빙 테크닉을 겨루는 가 배틀이 아니라, 커맨드 입력으로 고갯길에서 라이벌과 겨루는 시스템을 채용했다. 선택 가능한 커맨드도 게임을 진행할수록 늘어나므로, 전개가 유리해지기도 한다!

수다쟁이 앵무새 클럽

AVG　알파 유닛　2002년 4월 26일　4,800엔

함께 생활하다보면 힐링이 되는, '사랑앵무'나 '왕관앵무' 등의 앵무새들. 이들을 가족으로 맞아 기르는 육성 게임이다. 애정을 담아 직접 먹이를 주거나 함께 놀아주거나 새 집을 청소해주며 앵무새와의 친밀도를 높여나가자. 문자를 입력해 단어를 학습시킬 수도 있다.

휴대전수(携帯電獣) 텔레팽 2 : 스피드

RPG　스마일소프트　2002년 4월 26일　5,800엔

'전수계'에서 소식이 두절된 아버지를 찾아, 아들인 주인공이 모험하는 롤플레잉 게임. '전수'란 이세계에 서식하는 몬스터들을 말한다. 그들의 전화번호를 받는 데 성공하면 전투 시 도움을 요청해 소환할 수 있다. 초회판에는 전수의 수신을 받으면 빛나는 '파워 안테나'를 동봉했다.

휴대전수 텔레팽 2 : 파워

RPG　스마일소프트　2002년 4월 26일　5,800엔

게임 시스템에 당시 최신 휴대폰의 기능을 모두 결합시킨 롤플레잉 게임. '스피드' 판과 '파워' 판은 라이벌 및 등장하는 전수가 일부 다르다. 따라서 이벤트 진행방법도 차이가 있다. 또한 극중에서 'D샷'이라 불리는 휴대폰 역시 '스피드'는 블랙, '파워'는 실버 컬러다.

스파이더맨 : 미스테리오의 위협

ACT　석세스　2002년 4월 26일　4,800엔

인기 히어로 '스파이더맨'을 테마로 삼은 액션 게임. 뉴욕에서 일어난 수많은 사건의 배후에 있는 인물 '미스테리오'와 악당들을 쫓는다. 스파이더맨인 주인공 '피터'가 되어 나쁜 짓을 일삼는 무리를 퇴치하자. 스파이더맨의 애니메이션이 부드러워 상쾌하게 플레이할 수 있다.

SLOT! PRO 2 어드밴스 : GOGO 저글러 & New 대어

SLG　니혼 텔레네트　2002년 4월 26일　4,800엔

파치슬로 제작사 '키타덴시'의 인기 시리즈 'GOGO 저글러'·'New 대어' 2종류를 즐기는 파치슬로 소프트. 메달을 넣고 레버를 튕긴 후 버튼을 눌러 릴을 멈추는 심플한 게임성이 특징. 각 기기 왼쪽 아래의 '대박 램프'가 빛나면 보너스 게임 개시다!

테트리스 월드

PZL　석세스　2002년 4월 26일　3,980엔

신규 가이드라인을 채용한 낙하계 퍼즐 게임 「테트리스」. 이 작품부터 추가된 '캐스케이드 모드'는 연쇄시키는 것이 목적으로, 블록들을 일거에 없앨 수 있어 상쾌하다. 그 외의 신규 시스템으로서, 블록이 착지해도 좌우로 움직이는 동안은 경직되지 않도록 바뀌었다.

일본프로마작연맹 공인 테츠만 어드밴스 : 면허개전 시리즈

TBL　카가테크　2002년 4월 26일　4,800엔

게임 패키지 뒷면에 '최강의 사고 루틴을 탑재'라고 기재한 대로, CPU와의 대전이 상당히 치열한 마작 게임. 마작패도 큼직하고 보기 쉽게 배치했고, 본 게임 외에도 지식과 실력을 연마하기 위한 '마작 연구' 모드를 준비했다. 상급자도 충분히 납득할 만한 만듦새의 작품.

푸쿠푸쿠 천진 회람판

AVG　빅터 인터랙티브 소프트웨어　2002년 4월 26일　4,800엔

같은 제목의 소녀만화를 게임화한 작품. 주인공 강아지 '푸쿠푸쿠'와, 스기요시 마을에 사는 강아지·고양이들이 엮어내는 훈훈한 일상을 즐긴다. 상성과 우정을 점칠 수 있는 '미케 누나의 점술'과 '뭐든지 상담실', 친구의 정보를 등록 가능한 '친구 수첩'도 탑재했다.

록맨 제로

ACT　캡콤　2002년 4월 26일　4,800엔

「록맨」 시리즈 15주년 기념작품이자 「록맨 제로」 시리즈의 첫 번째 작품. 「록맨 X」 시리즈의 100년 후를 무대로 '제로'가 활약한다. 세계관·액션 등은 「록맨 X」 시리즈를 계승하면서도, 육성 요소와 함께 보스 전 외의 다른 목적이 있는 스테이지 등도 집어넣은 명작.

코나미 아케이드 게임 컬렉션

ETC　코나미　2002년 5월 2일　4,800엔

코나미가 1980년대 전반기에 출시했던 아케이드 게임 6종류를 수록한 작품. 「프로거」·「스크램블」·「자이러스」·「러시 앤 어택」(「그린 베레」의 서양판 타이틀명)·「이얼 쿵푸」 등의 그리운 고전게임들이 게임보이 어드밴스로 부활한다!

포메이션 사커 2002

ACT　스파이크　2002년 5월 2일　5,800엔

인기 축구 게임 「포메이션 사커」 시리즈가 게임보이 어드밴스로도 출시되었다. 기존 시리즈의 가로화면 시점과 달리, 실제로 축구시합을 뛰는 듯한 느낌의 정면 3D 시점을 채용했다. 롱 슛을 할 때는 버튼을 '오래 눌러야' 하는 등, 시스템 면에서도 변경점이 있다.

HARDWARE

2001's SOFT

2002's SOFT

2003's SOFT

2004's SOFT

2005's SOFT

2006's SOFT

SOFT INDEX

모토크로스 매니악스 ADVANCE

RCG　코나미　2002년 5월 2일　4,800엔

오프로드 바이크로 코스를 질주하는 횡스크롤형 레이싱 게임. 기발한 코스가 많은 탓인지, 주변을 잘 파악할 수 있도록 플레이어 바이크를 작게 그리고 코스를 넓게 보여준다. 액셀 외에 '니트로 대시'도 구사하며 다양한 코스, 때로는 수중까지도 질주하게 된다.

멋쟁이 프린세스

SLG　컬처 브레인　2002년 5월 24일　4,800엔

소녀 유저층을 타깃으로 연구하여 '멋 부리기'와 '패션'을 테마로 삼은 육성 시뮬레이션 게임. 플레이어는 코디네이터가 되어 TV프로 '멋쟁이 프린세스'에서 우승해야 한다! 말판놀이 스타일로 게임이 진행되며, 각종 미니게임도 수록돼 있다.

토털 사커 어드밴스

ACT　UBISOFT　2002년 5월 31일　4,800엔

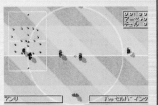

게임보이 어드밴스로 발매된 여러 축구 게임들 중, 이 게임은 탑뷰 시점에서 필드를 세로(상하) 방향으로 플레이하는 유일한 작품이다. 서양 축구팬들이 요망해온 '네덜란드' 팀의 선택이 드디어 가능해졌고, 주전 11명이 어디에 있는지 파악하기 매우 쉽도록 했다.

방가방가 햄토리 3 : 러브러브 대모험입니다츄

AVG　닌텐도　2002년 5월 31일　4,800엔

아이들에게 대인기인 '방가방가 햄토리' 시리즈로서, 이번 작품에선 햄토리 주변의 커플들 사이를 갈라놓는 '데빌햄'이 등장한다. 햄토리와 리본 주위를 수사해 커플 파괴의 위기를 막자! 도중에 만나는 '엔젤' 양과 함께 햄스터들의 사랑을 지켜주어야 한다.

캐슬바니아 : 백야의 협주곡

ACT　코나미　2002년 6월 6일　4,800엔

게임보이 어드밴스용 「악마성 드라큘라」 시리즈 작품으로, 시몬 벨몬드가 드라큘라를 물리치고 50년이 지난 후의 스토리를 그렸다. 벨몬드 가의 후예 '쥬스트'를 조작해, 납치된 소꿉친구 '리디'를 구출하는 게 목적. 서브웨폰과 마도서를 조합하는 '스펠 퓨전' 시스템을 채택했다.

패밀리 테니스 어드밴스

SPT　남코　2002년 6월 14일　4,800엔

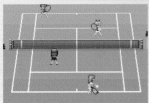

패미컴에서 대히트한 「패밀리 테니스」의 후속작으로, 전작에서 등장했던 '에도마에'를 비롯해 신 멤버들이 출전하며, 남코 과거 작품들에 등장했던 캐릭터들이 숨겨진 요소로 들어가 있다. '남코트 도쿄'와 '디그더그 온천' 등 각지의 코트에서 뜨거운 시합을 즐겨보자!

STG 슈팅 게임　　ACT 액션 게임　　PZL 퍼즐 게임　　RPG 롤플레잉 게임　　SLG 시뮬레이션 게임　　SPT 스포츠 게임　　RCG 레이싱 게임　　AVG 어드벤처 게임　　ETC 교육·기타 게임　　TBL 테이블 게임

심리전 프로야구

SLG　나우프로덕션　2002년 6월 21일　4,800엔

게임보이로 「데이터 내비 프로야구」를 발매했던 나우프로덕션이 제작한 작품으로, 타이틀명대로 '투수'와 '타자'의 치열한 심리전에 중점을 둔 야구 게임. 각 선수의 특징·약점 등을 플레이어가 참조하며 신중히 시합을 진행하는, 시뮬레이션 성격이 강한 작품이다.

탑블레이드 V : 가자! 폭투! 초자력 배틀

ACT　브로콜리　2002년 6월 27일　4,800엔

게임판 오리지널 캐릭터(당시) '스메라기 다이치'를 주인공 삼아 블레이더들과 싸우는 액션 게임. 탑블레이드는 파츠를 교환해 커스터마이즈 가능하며, 여기에 파츠별 속성과 임의로 필살기 발동이 가능한 '마그네 시스템' 등도 추가되어, 자신의 스타일대로 탑블레이드를 만들 수 있다.

화투·트럼프·마작 : 푸드코트 화양중

TBL　글로벌 A 엔터테인먼트　2002년 6월 27일　3,980엔

'아이쇼핑, 혹은 쇼핑센터 지하층을 산보하는 기분으로 각종 게임을 즐기자'라는 컨셉으로 발매된 옴니버스 테이블 게임. 대전 상대가 '중화요리집 장녀'·'양식집 차녀'·'일식집 삼녀'로서 쇼핑센터 걸 3자매라는 독특한 설정이 이색적이다.

V-RALLY 3

RCG　아타리　2002년 6월 27일　4,800엔

3D 시점의 오프로드 랠리 게임. 게임보이 어드밴스의 하드웨어 성능을 제대로 활용한 작품으로, 스피드감보다 주행 중인 차의 리얼한 거동감각을 극한까지 추구했다. 조작성도 좋아 드리프트만 적절히 걸면 코스를 상쾌하게 주행할 수 있고, 머신의 디테일한 튜닝도 가능하다.

황금의 태양 : 잃어버린 시대

RPG　닌텐도　2002년 6월 28일　4,800엔

전작 「황금의 태양 : 풀리는 봉인」의 시나리오를 계승한 스토리로서, 두 작품을 연속해 즐기면 세계관과 스토리를 깊이 이해할 수 있다. 4종류의 속성을 지닌 진(정령)과 만나고, 모험 도중 클래스 체인지를 거치며 다시 속편으로 연결되는 대작 롤플레잉 게임이다.

카마이타치의 밤 어드밴스

AVG　춘 소프트　2002년 6월 28일　4,800엔

「카마이타치의 밤 : 특별편」을 기반으로 이식한 사운드 노벨 게임. 화면의 문자를 읽고, 플레이어가 수수께끼를 풀거나 분기되는 선택지를 골라 추리하며 진정한 엔딩으로 향한다. 실사 배경에 인물을 푸른 실루엣으로 얹은 독특한 그래픽과 뛰어난 음악·효과음도 호평받았다.

귀여운 펫샵 이야기 3

RPG　퍼시픽 센추리 사이버웍스 재팬　2002년 6월 28일　4,800엔

주인공 '리본' 양이, 애완동물 '로미' 군이 성에서 기르는 고기 개 '쥬리' 양과 맺어지도록 노력하며 어엿한 펫샵 점원이 되도록 노력해야 하는 육성 롤플레잉 게임. 네 마을에서 과제를 달성해 리본을 모으자. 등장하는 동물은 25종류 이상. 통신기능으로 친구와 동물 교환도 가능하다.

내추럴 2 : 듀오

AVG　오메가 프로젝트　2002년 6월 28일　6,800엔

대히트한 PC용 미소녀 게임 시리즈의 2번째 작품을 이식한 게임. 이식하면서 신규 제작한 CG 35점 이상을 추가했다. 또한 미니게임도 추가해, 결과가 스토리에 영향을 끼친다. 수집한 이벤트에 따라 새로운 이벤트가 만들어지는 '이벤트 정선'이란 오리지널 요소도 탑재했다.

패미스타 어드밴스

SPT　남코　2002년 6월 28일　4,800엔

다년간 사랑받은 인기작 「패미스타」 시리즈가 GBA로 등장. 당시 실제 일본 프로야구 선수들의 2002년도 데이터를 수록했다. 페넌트레이스와 2인 대전 등의 시스템도 시리즈 전통대로이며, 장난감 야구게임을 모티브 삼아 투수·타자로만 진행하는 새로운 게임 모드를 추가했다.

더 핀볼 오브 더 데드

ACT　세가　2002년 7월 4일　4,800엔

세가의 건 슈팅 게임 「더 하우스 오브 더 데드」의 세계관을 그대로 핀볼 게임으로 옮겨놓은 작품. 도처에서 친숙한 '좀비'가 등장하고, 볼이 특정 장치로 들어가면 스테이지 보스가 등장해 볼과 보스 사이에 1 : 1 대결이 발생하기도 하는 등, 경쾌하기 이를 데 없는 게임이다.

노부나가 이문(異聞)

SLG　글로벌 A 엔터테인먼트　2002년 7월 4일　5,800엔

오다 노부나가가 되어 전국시대를 헤쳐나가는 시뮬레이션 게임. 약 200명이나 등장하는 무장들 각자가 품은 속마음이 교차하는 드라마틱한 스토리가 진행된다. 전투는 턴제 전략 맵과 실시간제 전술 맵으로 나뉘며, 진행에 따라선 실제 역사와 전혀 다른 결과도 펼쳐질 수 있다.

몬스터 게이트

RPG　코나미　2002년 7월 4일　4,800엔

일본에서 2001년 게임센터 설치용 대형 캐비닛으로 가동되었던 메달 게임 「몬스터 게이트」의 게임성과 세계관을 유지하면서 롤플레잉 게임화한 작품. 플레이어는 전사(다른 캐릭터도 있음)가 되어, 던전의 몬스터를 물리치며 다양한 카드와 숨겨진 '클리어 증표'를 입수해야 한다.

유희왕 듀얼몬스터즈 7 : 결투도시 전설

RPG   코나미   2002년 7월 4일   4,800엔

팬이라면 친숙할 카드를 사용하는 대전형 게임. 게임보이 판을 즐겼던 플레이어라면 바로 플레이할 수 있도록 시스템을 계승해 리뉴얼했다. 카드 종류는 1,000종에 약간 못 미치지만, 이 작품에서 추가된 카드도 있으니 '카드 샵'에서 매매해 필요한 카드를 갖춰 진행하자.

샤쿠라 모모코의 두근두근 카니발

AVG   닌텐도   2002년 7월 5일   4,800엔

캐릭터 디자인을 만화가 사쿠라 모모코가, 시나리오를 그녀의 언니 미우라 노리코가 맡은 어드벤처 게임. 카니발 실행위원으로 임명된 주인공이, 관객을 늘리기 위해 다양한 사람들의 고민을 해결한다. 고민은 그 사람의 홈페이지에 올라와있다. 자신의 홈페이지를 만들 수도 있다.

하로보츠 : 로보 히어로 배틀링!!

RPG   선라이즈 인터랙티브   2002년 7월 5일   5,800엔

선라이즈의 애니메이션에 등장하는 로봇들이 111종이나 등장하는 롤플레잉 게임. 3 : 3의 팀 배틀로 싸운다. 훈련과 전투로 얻은 데이터를 하로에 축적해 성장시킬 수 있다. 세계 곳곳에 흩어져있는 로보의 데이터와 파워 업 파츠를 입수해 최강의 팀을 만들어보자.

패널 끼우기 : 베리베리 뮤우뮤우

PZL   타카라   2002년 7월 11일   4,800엔

같은 제목 만화(원제는 '도쿄 뮤우뮤우') 소재의 오리지널 스토리가 전개되는 퍼즐 게임. 흩어진 '메모리'를 회수하기 위해 키메라 아니마와 싸우자. 그림이 스크롤되는 패널 조각을 이어 붙여 총 70장의 그래픽을 완성시키는 게임. 그래픽은 원작자인 이쿠미 미아가 새로 그렸다.

크래시 밴디쿳 어드밴스

ACT   코나미   2002년 7월 18일   4,800엔

플레이스테이션에서 대히트한 게임 「크래시 밴디쿳」이 게임보이 어드밴스로 등장. 원작은 기본적으로 등뒤 시점 게임이지만, 이식하면서 횡스크롤 액션 게임으로 변경했다. 하지만 캐릭터의 디테일과 깊이감 있는 배경 연출 등에 공을 들여, 게임 분위기가 원작에 꽤 근접한다.

디즈니 스포츠 : 사커

SPT   코나미   2002년 7월 18일   5,800엔   GBA 케이블 지원

디즈니의 캐릭터들이 다시금 대집합! 이번엔 5명 한 팀 구성으로 대전하는 축구 게임이다. 패스를 잘 활용한 공격이나 대담한 드리블에서 이어지는 롱슛 등, 다양한 전략을 구사해 싸우자. 공이 불타는 슛 등, 특수한 기술을 쓸 수 있게 해주는 아이템의 활용도 중요하다.

하이 히트 메이저리그 베이스볼 2003

SPT　타카라　2002년 7월 18일　4,800엔

메이저리그를 소재로 삼은 스포츠 게임. 2002년도판 데이터 기반으로, 이치로와 신죠 츠요시 등 당시 메이저리그에서 활동하던 일본인 선수 11명을 포함해 총 700명 이상의 메이저리거들이 실명으로 등장한다. 30개 팀의 실존 홈구장도 모두 리얼하게 재현했다.

히카루의 바둑 2

TBL　코나미　2002년 7월 18일　4,800엔

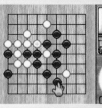

게임보이 어드밴스판 「히카루의 바둑」 시리즈 2번째 작품으로, 바둑을 완전 초보 단계부터의 기본 규칙 확인 및 대국 요령 교습으로 시작하므로 이 게임으로 바둑을 처음 접하는 플레이어라도 안심하고 즐길 수 있다. 캐릭터 보이스와 바둑돌 컬렉션 요소가 추가된 것도 장점.

피노비 & 피비

ACT　허드슨　2002년 7월 18일　4,800엔

「피노비의 대모험」의 속편에 해당하는 게임으로, 피노비의 여동생 로봇 '피비'가 등장한다. 악의 군단을 이끄는 '베스타'가 피비의 하트를 부숴버렸다. 피노비와 피비는 부서진 하트 20개를 회수하러 모험에 나선다. 스테이지의 처음과 체크포인트에서 캐릭터 교대가 가능하다.

꽃집 이야기 GBA : 힐링계 꽃집 육성 게임

SLG　TDK 코어　2002년 7월 19일　4,800엔

꽃집을 경영하는 힐링계 시뮬레이션 게임. 주인공 '타치바나 카렌'의 어머니가 황급히 아버지가 있는 곳으로 가게 되어, 혼자서 꽃집 신장개업을 준비하게 된다. 계절에 맞춘 꽃 판매나 이벤트 등을 거쳐, 마지막에는 자신의 꽃집을 연다. 꽃점 등, 꽃 관련 미니게임도 수록했다.

승부사 전설 테쯔야 : 되살아나는 전설

TBL　아테나　2002년 7월 19일　5,800엔

만화 '마작의 제왕 테쯔야'의 게임화 작품. 플레이어의 화료법과 버림패 종류에 따라 패 배치와 츠모 패의 변동 등이 영향을 받는 '운'이란 시스템이 특징이다. 커맨드 입력으로 사기 기술이 발동하는 '장사치 기술'이나 콤비 대국 등, 원작의 분위기를 살린 플레이가 펼쳐진다.

초마계촌 R

ACT　캡콤　2002년 7월 19일　4,800엔

캡콤의 인기 액션 게임 「마계촌」 시리즈 중, 슈퍼 패미컴으로 발매된 바 있는 「초마계촌」을 이식한 작품. 이식하면서 새로 추가한 어레인지 모드에서는 초기 작품인 「마계촌」・「대마계촌」에 있었던 스테이지와 보스 등을 재현했고, 새로운 보스도 추가하였다.

STG 슈팅 게임　ACT 액션 게임　PZL 퍼즐 게임　RPG 롤플레잉 게임　SLG 시뮬레이션 게임　SPT 스포츠 게임　RCG 레이싱 게임　AVG 어드벤처 게임　ETC 교육·기타　TBL 테이블 게임

두근두근 장래희망 시리즈 ① : 꽃집 주인이 되자!

SLG　MTO　2002년 7월 19일　4,800엔

플라워 타운의 꽃집에서 일하는 소녀 '노조미'가 되어 다양한 의뢰를 완수해가는 시뮬레이션 게임. 꽃과 아이템을 찾아내 조합하여, 꽃다발과 화환 등 의뢰에 필요한 형태로 제작하고 모양을 내 완성한다. 메인 플라워는 80종류 이상, 서브 플라워는 100종류 이상 등장한다.

햄스터 파라다이스 어드밴츄

SLG　아틀라스　2002년 7월 19일　4,800엔

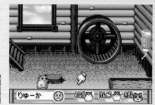

인간의 언어를 말할 수 있는 햄스터 '햄츄'가 플레이어를 도와주는, 햄스터 육성 시뮬레이션 게임. 우리 하나 당 햄스터 2마리를 키울 수 있어, 서로 싸우거나 장난치며 노는 모습 등을 지켜볼 수 있다. 게임이 진전되면 '드림랜드'라는 햄스터의 나라로 가서 모험할 수도 있다.

파이널 파이어 프로레슬링 : 꿈의 단체 운영!

SPT　스파이크　2002년 7월 19일　5,980엔

프로레슬링 게임 중에선 확고한 인기를 자랑하는 「파이어 프로레슬링」 시리즈의 게임보이 어드밴스용 제 2탄. 단체 운영 모드 '매니지먼트 오브 링'을 탑재했다. 이 모드에선 단체 오너가 되어 흥행 스케줄 조정과 참전 의뢰 등이 가능하다. 물론 선수의 이탈·반발도 발생한다.

핫휠 어드밴스

RCG　알트론　2002년 7월 19일　4,800엔

미니어처 카 'Hot Wheels'를 소재로 삼은 레이싱 게임. 피아노 위와 욕실 등의 장난감차다운 코스부터, 구름 위나 우주 등의 황당무계한 코스까지 존재한다. 어느 코스든 점프대 등의 장치가 가득한 재미있는 코스뿐이다. 레이스에서 승리해, 더욱 고성능인 핫휠을 입수하자.

메다로트 G : 장수풍뎅이 버전

ACT　나츠메　2002년 7월 19일　4,800엔

「메다로트 5」와 마찬가지로, 스스타케 마을이 무대인 대전격투 액션 게임. 필드 이동과 탐색 요소는 없으며, 프리로보 배틀로 메달을 강화하거나 강력한 파츠를 모으며 메다로트를 키워나가는 게임이다. 원래 북미 시장용이었던 「Medabots AX」를 일본어화해 재구성한 작품.

메다로트 G : 사슴벌레 버전

ACT　나츠메　2002년 7월 19일　4,800엔

'장수풍뎅이 버전'과는 초기 파트너가 다른 어나더 버전. 배틀은 2 : 2로 진행되며, 플레이어는 리더 기체만 조작하고 파트너 기체는 작전 패널로 지시를 내리는 시스템을 채용했다. 통신대전에선 기존 작품처럼 파츠를 걸고 싸울 수는 없으나, 평화적인 교환은 가능하다.

어드밴스 전용 통신케이블 지원　어드밴스 전용 통신케이블 지원　어드밴스 전용 와이어리스 어댑터 지원　어드밴스 전용 와이어리스 어댑터 지원　카드e 리더 지원　카드e 리더 지원　카드e 리더+ 지원　카드e 리더+ 지원

HARDWARE
2001's SOFT
2002's SOFT
2003's SOFT
2004's SOFT
2005's SOFT
2006's SOFT
SOFT INDEX

아이스 에이지
ACT   UBISOFT   2002년 7월 20일   4,800엔

 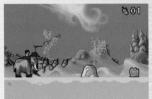

2002년 개봉한 영화 '아이스 에이지'가 원작인 액션 게임. 매머드 '매니'가 우연히 인간 아이 '로산'을 발견해, 부모에게 돌려보내기 위해 여행한다. 다양한 장치가 숨어있는 스테이지나, 강제 스크롤로 끝까지 돌파하는 스테이지 등, 다양성이 풍부한 스테이지를 진행해간다.

고스트 트랩
ACT   아이도스 인터랙티브   2002년 7월 25일   5,800엔

유령의 저택에 갇혀버린 고스트 헌터가 생환을 위해 모험하는 호러 액션 게임. 프리렌더링 기술을 이용해 입체적으로 묘사된 그래픽이 특징인 작품이다. 이야기의 무대인 알리기에리 저택에는 자동 생성되는 던전이 있으며, 끝까지 진행해 마도서를 입수하면 다음 던전이 개방된다.

디즈니 스포츠 : 아메리칸 풋볼
SPT   코나미   2002년 7월 25일   5,800엔

미키 마우스와 도널드 덕 등, 디즈니의 인기 캐릭터들이 대집합! 5 : 5 팀제로 진행되는 미식축구 게임으로, 공격·수비에 유리하도록 포메이션을 지시하다가 핀치일 때는 필살기를 발동해 돌진할 수 있다. 챌린지 컵·엑시비션·프랙티스 3개 모드를 수록했다.

디즈니 스포츠 : 스케이트보딩
SPT   코나미   2002년 7월 25일   5,800엔

운동신경이 발군인 미키가 이번엔 스케이트보드에 도전한다. 비스듬히 내려다보는 시점(쿼터뷰)의 액션 게임. 거리의 보행자들을 주의하며 스케이트보드 테크닉을 연마하는 미키. 단차가 있는 장소에서 화려한 점프를 펼치거나 계단 손잡이를 타고 내려오며 기술을 갈고 닦자.

버블 보블 OLD & NEW
ACT   미디어카이트   2002년 7월 25일   4,800엔

'버블룬'과 '보블룬'이 활약하는 고정화면식 액션 게임. 드래곤 모습이 된 두 사람은 거품을 발사해 적을 가두고 직접 몸으로 터뜨려 물리친다. 게임 도중엔 음식이 대량으로 출현하기도 하고, 보너스 스테이지도 나온다! '뉴 버전' 모드에서는 각종 아이템을 수집해 도감을 만들 수도 있다.

뽑고 버리고! 다이노디바이스 블루
SLG   스마일소프트   2002년 7월 26일   4,800엔

게임에 등장하는 전자수첩의 공란에 정보를 입력하면 태어나는 신비한 몬스터 '다이노'. 많은 친구들의 정보를 입력해 새로운 '다이노'를 만들어내자. 여기에 '커스텀'까지 하면 자신만의 강한 몬스터가 만들어진다. 이 작품은 시리즈의 '블루' 판으로, '레드' 판도 동시 발매됐다.

커스텀 로보 GX
RPG 닌텐도 2002년 7월 26일 4,800엔

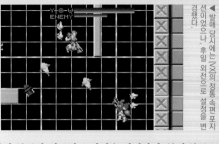

다수의 부품을 결합시켜 오리지널 로봇을 제작해 싸움에 내보내는 「커스텀 로보」 시리즈의 3번째 작품. 하드웨어 제약 탓에 이번엔 기존작처럼 3D가 아니라 2D 그래픽으로 무중력 공간에서 배틀을 펼치게 되나, 뚜렷한 개성을 지닌 풍부한 부품과 심플한 조작성은 건재하며, 불법 부품 규제가 없는 대회와 샵도 존재한다. 스토리는 전작 「VX」처럼 볼륨이 두터워, 커스텀 로보를 막 입수한 주인공이 성장하는 '여행 편'과 '격투 편' 두 시나리오가 있다.

뽑고 버리고! 다이노디바이스 레드
SLG 스마일소프트 2002년 7월 26일 4,800엔

동시 발매된 '블루' 판과 마찬가지로, 주소록에 입력한 주변인의 정보를 바탕으로 태어나는 신비한 몬스터 '다이노'가 게임의 핵심이다. 이들을 강화시킬 수 있는 무기와 방어구 '다이노디바이스'를 많이 확보해 더욱 강하게 키워나가자. '다이노'끼리의 전투는 쿼터뷰 시점으로 진행된다.

샤먼킹 : 초 점사약결 2
TBL 킹 레코드 2002년 7월 26일 4,800엔

같은 제목의 만화가 소재인 카드 게임 「초 점사약결」을 완전 재현한 카드 게임. 소프트 발매 당시 출시돼 있던 카드는 전부 망라했고 오리지널 카드도 추가하여, 총 700장 가까이 되는 카드를 수록했다. 통신 케이블을 사용하면 대전 및 카드 교환이 가능하다.

브이마스터 크로스
TBL 석세스 2002년 7월 26일 5,800엔

카드 게임 '미라클 V마스터'를 소재로 삼은 카드 배틀 게임. 게임보이 어드밴스의 그래픽 기능을 활용해 애니메이션 및 연출효과를 부여하여, 박력 있는 배틀 신을 그려낸다. 수록된 카드는 350종이 넘고, 카드 일러스트는 전부 신규 제작했다.

슈퍼로봇대전 R
SLG 반프레스토 2002년 8월 2일 5,800엔

1970년대부터 인기를 끌었던 로봇 애니메이션의 캐릭터들이 한데 모이는 전략 시뮬레이션 게임. 원작과 캐릭터 각각의 세계관을 유지하면서 '꿈의 공동 출연'을 이룬다는, 불가능을 가능케 한 전개로 많은 팬들을 열광시켰다. GBA로는 2번째 작품으로, 여러 개량이 이루어졌다.

 어드밴스 전용 통신케이블 지원  어드밴스 전용 통신케이블 지원  카드e 리더 지원  카드e 리더+ 지원

스페이스 인베이더 EX

STG　타이토　2002년 8월 2일　4,200엔

다방과 오락실에서 대히트한 유명 게임 「스페이스 인베이더」의 이식작. 이번 작품의 메인인 '어레인지 모드'에서는 특수 장비 사용이 가능하고 보스도 등장하는 등 여러 요소가 추가되었다. 원작 모드도 수록해, 원작과 어레인지 2종류의 게임을 마음껏 즐길 수 있다.

바람의 크로노아 G2 : 드림 챔프 토너먼트

ACT　남코　2002년 8월 6일　4,800엔

이세계로 넘어온 동물인간 소년이 활약하는 「바람의 크로노아」 시리즈로, 적을 띄우는 '바람의 구슬' 등을 활용하는 퍼즐성 강한 액션 게임. 3D화된 플로트 보드 스테이지, 새로운 장치, 시리즈 첫 수중 스테이지 등을 수록한 총 5월드 50비전에서 최고의 히어로를 가리는 싸움에 도전한다.

그레이티스트 나인

SPT　세가　2002년 8월 8일　5,800엔

선수를 실제 등신으로 묘사한 리얼 풍 야구게임. 2002년 일본 시즌 개막 시의 데이터를 사용하여, 실존 선수와 팀이 그대로 게임에 등장한다. 실제 구장을 게임에 채용했고, 배터박스의 3D 시점으로 투수의 투구 폼 차이까지 확인할 수 있는 등 디테일이 잘 만들어져 있다.

컴뱃 쵸로Q : 어드밴스 대작전

SLG　타카라　2002년 8월 8일　4,800엔

땡겼다 놓으면 달리는 미니카 '쵸로Q' 중엔, 실은 탱크 모델도 있다! 귀여운 탱크 '컴뱃 쵸로Q' 7대가 주인공으로 대활약! 탱크이지만 귀여운 녀석들이 의인화되어, 강한 전우애로 한 마음이 되어 스토리를 진행해 나가는 전략 시뮬레이션 게임이다.

프로야구 팀을 만들자! 어드밴스

SLG　세가　2002년 8월 8일　5,800엔

시즌을 진행한 뒤 드래프트 회의를 거쳐 입단한 선수를 받아들여, 페넌트레이스에서 우승할 수 있는 팀을 만들자! 프로야구 팀 구단주와 감독이 된 기분으로 즐길 수 있는 야구 게임. 실명 선수는 물론 이미 은퇴한 선수도 등장하는 등, 일본 프로야구 팬이라면 기뻐할 작품이다.

친근한 펫 어드밴스 시리즈 ③ : 귀여운 새끼고양이

SLG　MTO　2002년 8월 9일　4,800엔

'친근한 펫' 시리즈 3번째 작품은 변덕쟁이 '새끼고양이'가 테마다. 귀여운 새끼고양이가 화면 안에서 플레이어를 힐링시켜 준다. 시리즈의 특징인 희로애락 표현은 실제 새끼고양이의 울음소리를 녹음해 사용했다. 기분을 살펴 다양한 행동을 시도해 새끼고양이와 친해지자.

미키와 미니의 매지컬 퀘스트

ACT　닌텐도　2002년 8월 9일　4,800엔

 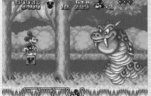

디즈니의 세계관이 화면 한가득 펼쳐지는 명작인 슈퍼 패미컴판 「미키의 매지컬 어드벤처」의 이식작. 이번엔 '미니마우스'도 조작 가능해져, 사랑스러운 미니가 모험하는 모습을 볼 수 있다. 어려운 액션 게임이니, 세이브 기능을 잘 사용해 마지막까지 진행해보자.

록맨＆포르테

ACT　캡콤　2002년 8월 10일　4,800엔

슈퍼 패미컴으로 출시된 같은 제목 타이틀의 이식작품. 록맨과 포르테 중에서 플레이어 캐릭터를 고를 수 있다. 이식하면서 보스의 공격에 맞춰 화면이 위로 스크롤되거나, 원작보다 버튼 수가 모자라기에 포르테의 대시가 십자키 입력만으로 발동되는 등 몇몇 요소를 변경했다.

머나먼 시공 속에서

AVG　코에이　2002년 8월 23일　5,800엔

플레이스테이션에서 이식된, 헤이안 시대 풍이란 인상을 주는 세계관의 여성용 연애 어드벤처 게임. 주인공은 '팔엽'이라 불리는 남성 8명과 힘을 합쳐 '오니'로부터 교토를 지킨다. 이식하면서 약 40종의 신규 이벤트를 추가해, 팔엽의 평범한 생활을 엿볼 수 있게 되었다.

미스터 드릴러 에이스 : 신비한 뻐끔테리아

PZL　남코　2002년 8월 23일　4,800엔　GBA 케이블 지원

「미스터 드릴러」 시리즈 후속작으로, 진행하며 부순 블록들을 먹고 자라는 뻐끔테리아가 새로 등장한다. '드릴러 연구소'와 '드리도라도 유적'을 왕복하며 뻐끔테리아의 수수께끼를 풀어내자. 팔수록 쌓이는 '드릴러 마일리지'로 아이템·힌트를 구입하면 게임이 유리해진다.

공주 기사 이야기 : Princess Blue

AVG　톤킨 하우스　2002년 8월 29일　5,800엔

판타지 세계가 무대인 연애소설 게임 '공주 기사 이야기'. 플레이어는 '미쿠모 카렌'을 비롯한 등장 캐릭터들과 신뢰관계를 쌓아가며, 왕국에서 일어나는 여러 사건을 해결하면서 50종류 이상의 트레이딩 카드를 입수하게 된다. 초회특전이 드라마 CD인 점도 화제가 되었다.

블랙 매트릭스 ZERO

RPG　NEC 인터채널　2002년 8월 30일　5,800엔

여성 게이머들에게 인기였던 「블랙 매트릭스」 시리즈의 GBA판. 쿼터뷰 시점의 시뮬레이션 롤플레잉 게임이다. 하얀 깃털의 천사와 검은 깃털의 악마, 그리고 인간이란 세 종족이 사는 세계. 소꿉친구 소녀를 천사에게 빼앗긴 인간 '카인'은 소녀를 구하러 모험을 나선다.

J리그 프로 사커 클럽을 만들자! 어드밴스

SLG 세가 2002년 9월 5일 5,800엔

일본에선 '사커츠쿠'란 애칭으로 친숙한 시리즈에 신 요소를 가미한 시뮬레이션 게임. 기존작의 클럽 오너 시점이 아니라, 감독이 되어 선수를 육성해 팀을 강화시킨다. 팀도 오리지널이 아니라 J리그 실존 팀 중에서 선택하는 등, 시리즈 내에서도 꽤 설정이 개성적인 게임.

주 큐브

PZL 어클레임 재팬 2002년 9월 12일 4,800엔

6방향에서 캡슐이 날아오는, 입체적인 스타일의 낙하계 퍼즐 게임. 화면 중앙에 있는 정육면체 '주 큐브'를 향해, 동물이 갇혀있는 캡슐이 날아온다. '주 큐브'를 회전시켜 같은 모양의 캡슐을 2개 붙이면 없앨 수 있다. 한 면에 캡슐 6개가 붙어버리면 게임 오버.

전설의 스타피

ACT 닌텐도 2002년 9월 6일 4,800엔

▲ 스타피의 모습과 이름은 스타피사 (불가사리)에서 따온 것이다.

하늘에 떠 있는 왕국 '천계'에서 바다로 떨어져버린 왕자 '스타피'의 모험을 그린 액션 게임. 스타피의 독특한 체형을 활용한 스핀 공격과 날다람쥐 점프 등의 유니크한 액션뿐만 아니라, 두더지 탱크나 인형옷, 마법도구 세트 등의 다양한 탈것을 사용하는 스테이지도 수록했다. 진행 중 만난 적을 기록하는 생물도감, 클리어하면 고난이도가 해금되는 미니게임, 보물찾기 등 파고들기 요소도 충실하다. 참고로, 수많은 게임을 하청개발해온 토세 사의 작품이다.

갤럭시 엔젤 게임보이 어드밴스 : 푸짐한 천사의 풀코스, 마음껏 더 드세요

ETC 마벨러스 엔터테인먼트 2002년 9월 13일 5,800엔

같은 제목의 애니메이션이 소재인 버라이어티 게임. 말판 놀이 스타일로, 라이벌과 같은 칸에 멈추면 미니게임이 발생한다. 준비된 미니게임은 퀴즈 게임부터 3D 슈팅 게임까지 다양하다. 대량의 이벤트 CG도 들어가 있어, '갤러리' 등에서 나중에 다시 감상할 수 있다.

사무라이 에볼루션 : 앵국 가이스트

RPG 에닉스 2002년 9월 20일 5,980엔

가상의 세계 '앵국(桜国)'이 무대인 롤플레잉 게임. 이 작품의 특징은, 칼에 깃드는 신비한 생명체 '엑스'를 다루며 모험과 전투를 하는 '사무라이'의 존재다. 특정한 조건을 만족시키면 '엑스'는 '아이바'로 변화해 전투를 도와준다. 더욱 강한 '아이바'를 입수해보자.

STG 슈팅 게임 **ACT** 액션 게임 **PZL** 퍼즐 게임 **RPG** 롤플레잉 게임 **SLG** 시뮬레이션 게임 **SPT** 스포츠 게임 **RCG** 레이싱 게임 **AVG** 어드벤처 게임 **ETC** 교육·기타 **TBL** 테이블 게임

슈퍼 마리오 어드밴스 3

ACT　닌텐도　2002년 9월 20일　4,800엔

손그림 풍의 그래픽과 알 던지기, 발버둥 점프 등의 독특한 액션이 특징인 슈퍼 패미컴용 게임 「슈퍼 마리오 요시 아일랜드」를 이식한 작품으로, '비밀 스테이지' 추가, 요시와 헤이호에 보이스 추가 등의 변경점이 있다. 리메이크판 「마리오브라더스」도 플레이 가능.

에어포스 델타 II

STG　코나미　2002년 9월 26일　4,800엔

상공 시점으로 전투기를 조작해 주어진 미션을 클리어하는 플라이트 슈팅 게임. 플레이어는 콜사인 '구스'가 되어, 스트라이크 이글과 파이팅 팰컨 등의 실존 전투기를 조작해 적기와 싸운다. 고도 조정 등의 특수조작은 튜터리얼에서 친절하게 설명해주니 초보자라도 안심.

GROOVE ADVENTURE RAVE : 빛과 어둠의 대결전 2

ACT　코나미　2002년 9월 26일　4,800엔

애니메이션화도 된 인기 만화 'RAVE'가 원작인 대전 액션 게임 제 2탄. 신규 캐릭터로 세리아와 루비, 인간형 레트 등이 참전했다. 호우 등의 신 스테이지도 추가되었다. 승부는 '결정타'로 끝내야만 승리하며, '명대사'를 사용하면 파워 업하기도 한다. 멋진 전투를 펼쳐보자.

에그매니아 : 집어서! 돌려서! 냅다 끼우는 퍼~즐!!

PZL　켐코　2002년 9월 27일　4,800엔

낙하계 퍼즐 게임 「테트리스」의 룰을 완전히 반대로 뒤집은 듯한 작품. 하늘에서 떨어지는 블록을 빈틈이 없도록 쌓아올려 하늘 높이 떠있는 지구까지 닿아보자. 틈이 없게 끔 블록을 잘 쌓으면 지반이 안정되지만, 적당히 막 쌓으면 대전 상대의 방해로 쉽게 무너져버린다.

스트리트 파이터 ZERO 3 ↑ (어퍼)

ACT　캡콤　2002년 9월 27일　4,800엔

원작인 아케이드판은 캐릭터 수의 대폭 증가로 유명한데, GBA판 역시 애니메이션 패턴이 풍부한 등 즐겨볼 만한 완성도로 나왔다. 일부 보이스 등은 용량 관계로 삭제됐지만 원작의 패턴과 공략법이 그대로 통해, 이번 작품의 특징인 공격 콤보 연계가 성공하면 실로 상쾌하다.

쵸비츠 for Gameboy Advance : 나만의 사람

AVG　마벨러스 엔터테인먼트　2002년 9월 27일　5,800엔 (기기 동봉판 14,600엔)

같은 제목의 만화가 원작인 어드벤처 게임. 플레이어는 주인공 '모토스와'가 되어, 데이터가 없는 인형 컴퓨터 '치이'를 육성해간다. 육성 방법은 3가지로, 대화로 육성하는 '이야기 육성', 버튼을 입력하는 액션인 '흉내 내기 육성', 다른 캐릭터와 대화시키는 '멘탈 육성'이다.

어드밴스 전용 통신케이블 지원　어드밴스 전용 통신케이블 지원　어드밴스 전용 와이어리스 어댑터 지원　어드밴스 전용 와이어리스 어댑터 지원　카드e 리더 지원　카드e 리더 지원　카드e 리더+ 지원　카드e 리더+ 지원

팬시 포켓

SLG　죠르단　2002년 9월 27일　4,800엔

일본에 실존하는 십대 취향의 액세서리 샵 'Fancy POCKET'이 소재인 경영 시뮬레이션 게임. 현재 유행 중인 패션 액세서리를 입고하거나, 오리지널 액세서리를 개발해 판매하는 등으로 점포를 키운다. 물론 실존 액세서리도 다수 등장. 라이벌 점포를 압도하는 가게로 만들자.

메탈건 슬링어

ACT　앳마크　2002년 9월 27일　5,200엔

캐릭터 디자인에 '록맨 메가믹스'의 만화가 아리가 히토시를 기용한 액션 게임. 정신생명체 '페르노그라'를 물리칠 수 있는 유일한 무기 '메탈건'으로 싸운다. 전방향 사격이 가능하고, 태클과 백 덤블링 등 액션이 풍부해 재미있다. 스테이지도 복잡한 미로 등을 다양하게 준비했다.

남쪽 바다의 오디세이

AVG　글로벌 A 엔터테인먼트　2002년 10월 3일　4,800엔

초등학생 쌍둥이인 '칸나'와 '코타'가 무인도에서의 탈출을 시도하는 서바이벌 어드벤처 게임. 재앙신에 들려 무인도로 표류해와 버린 두 사람이, 탈출에 성공해도 결국 다른 무인도로 와버린다는 상황에 직면하게 된다. 재앙신을 격퇴하고 무사히 일본에 돌아갈 수 있을까?

사이좋은 유치원 : 건전한 원생 육성게임

SLG　TDK 코어　2002년 10월 4일　4,800엔

'사이좋은 유치원'의 신임 보육교사로서 3년간 원생들을 육성하는 시뮬레이션 게임. 원생은 8명이다. 산수와 공작을 가르치고, 토끼장 등에서 사육하는 동물을 돌봐주며 원생들이 따르는 선생님이 되어보자. 행사 이벤트가 130종 이상 있고, 미니게임도 10개 이상 수록했다.

J리그 위닝 일레븐 어드밴스 2002

SPT　코나미　2002년 10월 10일　4,800엔

친숙한 「위닝 일레븐」 시리즈의 신작으로, 2002년도 J1·J2 리그의 팀 선수로 플레이하는 축구 게임. 필드에서 볼을 드리블하는 선수의 이름·포지션이 적시에 표시되며, 골을 넣으면 생연주를 녹음한 BGM이 선수를 축하해준다. 통신 케이블로 즐기는 대전 플레이가 치열하다!

무적뱅커 크로켓! : 꿈의 뱅커 서바이벌!

ACT　코나미　2002년 10월 17일　4,800엔

월간 코로코로 코믹의 만화 '무적뱅커 크로켓!'을 소재로 삼은 2D 대전격투 게임. 플레이어는 주인공 '크로켓'이 되어 1년에 한 번 개최되는 '뱅커 서바이벌'에 출장하여, 필살기 '햄버그'를 무기삼아 우승을 노린다. 등장하는 다른 캐릭터는 일정 조건을 만족시켜야 개방이 가능하다.

STG 슈팅 게임　**ACT** 액션 게임　**PZL** 퍼즐 게임　**RPG** 롤플레잉 게임　**SLG** 시뮬레이션 게임　**SPT** 스포츠 게임　**RCG** 레이싱 게임　**AVG** 어드벤처 게임　**ETC** 교육·기타　**TBL** 테이블 게임

사일런트 스코프

STG　코나미　2002년 10월 17일　4,800엔

오락실에서 히트했던 코나미의 「사일런트 스코프」는, 원거리에서 숨어있는 다수의 적 캐릭터에 조준(스코프)을 맞춰 저격하는 스릴 넘치는 3D 건 슈팅 게임이다. 발각되기 전에 적 집단을 전멸시켜 각 스테이지를 돌파하자. 통신 케이블로 최대 4인 대전도 가능하다.

역전재판 2

AVG　캡콤　2002년 10월 18일　4,800엔

전작의 인기를 발판으로 만들어진 시리즈 2번째 작품. 변호사 '나루호도 류이치'가 되어 진범을 밝혀내고 피고인의 무죄를 증명해보자. 라이벌 '미츠루기 레이지'와 천재 검사 '카루마 메이'도 등장하며, 신 시스템 '사이코 록'은 비밀이나 거짓을 품은 증인과 대면하면 나타난다.

봄버맨 제터즈 : 전설의 봄버맨

RPG　허드슨　2002년 10월 24일　4,800엔

일본에서 2002년 TV로 방영했던 애니메이션 '봄버맨 제터즈'의 주인공인 하얀 봄버맨 '마이티'를 조작해, 광대한 필드를 이동하며 시리즈 공통의 룰로 여러 스테이지를 클리어해 보자. 통신대전에서는 숨겨진 열쇠를 찾아내 라이벌보다 먼저 골인해야 한다.

카드 파티

TBL　미디어카이트　2002년 10월 25일　3,800엔

신경쇠약과 도둑잡기, 다우트, 도봉, 대부호 등, 가볍게 즐기는 대중적인 트럼프 게임을 10종류 이상 수록한 작품. 본체를 4대 준비하면 4명까지 대전 플레이도 가능하다. 상대에게 내 카드를 들키지 않도록 무표정하게 포커를 치는 등, GBA로 즐기는 트럼프 게임도 나름의 맛이 있다.

디지캐럿 : 데지코뮤니케이션

SLG　브로콜리　2002년 10월 25일　4,800엔

아키하바라의 매장 '게이머즈'의 점장이 되어, 점원 '데지코'와 커뮤니케이션하고 굿즈를 열심히 팔아 이익을 내며 점포를 확장해나가는 경영 시뮬레이션 게임. 게임에 사용된 음악과 사운드도 호평받았고, 발매하기 전에 PC로 즐기는 체험판을 배포해 화제가 되기도 했다.

테일즈 오브 더 월드 : 코스프레 던전 2

RPG　남코　2002년 10월 25일　4,800엔

다양한 코스튬을 착용하면 그 옷이 가진 능력이 발휘되는 '코스프레 사'란 독특한 직업 시스템의 롤플레잉 게임. 턴제였던 전작과 달리 실시간제 RPG가 되었다. 「테일즈 오브 판타지아」・「~데스티니」・「~이터니아」 3가지 작품의 파티 캐릭터들이 등장하는 크로스오버 작품이기도 하다.

어드밴스 전용 통신케이블 지원　어드밴스 전용 통신케이블 지원　어드밴스 전용 와이어리스 어댑터 지원　어드밴스 전용 와이어리스 어댑터 지원　카드e 리더 지원　카드e 리더 지원　카드e 리더+ 지원　카드e 리더+ 지원

판타직 메르헨 : 케이크 가게 이야기 + 동물 캐릭터 내비 점술 개성심리학

SLG   컬처 브레인   2002년 10월 25일   4,800엔

게임 2개를 하나로 즐기는 2 in 1 소프트 제 2탄. 「케이크 기게 이야기」는 요정의 나라와 메이플랜드를 오가며 레시피를 모아, 축제 행사인 '케이크 콘테스트' 우승을 노리는 게임. 케이크의 완성도로 엔딩이 바뀌는 멀티 엔딩이다. 점술은 자신과 상대를 동물에 빗댄 상성점을 친다.

베스트 플레이 프로야구

SLG   엔터브레인   2002년 10월 25일   5,800엔

야구 게임이라 하면 보통 던지고 치고 득점을 막는 등의 공격과 수비를 떠올리지만, 이 작품은 팀 감독이 되어 경기를 우승으로 이끄는 게 목적이다. 각 선수의 능력치를 입력하고 시합 경과를 지켜보는 시스템이지만 게임의 템포가 꽤 좋은 편. 감독으로서의 수완을 발휘해보자!

별의 커비 : 꿈의 샘 디럭스

ACT   닌텐도   2002년 10월 25일   4,800엔

하다고 호평받는 그래픽에도 주목하자 ▶ GBA용 게임 전체를 통틀어 제일 뛰어

커비의 카피 능력이 처음으로 등장하는 패미컴용 게임 「별의 커비 : 꿈의 샘 이야기」의 리메이크작. 그래픽과 BGM을 리뉴얼했을 뿐만 아니라 내용도 크게 개변해, 카피 능력의 히트 판정과 기술의 발동조건은 물론, 스테이지 선택화면에 배치된 서브 게임조차 원작과 완전히 다르다. 인기 캐릭터 '메타 나이트'를 조작하는 신규 모드 '메타 나이트로 GO!'도 수록하는 등, 컨텐츠도 대폭 증가했다. 원작 경험자라도 신선함을 느끼게 되는 구성의 작품.

MotoGP

RCG   MTO   2002년 10월 25일   4,800엔

게임보이 어드밴스에선 희귀한 3D 시점의 바이크 레이싱 게임. 실존 메이커와 라이더가 게임 내에 등장해 각 스테이지에서 활약한다. 화면 왼쪽 아래의 게이지가 차면 윌리 주행이 가능하며, 그동안에 터보도 걸 수 있게 된다. 직선 코스는 단숨에 라이벌을 제칠 찬스다!

몬스터 팜 어드밴스 2

SLG   테크모   2002년 10월 25일   5,800엔

시리즈 2번째 작품으로, 전작 「몬스터 팜 어드밴스」에서 길러둔 몬스터 데이터를 전승시켜 사용할 수 있으며, 게임 내에 등장하는 몬스터 수도 500종이 넘고, 전작에는 없었던 '탐험' 모드의 추가 덕에 몬스터 육성에 도움이 되는 여러 아이템을 직접 찾아나서는 재미가 늘었다.

STG 슈팅 게임   ACT 액션 게임   PZL 퍼즐 게임   RPG 롤플레잉 게임   SLG 시뮬레이션 게임   SPT 스포츠 게임   RCG 레이싱 게임   AVG 어드벤처 게임   ETC 교육·기타   TBL 테이블 게임

실크와 코튼

AVG　키키　2002년 10월 31일　5,800엔

파티를 시작하기 전에 잠시 놀러 나간다고 말하고 외출한 사이좋은 남매 '실크'와 '코튼'은, 부른 배를 꺼뜨리러 이상한 숲 안으로 들어갔다가 발견한 이름모를 과일을 먹어버린다. 그랬더니 둘의 모습이 갑자기……. 둘이서 원래대로 되돌아가기 위해 모험하는 어드벤처 게임.

비스트 슈터 : 목표는 투수왕(鬪獸王)!

ACT　코나미　2002년 10월 31일　4,800엔

'비스트 유닛'이라 불리는 인형을 슈터로 발사해 격돌시키거나 레이스를 즐기는 등으로 놀이하는 실제 완구를 게임화한 작품. 파츠를 입수하면 비스트 유닛과 슈터 양쪽을 커스터마이징할 수 있다. 완구판 제 1탄부터 제 4탄까지의 비스트 유닛 20종이 등장한다.

혼두라 하드 스피리츠

ACT　코나미　2002년 11월 14일　4,800엔

타 기종으로 발매되었던 「혼두라 스피리츠」・「혼두라 더 하드코어」 두 작품을 믹스해 리메이크한 횡스크롤 액션 게임. 다양한 무기를 교체해 사용하며 적지로 뛰어들어 샷 공격과 슬라이딩을 구사해, 화려한 연출과 함께 등장하는 각 스테이지의 보스를 물리치자!

골프천재 탄도 Xi

SPT　게임빌리지　2002년 11월 14일　5,800엔

잡지 '소년 선데이' 연재 골프만화(원제는 'DAN DOH!! Xi')가 원작인 스포츠 게임. 주인공 '탄도'가 되어 원작의 스토리를 따라가는 '스토리', 최고 스코어를 노리는 '스트로크 플레이', 토너먼트 우승을 노리는 '매치 플레이', 특정 과제를 달성하는 '챌린지'와 최대 4인 대전도 즐길 수 있다.

진 여신전생 데빌 칠드런 : 빛의 책

RPG　아틀라스　2002년 11월 15일　4,800엔

전학생 '아미'와 함께 발견한 '악마도감'에 기록된 주문을 읽자 악마가 소환되어 '데빌 칠드런'이 되어버린 '진'과 '아키라'는, 동시에 나타난 '시간의 왜곡'에 의해 갇혀버린다. 왜곡을 수정할 단서를 찾아 이계로 발을 내딛게 된다. 이 작품은 발할라를 모험하는 진이 주인공이다.

진 여신전생 데빌 칠드런 : 어둠의 책

RPG　아틀라스　2002년 11월 15일　4,800엔

「빛의 책」과 달리, 마계를 모험하는 아키라가 주인공이다. 등장하는 데빌은 360종 이상. 아이템 및 화석과의 악마합체도 가능해졌다. 파트너인 데빌은 랭크 업할 때마다 다른 모습으로 변화하게도 되었다. 이 작품과 「빛의 책」을 모두 플레이해야 숨겨진 진실이 밝혀진다.

어드밴스 전용 통신케이블 지원　어드밴스 전용 통신케이블 지원　어드밴스 전용 와이어리스 어댑터 지원　어드밴스 전용 와이어리스 어댑터 지원　카드e 리더 지원　카드e 리더 지원　카드e 리더+ 지원　카드e 리더+ 지원

스캔 헌터 : 천년괴어를 쫓아라!

ETC　퍼시픽 센추리 사이버윅스 재팬　2002년 11월 15일　4,800엔

물고기를 낚는 게 아니라, '버디'란 머신을 조작해 물고기의 DNA를 스캔한다는 이색적인 스타일의 낚시 게임. 주인공은 초등학교 4학년 소년이다. 반 친구인 미사키의 할아버지 '카메조'가 평생 찾아온 물고기 '포세이돈'의 스캔을 위해, 각지의 토너먼트로 실력을 키우게 된다.

원피스 : 일곱섬의 대보물

RPG　반프레스토　2002년 11월 15일　4,800엔

각 캐릭터별로 보유한 액션을 구사해 섬의 수수께끼를 파헤쳐가는 액션 롤플레잉 게임. 일곱섬으로 표류해온 루피 일행은 보물을 찾아 섬을 탐색한다. 필드는 캐릭터의 특성을 살려 진행하는 퍼즐 요소가 가미된 액션 게임 풍, 전투는 턴제 시뮬레이션 게임 풍이다.

포켓몬스터 사파이어

RPG　닌텐도　2002년 11월 21일　4,800엔　GBA 케이블 지원

GBA 최초의 「포켓몬스터」. 「루비」와 동시 출시되었다. 이번 작품에선 호연지방을 모험한다. 「사파이어」에서 등장하는 전설의 포켓몬은 '가이오가'이며, 포켓몬의 종류별 출현률이 다르다. 이번부터 도입된 더블 배틀과 개량된 게임 시스템은 이후 시리즈의 기초가 되었다.

포켓몬스터 루비

RPG　닌텐도　2002년 11월 21일　4,800엔　GBA 케이블 지원

「사파이어」와 동시 출시된 또 하나의 「포켓몬스터」 게임. 「루비」에서 등장하는 전설의 포켓몬은 '그란돈'. 배틀과는 다른 재미를 주는 '포켓몬 콘테스트'가 개최된다. 포켓몬의 '근사함', '아름다움' 등을 심사하므로, 포켓몬을 콘테스트에 특화시켜 육성할 필요가 있다.

슈퍼로봇대전 오리지널 제네레이션

SLG　반프레스토　2002년 11월 22일　5,800엔

역대 「슈퍼로봇대전」에 등장했던 반프레스토 오리지널 캐릭터들이 집결하는 시뮬레이션 게임. '사이버스터'와 'R-1', '그룬거스트 2식' 등의 기체는 물론, 신 기체도 다수 등장한다. 파일럿이 대부분의 기체에 교환 탑승 가능하며, 공격 시 대사도 무기별로 준비되어 있다.

두근두근 쿠킹 시리즈 ① : 코무기의 해피 케이크

SLG　MTO　2002년 11월 22일　4,800엔

케이크 제작을 소재로 삼은 요리 시뮬레이션 게임. 동네 사람들과 교류하면서 케이크 제작법을 익혀나간다. 준비된 베이스 케이크는 48종류 이상, 토핑 아이템은 36종류 이상이 등장한다. 조합뿐만 아니라 장식의 자유도도 있어, 꿈꾸던 자신만의 케이크를 만들 수 있다.

STG 슈팅 게임　ACT 액션 게임　PZL 퍼즐 게임　RPG 롤플레잉 게임　SLG 시뮬레이션 게임　SPT 스포츠 게임　RCG 레이싱 게임　AVG 어드벤처 게임　ETC 교육·기타　TBL 테이블 게임

해리 포터와 비밀의 방

AVG 일렉트로닉 아츠 스퀘어 2002년 11월 23일 4,800엔 GBA 케이블 지원

같은 제목의 소설이 원작인 액션 어드벤처 게임. 플레이어는 해리 포터를 조작해, 전설로 전해지던 '비밀의 방'의 수수께끼를 풀어나간다. 스토리는 원작을 따라가며, 호그와트와 금지된 숲 등을 충실하게 재현했다. 또한 게임큐브판과 통신하면 숨겨진 캐릭터가 출현한다.

K-1 포켓 그랑프리 2

SPT 코나미 2002년 11월 28일 4,800엔

실존 K-1 파이터들이 3등신으로 SD화되어 등장하는 2D 격투게임의 속편. 펀치와 킥 등의 잔기술부터 십자 버튼과 조합해 다양한 큰 기술도 낼 수 있고, 캐릭터별 필살기도 준비돼 있다. 일본인 격투가로는 '무사시'와 '카쿠다 노부아키' 등의 인기 선수들이 등장한다.

실황 월드 사커 포켓 2

SPT 코나미 2002년 11월 28일 4,800엔

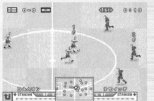

일본대표 선수들이 실명으로 등장하는 축구 게임. 그래픽과 선수 모션도 리뉴얼하여 더욱 리얼하게 재현했다. 게임 모드는 지역예선부터 시작해 세계 제일을 노리는 '인터내셔널 컵 모드' 등을 비롯해, 자신만의 오리지널 팀을 짜보는 '슈퍼스타 모드'가 새로 추가되었다.

쵸로Q 어드밴스 2

RCG 타카라 2002년 11월 28일 4,800엔 GBA 케이블 지원

땡겼다 놓으면 달리는 귀여운 미니카 '쵸로Q'의 3D 레이싱 게임 제 2탄. 히트한 전작의 게임성을 계승하고, '온로드'·'오프로드'·'해변' 등 코스를 대폭 늘려 많은 팬을 즐겁게 했다. 이번 작품도 커스터마이즈 파츠가 풍부하다. 코스에 맞춰 커스텀해, 레이스를 유리하게 이끌자.

피안화

AVG 아테나 2002년 11월 29일 4,800엔

「제절초」 등에 참여한 작가 나가사카 슈케이의 소설이 원작인 노벨 게임. 이후 발매된 PS2판과는 내용이 다르다. GBA판은 오리지널 시나리오와 30종류 이상의 멀티 엔딩을 준비했고, 이동 도중의 공포체험을 기록할 수 있는 '심령사진 촬영' 시스템도 있다. 교토가 무대다.

리틀 버스터 Q

RPG 토미 2002년 11월 29일 4,800엔

불·물·땅·번개·바람 속성을 지닌 소년들의 모험을 그린 롤플레잉 게임. '리틀 버스터'라 불리는 그들은 돌연 나타난 의문의 성령 'Q'의 수수께끼를 풀어내고 퇴치하는 것을 목적으로 모인 멤버들이다. 캐릭터 전원이 개성적이라 대화와 리액션이 스토리를 더욱 매력적으로 만든다.

어드밴스 전용 통신케이블 지원 어드밴스 전용 통신케이블 지원 어드밴스 전용 와이어리스 어댑터 지원 어드밴스 전용 와이어리스 어댑터 지원 카드e 리더 지원 카드e 리더 지원 카드e 리더+ 지원 카드e 리더+ 지원

배스 낚시하자! : 토너먼트는 전략이다!

AVG 코나미 2002년 12월 5일 4,800엔

대자연과 '배스 낚시'가 소재인 낚시 시뮬레이션 게임. 이 작품에서 배스 낚시에 도전하는 주인공은 낚시경험 자체가 전혀 없는 초보자 소년이다. 여러 호수에서 포인트를 찾아 조언을 받아가며 실력을 쌓아 대회에서 우승하면, 동경하는 여성 '마이'가 축복의 키스를 해준다.

딱따구리의 크레이지 캐슬 5

ACT 켐코 2002년 12월 6일 4,800엔

미국 유니버설 픽처즈의 TV 애니메이션 「딱따구리」가 원작인 횡스크롤 액션 게임. 플레이어는 딱따구리를 의인화한 캐릭터 '우디 우드페커'(원제이기도 하다)가 되어 각 스테이지에 숨겨진 열쇠들을 찾아내 클리어한다. 우디의 웃음소리를 주선율로 삼은 BGM도 원작의 맛을 잘 살렸다.

쾌걸 근육맨 II세 : 정의초인으로의 길

ACT 반프레스토 2002년 12월 6일 5,800엔

근육 만타로, 테리 더 키드 등 원작의 정의초인 2세 캐릭터들이 등장하는 '쾌걸 근육맨 II세'를 소재로 삼은 사이드뷰 프로레슬링 게임. 각 캐릭터의 대표 기술을 발동할 때는 애니메이션판 담당 성우의 음성도 나온다. 음성 때문에라도 초인 리그전에선 적극 필살기를 써보자!

쿠루링 파라다이스

ACT 닌텐도 2002년 12월 6일 4,800엔

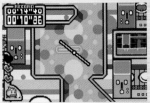

「쿠루쿠루 쿠루링」(33p)의 속편. 회전하는 플레이어 기체 '헬리링'을 골까지 이동시키는 심플한 룰의 게임으로, 다양한 미니게임을 추가해 돌아왔다. 쥐를 튕겨 날리는 '츄츄 패닉' 등, 각자 헬리링을 조작해 원 카트리지로 4명까지 즐기는 미니게임을 10종류 이상 수록했다.

시무라 켄의 바보 영주님 : 폭소 천하통일 게임

TBL TDK 코어 2002년 12월 6일 4,800엔

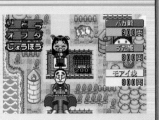

일본의 원로 코미디언 시무라 켄의 대표작 '바보 영주님'이 등장하는 보드 게임. 특유의 '아잉~' 목소리와 함께 주사위를 굴려 이동해 이벤트를 진행하며 천하통일을 노리자. 도중 발생하는 이벤트는 '블록 격파' 등 비디오 게임다운 구성으로, 다인 플레이가 꽤 치열한 작품이다.

실바니안 패밀리 4 : 돌아오는 계절의 태피스트리

AVG 에포크 사 2002년 12월 6일 4,800엔

계절을 짜는 베틀이 고장나버려 사계절이 사라진 마을에 계절을 되돌리기 위해, 밀크 토끼 소녀가 '계절의 태피스트리'의 소재를 모으기 위해 돌아다니는 어드벤처 게임. 본편 스토리 외에 '요리'와 '꽃 육성' 등의 미니게임도 수록되어 있다.

STG 슈팅 게임 ACT 액션 게임 PZL 퍼즐 게임 RPG 롤플레잉 게임 SLG 시뮬레이션 게임 SPT 스포츠 게임 RCG 레이싱 게임 AVG 어드벤처 게임 ETC 교육·기타 TBL 테이블 게임

더비 스탤리언 어드밴스

SLG　엔터브레인　2002년 12월 6일　5,800엔　　터보 파일
어드밴스 지원

일본 경마 게임의 대명사 「더비 스탤리언」이 게임보이 어드밴스로 등장했다. 플레이어 스스로 마주가 되어 목장을 경영하며 좋은 혈통의 말을 육성해 레이스에서 우승하는 것이 목적이지만, 목장 경영에 실패하면 도산해버리기도 한다. 계획적으로 말을 길러 우승을 노리자!

툼 레이더 : 프로퍼시

ACT　루드윅　2002년 12월 6일　4,800엔

영화로도 대히트한 게임 「툼 레이더」의 주인공 '라라 크로프트'가 되어 다양한 스테이지를 클리어해 가는 액션 게임. 초반은 익숙한 원작의 탱크탑 차림으로 설산에서 시작해, '유적'·'사원' 등 영화에도 나왔던 장면을 모험한다. 쌍권총을 휘두르는 라라의 모습이 멋있다.

탑블레이드 V : 격전! 팀 배틀!! 황룡의 장 -다이치 편-

ACT　브로콜리　2002년 12월 6일　3,980엔　GBA 케이블 지원

'탑블레이드'를 소재로 한 게임 작품 제 3탄. 「청룡의 장」과 동시 출시되었다. 만화판의 주인공 '스메라기 다이치'가 주인공이다. 두 소프트는 나오는 파츠의 출현률과 등장하는 라이벌 블레이더가 다르다. 「청룡의 장」과 통신하면 백호족 마오가 동료가 된다.

탑블레이드 V : 격전! 팀 배틀!! 청룡의 장 -타카오 편-

ACT　브로콜리　2002년 12월 6일　3,980엔　GBA 케이블 지원

「황룡의 장」과 동시 출시된 액션 게임. TV 애니메이션판의 주인공 '키노미야 타카오'가 주인공이다. 이번 작품은 4명이 한 조인 팀 배틀로 진행한다. 파츠도 대폭 늘어나 1,200개가 넘게 등장한다. GBA 케이블을 사용하면 게임큐브판과 링크시킬 수도 있다.

배틀 네트워크 : 록맨 EXE 3

RPG　캡콤　2002년 12월 6일　4,800엔

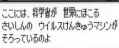

데이터 액션 RPG 시리즈 「록맨 EXE」의 3번째 작품. 전작에서 넷 마피아와의 싸움을 끝낸 후, 세계 최강의 넷 배틀러를 가리는 N1 그랑프리에 참전키로 한 주인공 '넷토' 일행이 새로운 음모에 휘말리는 스토리를 그렸다. 기본적인 시스템은 전작과 동일하지만, 프로그램을 수집해 록맨을 자유롭게 커스터마이즈하는 '내비 커스터마이저'를 도입했고, 처음으로 록맨 강화 시 독자적인 변화를 줄 수 있게 했다. 시리즈 내에서도 특히 열성 팬이 많은 작품.

어드밴스 전용
통신케이블 지원　어드밴스 전용 통신케이블 지원　　어드밴스 전용
와이어리스 어댑터 지원　어드밴스 전용 와이어리스 어댑터 지원　　카드e 리더 지원　카드e 리더 지원　　카드e 리더+ 지원　카드e 리더+ 지원

보울더 대시 EX

PZL 켐코 2002년 12월 6일 4,800엔

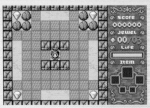

보석을 일정 개수 모으면 출현하는 출구로 탈출하는 명작 퍼즐 게임의 게임보이 어드밴스판. 디자인을 개변한 'EX 게임'과 1984년 발매된 PC판 원작에 기반한 '클래식 게임' 두 타입의 게임을 즐길 수 있다. 룰은 양쪽이 다르지만 모두 튜토리얼이 준비돼 있으니 안심하자.

유메미의 장래희망 시리즈 ③ : 나의 뷰티살롱

SLG 키랏토 2002년 12월 6일 4,800엔

메이크업의 요령을 기본부터 배워볼 수 있는 시뮬레이션 게임. 주인공 유메미가 뷰티스쿨에 다니며 메이크업을 배워 뷰티살롱을 개업한다는 스토리다. 파운데이션과 아이섀도 등의 도구 이름부터 사용법까지 디테일하게 설명해주며, 화장법 순서도 익힐 수 있다.

테니스의 왕자 : Aim at The Victory!

RPG 코나미 2002년 12월 12일 4,800엔

인기 만화 '테니스의 왕자'가 원작인 롤플레잉 게임. 플레이어는 주인공 '에치젠 료마' 일행이 다니는 세이슌 중학교의 학생이 되어 학교생활을 보내며, 테니스부원이 되어 라이벌 학교와 시합하며 실력을 키워나간다. 놀랍게도 속편 게임의 체험판까지 아예 수록되어 있다.

THE FIGHTING!

ACT ESP 2002년 12월 12일 5,500엔

권투가 테마인 같은 제목 만화(원제는 '시작의 일보 THE FIGHTING!')의 캐릭터가 등장하는 3D 시점의 권투 게임. 십자 버튼과 A·B·R 세 버튼을 사용해 공격과 방어를 행한다. 대전격투 게임처럼 사용하는 커맨드 기술도 다수 있으니, 상황에 따라 기술을 선택하며 싸우자.

미니모니. 부탁해요☆별님!

ETC 코나미 2002년 12월 12일 4,800엔

아이돌 그룹 '미니모니.'가 등장하는 버라이어티 게임. 스테이지를 탐색해 스타를 입수하는 '스타 겟', 스타 겟에서 입수한 미니게임을 즐기는 '미니게임.', 미니모니 멤버들이 점을 쳐주는 '점술.'의 세 모드가 준비돼 있다. 통신 케이블을 사용하면 2인 대전도 가능하다.

아오 조라와 친구들 : 꿈의 모험

AVG MTO 2002년 12월 13일 4,800엔

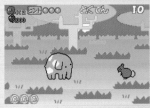

일본 '아오조라 은행'의 이미지 캐릭터인 푸른 코끼리 '아오 조라'와 그 친구들이 등장하는 횡스크롤 액션 게임. 나조라 대왕에게 빼앗긴 일곱 색깔 염료를 되찾기 위해 8가지 스테이지를 공략해간다. 아오 조라는 점프와, 코로 물을 흡수해 내뿜기 등 다채로운 액션이 가능하다.

STG 슈팅게임 ACT 액션게임 PZL 퍼즐게임 RPG 롤플레잉 게임 SLG 시뮬레이션 게임 SPT 스포츠 게임 RCG 레이싱 게임 AVG 어드벤처 게임 ETC 교육·기타 TBL 테이블 게임

강아지 클럽 : 후쿠마루의 대모험

AVG　죠르단　2002년 12월 13일　4,800엔

주인과 떨어져 길을 잃어버린 시바 강아지 '후쿠마루'가, 다른 개들과 교류하면서 집을 향해가는 어드벤처 게임. 여정 동안 많은 종류의 개들이 등장하여 후쿠마루를 도와준다. 미니게임 형식의 이벤트도 다수 마련돼 있으며, 클리어하면 성적에 따라 랭크도 발표된다.

크로노아 히어로즈 : 전설의 스타 메달

RPG　남코　2002년 12월 13일　4,800엔

「크로노아」 시리즈 최초의 액션 롤플레잉 게임. 크로노아는 획득하면 최고의 히어로가 될 수 있는 '전설의 스타 메달'을 찾아 모험한다. 다양한 무기를 사용할 수 있으며, 레벨 업 시에 얻는 '커스텀 포인트'를 사용하여 캐릭터를 강화시킬 수도 있다.

샤먼킹 : 초 점사약결 3

TBL　킹 레코드　2002년 12월 13일　5,800엔

시리즈 제 3탄으로서, 2002년말까지 발매되었던 900장이 넘는 '샤먼킹 카드'를 수록했다. 또한 주간 '소년 점프'에서 모집된 덱 1,400개, 게임 오리지널 덱 1,400개는 물론, 원작자 타케이 히로유키의 덱도 수록했다. 전작과 링크시켜 카드를 교환할 수도 있다.

다라이어스 R

STG　퍼시픽 센추리 사이버웍스 재팬　2002년 12월 13일　4,800엔

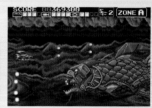

하프 미러 구조로 영상을 투영, 가로 3화면의 초 와이드스크린을 실현한 슈팅 게임 「다라이어스」를 개변 이식한 작품. 잠깐 비는 자투리 시간 등에 즐기게끔 최단 3분 정도로 플레이타임을 조정 가능한 'ONE STAGE' 모드 탑재 등, 휴대용 게임기에 맞춰 디자인한 게 특징이다.

초코보랜드 : A Game of Dice

TBL　스퀘어　2002년 12월 13일　4,800엔

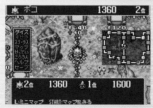

스퀘어의 게임보이 어드밴스 참가 제 1탄으로, 플레이스테이션용 게임 「초코보 컬렉션」 내에 수록했던 대전형 말판놀이 풍 게임을 이식한 타이틀. 같은 회사의 간판 캐릭터인 초코보와 함께, 주사위를 굴려 모험을 진행한다. 2~4명 대전 및 음악 감상 기능도 수록했다.

매자이네이션

RPG　에포크 사　2002년 12월 13일　4,800엔

미국에서 400만 팩을 판매한 카드 게임 'MAGI-NATION'을 소재로 삼은 롤플레잉 게임. 주인공은 '코믹 봄봄'에서 연재되던 같은 제목 만화의 주인공 '몬마 단'. 이세계 문랜드를 헤매던 단은 '어둠의 제왕 아그람'을 물리치기 위한 모험에 나서게 된다.

몬스터 메이커 4 : 킬러 다이스

RPG　석세스　2002년 12월 13일　5,800엔

1989년 첫 작품이 출시된 명작 카드 게임의 GBA판. 카드의 정령에 초대받아 몬스터 메이커의 세계로 온 주인공이 '아인강'을 어둠의 힘에서 구출하기 위한 싸움에 투신한다. 이 버전에선 쿨 타입의 '슈우'나, 고양이처럼 유들유들한 성격인 '아미' 둘 중 선택해 플레이한다.

몬스터 메이커 4 : 플래시 카드

RPG　석세스　2002년 12월 13일　5,800엔

「킬러 다이스」와 동시 출시된 카드 게임. 플레이어는 열혈 성격인 '레이지'나, 독특한 성격의 소녀 '유마' 중 선택해 플레이한다. 고른 주인공에 따라 입수 가능한 카드에 일부 차이가 있다. '자동생성 AI'로 매번 구조가 다른 미궁이 생성되어, 여러 번 즐길 수 있도록 제작했다.

세가 랠리

RCG　세가　2002년 12월 19일　5,800엔

오락실에서 히트한 세가의 인기 레이싱 게임 「세가 랠리」의 이식작. 자연이 가득한 코스와, 때로는 설산 등 업다운이 격렬한 코스를 드라이빙 테크닉을 구사하여 주행 돌파하자. 3D 그래픽과 음성 가이드 등, 아케이드판 원작의 분위기와 게임성을 잘 재현한 작품.

소닉 어드밴스 2

ACT　세가　2002년 12월 19일　5,800엔　GBA 케이블 지원

「소닉」 시리즈의 '소닉'·'크림'·'테일즈'·'너클즈' 4명이 대활약한다. 각자의 특기를 잘 활용해 악의 두목 'Dr.에그맨'을 퇴치하자. 2D 소닉 시리즈 역사상 최고의 속도감을 구현한 작품으로, 한 스테이지의 필드 넓이도 게임 발매 시점에서 역대 최대 규모였다.

디즈니 스포츠 : 바스켓볼

SPT　코나미　2002년 12월 19일　5,800엔　GBA 케이블 지원

디즈니 캐릭터들이 등장하는 2-on-2 농구 게임. 미키와 도널드 등의 등장 캐릭터 중 2명을 골라, 버튼으로 캐릭터를 수시 교체 조작한다. 본편인 시합 모드뿐만 아니라, 캐릭터를 육성하는 트레이닝 모드와 미니게임도 수록했다. 게다가 통신 케이블로 대전도 지원한다.

무적코털 보보보 : 비기 87.5 폭렬코털진권

RPG　허드슨　2002년 12월 19일　4,800엔

사람들을 탄압하는 반들반들러나 4세의 털 사냥 부대와 주인공 보보보의 싸움을 그린 롤플레잉 게임. 전투 시 기술을 쓸 때마다 다양한 단어가 기록된 릴을 돌리며, 제대로 문장을 완성시키면 필살기가 발동된다. 잘못 눌렀더라도 문장을 길게 늘이면 위력이 올라간다.

제멋대로☆요정 미르모 퐁퐁퐁! : 황금 마라카스의 전설

AVG　코나미　2002년 12월 19일　4,800엔

애니메이션 '미르모 퐁퐁퐁!'의 게임화 제 1탄으로, 오리지 널 스토리의 어드벤처 게임이다. 블랙망토단에 빼앗긴 미 르모 나라의 가보 '황금 마라카스'를 되찾기 위해, 카에데 와 미르모 둘이서 요정계를 모험한다. 요정계에선 만화·애 니메이션판에 나왔던 요정이 50명 이상 등장한다.

애크로뱃 키즈

ACT　메트로3D 재팬　2002년 12월 20일　4,800엔

떠돌이 서커스단의 대스타 '에어로'가 악의 조직 '에드가 군단'에 납치당한 단원들을 구하기 위해 싸우는 액션 게임. 미국에서 제작된 「Aero the Acro-Bat」의 이식작이다. 맵 에 놓인 아이템을 주우면 다양한 일이 가능해진다. 조작성 도 좋고 캐릭터의 액션도 상쾌한 작품.

우주대작전 초코베이더 : 우주에서 온 침략자

RPG　남코　2002년 12월 20일　4,800엔

일본의 과자완구 '우주대작전 초코베이더'가 소재인 롤플 레잉 게임. 특징이 다양한 우주인을 동료로 삼을 수 있다. 전투에선 타이밍에 맞춰 버튼을 누르면 공격이 강해지거 나 배리어가 펼쳐지는 등 이득이 있지만, 적의 공격에 따 라 그 타이밍이 달라지는 등 액션 요소도 강하다.

엘리베이터 액션 OLD & NEW

ACT　미디어카이트　2002년 12월 20일　4,800엔

빌딩에 잠입해 기밀서류를 훔쳐내는 아케이드용 스파이 액션 게임의 이식&리메이크작. 수록된 게임 모드는 2가지 로, 아케이드판을 재현한 'OLD'와, 능력차가 있는 여러 캐 릭터 중 하나를 골라 잠입하는 리메이크판 'NEW'를 즐길 수 있다. 'NEW'는 통신대전도 지원한다.

멋쟁이 프린세스 2 + 동물 캐릭터 내비 점술 개성심리학

SLG　컬처 브레인　2002년 12월 20일　4,800엔

「멋쟁이 프린세스」 시리즈 제 2탄. 전작과 마찬가지로, 패 션 코디네이터가 된 플레이어가 TV프로에 출연해 선발되 는 게 목적이다. 전작은 말판놀이식으로 진행하는 게임이 었으나, 이번엔 '쇼핑'을 테마로 삼아 대전 상대와의 치열 한 심리전을 요구한다.

투혼 히트

ACT　퍼시픽 센추리 사이버웍스 재팬　2002년 12월 20일　5,800엔

'투혼 게임 프로젝트'의 일환으로 출시된, 안토니오 이노키 프로듀스에 캐릭터 디자인은 만화가 시마모토 카즈히코 인 프로레슬링 게임. 안토니오 이노키의 수혈로 'INOKI-ISM' 전승자가 된 초등학생 '오오바 히토'가 프로레슬러 '히트'로서 라이벌들과 뜨겁게 싸우는 스토리를 그렸다.

만화가 데뷔 이야기 : 그리기 툴 & 만화가 육성 게임!

SLG　TDK 코어　2002년 12월 20일　4,800엔

만화가 지망생 소녀의 성장을 그린 시뮬레이션 게임. 기간은 3년간이며, 1개월 단위로 스케줄을 설정해 능력을 키워간다. 만화 제작과정은 미니게임 형식으로서, 결과에 따라 능력치가 변화한다. 등장하는 인물도 많아, 커뮤니케이션 과정에서 연애관계로 발전하기도 한다.

햄스터 이야기 3 GBA

AVG　컬처 브레인　2002년 12월 24일　4,800엔

햄스터를 길러 아이돌로 만드는 게 목적인 어드벤처 게임. 레슨을 거듭해 인기 아이돌로 키우자. 이번 작품에서도 햄스터의 세계 '매지햄'으로 갈 수 있다. 매지햄을 탐험해 다양한 노래와 댄스를 익혀 인간세상에서 펼쳐 보이면 꿈의 아이돌 햄스터가 될 수 있을 터이다.

듀얼 블레이드

ACT　메트로3D 재팬　2002년 12월 25일　4,800엔

미국에서 발매되었던 대전격투 게임의 일본판. 무적의 검호 알페렌이 지닌 마검 '듀얼 블레이드'를 둘러싸고 8명의 검사들이 싸운다. 배틀 중 사용할 필살기를 전투 전에 고를 수 있는 게 특징. 상대에 유리한 기술을 고를지, 쓰기 쉬운 기술을 고를지는 플레이어 맘대로다.

스파이로 어드밴스

AVG　코나미　2002년 12월 26일　4,800엔

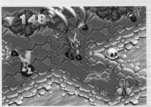

드래곤 '스파이로'가 주인공인, 미국에서 인기가 많은 액션 어드벤처 게임. 파클의 SOS 요청을 받아, 아이스 크리스탈에 갇혀버린 요정들을 구하기 위해 요정의 세계로 향한다. 쿼터뷰 시점의 그래픽으로 그려진 필드를 자유롭게 돌아다닐 수 있다.

사무라이 디퍼 쿄우

ACT　마벨러스 엔터테인먼트　2002년 12월 27일　4,800엔

같은 제목의 만화가 원작인 액션 게임. 귀안의 쿄우, 적호, 사나다 유키무라, 시이나 유야 등을 조작해 '제육천마왕 오다 노부나가'를 물리치는 것이 목적. 타이밍에 맞춰 버튼을 누르면 위력이 높은 연속공격이 발사된다. 기력 게이지를 소비해 캐릭터 특유의 필살기도 쓸 수 있다.

전일본 소년축구대회 2 : 목표는 일본제일!

SLG　석세스　2002년 12월 27일　4,800엔

1,100팀이 넘는 실존 소년축구 팀과, 22,000명이 넘는 선수가 실명으로 등장하는 육성 시뮬레이션 게임. 플레이어는 감독이 되어 선수를 육성해 전국대회 우승을 노린다. 이번 작품의 트레이닝은 미니게임 형태가 되었다. 통신 케이블을 이용하면 육성한 팀으로 대전도 가능.

STG 슈팅 게임　**ACT** 액션 게임　**PZL** 퍼즐 게임　**RPG** 롤플레잉 게임　**SLG** 시뮬레이션 게임　**SPT** 스포츠 게임　**RCG** 레이싱 게임　**AVG** 어드벤처 게임　**ETC** 교육·기타　**TBL** 테이블 게임

2003

GAME BOY ADVANCE
SOFTWARE ALL CATALOGUE

2003년의 발매 소프트 수는 전년을 약간 밑도는 155개 타이틀이다. 라이벌 기업인 소니가 휴대용 게임기 '플레이스테이션 포터블'을 발표하는 등 휴대용 게임기 분야에도 하드웨어 전쟁 발발이 다가오고 있었지만, 초·중학생이 주 유저층인 게임보이 어드밴스는 직접경쟁 관계가 아니었던 탓인지 판권 캐릭터물 게임을 중심으로 굳건한 인기를 유지했다.

소프트 라인업 면에서는 「우리들의 태양」, 「메이드 인 와리오」, 「슬라임이 여기저기 드래곤 퀘스트」, 「젤다의 전설 : 신들의 트라이포스&4개의 검」 등의 히트작들이 등장해 팬들을 기쁘게 했다.

코스튬 소녀와 봉제인형 : 체스티와 봉제인형들의 마법의 모험

AVG　MTO　2003년 1월 1일　4,800엔

마법사의 소질이 엿보이는 소녀 '체스티'가 되어 봉제인형 제작과 모험을 즐기는 어드벤처 게임. 목화씨 등을 모아 실과 천 등의 소재를 만들어 봉제인형 및 의류, 소도구를 제작할 수 있다. 만들어낸 봉제인형은 함께 모험해준다. 주인공의 옷도 갈아입힐 수 있다.

더 킹 오브 파이터즈 EX2 : Howling Blood

ACT　마벨러스 엔터테인먼트　2003년 1월 1일　5,800엔

SNK의 인기 대전격투 게임 「KOF」 시리즈가 다시 GBA로 등장했다. 3인 팀으로 상대와 싸우며, '스트라이커'라 불리는 원호 시스템으로 핀치를 극복하거나 상대에게 큰 대미지를 줄 수 있다. GBA용 대전격투 게임 중에서는 상당히 높은 평가를 받은 작품.

엘리믹스!

AVG　심스　2003년 1월 3일　4,800엔

3종의 속성을 전환 가능한 '스킵 왕자'가 적을 물리치며 스테이지의 퍼즐을 풀어가는 액션 어드벤처 게임. 노 대미지로 적을 연속 격파하면 득점이 크게 올라가는 '비트 시스템'과, 스테이지 클리어 시 성적에 따라 난이도가 변동하는 '자동 난이도 조정 시스템'을 탑재했다.

이상한 나라의 앨리스

TBL　글로벌 A 엔터테인먼트　2003년 1월 9일　4,800엔

같은 제목의 동화를 모티브로 삼은 맵 개척형 보드 게임. 스테이지에는 패널들이 깔려 있는데, 스타트 지점과 골인 지점 등의 일부를 제외하고는 모두 가려져 있다. 이 패널을 돌아다니며 각 스테이지에 설정된 목표 득점을 달성해 골인 지점까지 가는 것이 목적이다.

어드밴스 전용 통신케이블 지원 | 어드밴스 전용 통신케이블 지원 | 어드밴스 전용 와이어리스 어댑터 지원 | 어드밴스 전용 와이어리스 어댑터 지원 | 카드e 리더 지원 | 카드e 리더 지원 | 카드e 리더+ 지원 | 카드e 리더+ 지원

단어퍼즐 모지핏탄 어드밴스

PZL　남코　2003년 1월 10일　4,800엔

 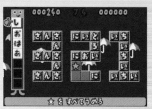

일본어 낱글자를 칸에 넣어 단어를 만들어, 제한시간 내에 클리어 조건을 통과하는 아케이드판 원작이 지적호기심 자극계 퍼즐 게임. 당시의 고전 유행어나 여고생 단어를 포함해 8만 단어 이상을 수록했고, 단어 완성 시 의미도 알려준다. 3가지 모드와 만든 단어의 확인 모드가 있다.

디즈니 스포츠 : 스노보딩

SPT　코나미　2003년 1월 16일　5,800엔

친숙한 디즈니 캐릭터들이 이번엔 스노보드로 대결하는 3D 시점의 스포츠 게임. '미키', '미니' 등등이 스노보드로 설산을 활강해 내려가는 게임인데, 경사면인데다 관성도 작용하므로 조작이 결코 만만하지 않다. 코스의 특징을 잘 파악해 1등으로 골인해 보자.

무한보그

RPG　코나미　2003년 1월 16일　4,800엔

'무한보그'라 불리는 메카닉 생명체로 싸우는 롤플레잉 게임. '무한보그 배틀에서 지면 상대의 요구를 하나 들어준다'라는 룰이 있는 '무한대 초등학교'를 무대로, 주인공인 전학생 '유메노 간구'가 되어 최강의 란도세이버를 노린다. 아이템인 문구를 모으면 무겐보그가 강화된다.

이누야샤 : 나라쿠의 함정! 헤매는 숲의 초대장

TBL　에이벡스　2003년 1월 23일　4,800엔

주간 '소년 선데이'에 연재되었던 인기 만화 '이누야샤'의 캐릭터와 세계관을 모티브로 삼은 보드 게임. 플레이어는 동료들과 함께 요괴를 찾아 물리쳐야 하는데, 게임을 진행할수록 많은 등장인물과의 이벤트가 전개되어, 스토리를 진득하게 즐길 수 있도록 잘 만들어졌다.

파워프로 군 포켓 5

SPT　코나미　2003년 1월 23일　4,800엔

석세스 모드에서 만든 선수를 페넌트전에서 활약시키는 '나의 페넌트', 조작을 연습하는 '캠프'를 신규 추가한 「파워프로 군 포켓」 시리즈 신작. 히든 석세스 모드는 프로 2년차 스타 선수와 2군 선수의 몸이 뒤바뀌어버려, 연습부족으로 둔한 육체를 단련해 재기를 노리는 스토리다.

마리, 에리 & 아니스의 아틀리에 : 산들바람에 실려 온 전언

RPG　반프레스토　2003년 1월 24일　5,800엔

연금술 아틀리에를 경영하는 롤플레잉 게임. 마리·에리와 신규 캐릭터인 아니스가 등장한다. 의뢰를 받아 모험하며 소재를 채취해, 아틀리에에서 제작하여 납품한다. '이미지 조합'이 새로 등장했다. 이 작품의 커다란 목적은 책을 집필하는 것. 책의 장르에 따라 엔딩이 분기된다.

STG 슈팅 게임　**ACT** 액션 게임　**PZL** 퍼즐 게임　**RPG** 롤플레잉 게임　**SLG** 시뮬레이션 게임　**SPT** 스포츠 게임　**RCG** 레이싱 게임　**AVG** 어드벤처 게임　**ETC** 교육·기타　**TBL** 테이블 게임

디즈니 스포츠 : 모토크로스

SPT 코나미 2003년 2월 13일 5,800엔

미키 마우스가 이번엔 모터스포츠에 도전! 오프로드 바이크를 타고 코스에 흩어져있는 타이어를 모아 라이벌 캐릭터를 제치고 골인하자. 복잡한 구성의 코스를 달리면서 빅점프와 착지를 잘 완수해내야 하며, 엔진에 부담이 가지않도록 스피드를 잘 조정하는 것도 중요하다.

파이널 판타지 택틱스 어드밴스

RPG 스퀘어 2003년 2월 14일 5,800엔

1997년 발매된 플레이스테이션판의 속편격 타이틀. 마도서 때문에 완전히 바뀌어버린 세계를 되돌리려 소년소녀들이 활약하는 이야기. '클랜'이란 조직에 소속하여, 의뢰받은 퀘스트를 클리어해 세계의 수수께끼를 풀자. 전작에서 호평받았던 잡 체인지 시스템은 이번에도 계승했다.

메트로이드 퓨전

ACT 닌텐도 2003년 2월 14일 4,800엔

하드 SF 세계관의 액션 게임 4번째 작품으로, 시리즈 시계열로는 최후의 스토리다. 주인공 사무스 아란은 기생생물 'X'의 습격으로 대부분의 능력을 잃고 만다. 치료의 부작용으로 'X'에 대항할 수 있게 된 사무스가, 'X'의 점령 하에들어가 버린 B.S.L.을 조사한다.

반지의 제왕 : 두 개의 탑

ACT 일렉트로닉 아츠 스퀘어 2003년 2월 14일 4,800엔

같은 제목의 영화 중 '반지 원정대'·'두 개의 탑' 편을 소재로 한 액션 게임. 사용 가능한 캐릭터는 아라곤·레골라스·간달프·프로도·에오윈 5명이다. 캐릭터의 회상 형식으로스토리가 진행되므로, 각각 개별적인 시나리오가 준비돼있다. 통신 케이블로 협력 플레이도 가능.

테니스의 왕자 2003 : COOLBLUE

SPT 코나미 2003년 2월 20일 4,800엔

게임보이 어드밴스로 동일 시리즈가 여럿 발매된 바 있는탑뷰 시점의 테니스 게임. 동시발매로 「PASSIONRED」 편도 나왔으며, 사용 가능한 학교와 캐릭터가 일부 다르다.스토리의 무대인 세이슌 중학교는 두 작품에서 모두 즐길수 있으며, 통신 플레이로 복식 경기도 가능하다.

테니스의 왕자 2003 : PASSIONRED

SPT 코나미 2003년 2월 20일 4,800엔

동시 발매된 「COOLBLUE」와의 차이점은 사용 가능한 캐릭터가 일부 다르다는 것과, 통신 플레이 시 양쪽 카트리지의 조합에 따라 사용 가능한 학교가 달라진다는 점이다.플레이어는 테니스 명문 '세이슌 중학교' 학생이 되어, 재학하면서 학교생활과 테니스 양쪽을 만끽한다.

HARDWARE

2001's SOFT

2002's SOFT

2003's SOFT

2004's SOFT

2005's SOFT

2006's SOFT

SOFT INDEX

어드밴스 전용 통신케이블 지원 / 어드밴스 전용 통신케이블 지원 / 어드밴스 전용 와이어리스 어댑터 지원 / 어드밴스 전용 와이어리스 어댑터 지원 / 카드e 리더 지원 / 카드e 리더 지원 / 카드e 리더+ 지원 / 카드e 리더+ 지원

로드 러너

ACT 석세스 2003년 2월 21일 4,800엔

퍼즐 액션 게임으로 유명한 「로드 러너」가 게임보이 어드밴스로 등장했다. 이 작품은 저 캐릭터들이 자기 위치에서 구멍에 파묻힌 채로 시작되고, 함정 바닥은 한 번 통과하면 다른 색깔로 바뀌어 마킹되는 등, 원작의 룰을 다소 바꿨기 때문에 플레이하기 쉬워졌다.

전국혁명 외전

RPG 코나미 2003년 2월 27일 4,800엔

일본 전국시대를 테마로 삼은 탑뷰 액션 롤플레잉 게임. 도·창·활 등의 무기를 구사하며 필드 상의 각국 적들과 각처에 진을 친 보스를 물리치고 레벨 업하자. 퍼즐 풀기보다 상쾌함을 중시하여 디자인한 게임으로, 공격이 신속하고 대시로 이동도 가능하다.

휘슬! : 제 37회 도쿄도 중학교 통합 체육축구대회

SLG 코나미 2003년 2월 27일 4,800엔

'소년 점프'에 연재된 같은 제목 만화의 어드벤처 시뮬레이션 게임판. 사쿠라죠스이 중학교 선수들을 육성해 도대회 우승을 노린다. 어드벤처 파트로 매일 연습과 강화합숙 이벤트 등을 거쳐, 시뮬레이션 파트로 시합한다. 이벤트가 많이 준비되어, 누구라도 재미있게 즐길 수 있다.

테일즈 오브 더 월드 : 서머너즈 리니지

RPG 남코 2003년 3월 7일 4,800엔

「테일즈 오브 판타지아」와 세계관이 동일한 시뮬레이션 롤플레잉 게임. 계약을 맺은 마물 등을 소환해 아군 유닛으로 삼아 파티를 짜고 적과 싸운다. 유닛은 레벨 업과 아이템으로 강화되며, 조건이 만족되면 클래스 체인지도 가능. '아체' 등 원작의 캐릭터들도 등장한다.

젤다의 전설 : 신들의 트라이포스 & 4개의 검

AVG 닌텐도 2003년 3월 14일 4,800엔

닌텐도를 대표하는 액션 어드벤처 게임 「젤다의 전설」 시리즈의 신작. 슈퍼 패미컴용 게임 「신들의 트라이포스」와 완전 신작 「4개의 검」 두 작품을 합본 수록했다. 「4개의 검」은 무작위 생성된 던전을 공략하는 로그라이크 형식을 채용했고 4명까지 동시 플레이 가능한 등, 시리즈를 통틀어 꽤 이색적인 시스템의 작품이다. 동시 플레이 시에는 협력이 필수인 퍼즐이 나오는 등, 협력 플레이를 권장하는 장치를 도처에 설치했다.

두 게임을 모두 클리어하면 신들의 트라이포스에 새로운 던전이 추가된다.

STG 슈팅 게임 **ACT** 액션 게임 **PZL** 퍼즐 게임 **RPG** 롤플레잉 게임 **SLG** 시뮬레이션 게임 **SPT** 스포츠 게임 **RCG** 레이싱 게임 **AVG** 어드벤처 게임 **ETC** 교육·기타 **TBL** 테이블 게임

두근두근 쿠킹 시리즈 ② : 미식 키친 멋진 도시락

SLG　MTO　2003년 3월 14일　4,800엔

게임보이 컬러로 나와 인기가 많았던 「즐거운 도시락」의 GBA판. 메뉴 수도 대폭 늘어나, GBA의 성능을 살려 화사하고 맛있어 보이는 도시락을 만들 수 있다. 도시락상자도 다양하게 선택 가능하도록 했다. 만든 도시락은 가게에 내놔 평가를 받는다. 호평받는 도시락을 만들어보자.

격투전설 NOAH : 드림 매니지먼트

SLG　게임빌리지　2003년 3월 20일　5,800엔

일본의 프로레슬링 단체 'NOAH'가 완전 감수하고, 미사와 미츠하루와 코바시 켄타 등 NOAH 소속 선수들이 실명으로 등장하는 단체 경영 시뮬레이션 게임. 플레이어는 단체 대표로서 선수를 육성·관리한다. 단체 역시 일본 최고 프로레슬링 단체를 목표로 키워야 한다.

겟 백커스 탈환대 : 메트로폴리스 탈환작전!

RPG　코나미　2003년 3월 20일　4,800엔

같은 제목 만화의 게임화 작품 제 2탄. 총 9스테이지의 미션 클리어형 롤플레잉 게임. 이번 작품에선 '베스트 파트너 시스템'을 탑재해, 베스트 파트너 수치가 오르면 합체 공격이나 지원공격이 가능하다. ACT.9에서 '게임 소프트'를 입수하면 숨겨진 스테이지를 즐길 수 있다.

시스터 프린세스 리퓨어

AVG　마벨러스 엔터테인먼트　2003년 3월 20일　4,800엔

잡지의 독자 참여 기획에서 시작된 미디어믹스 작품군 '시스터 프린세스'의 애니메이션 2기 스토리 파트를 기반으로 제작한 어드벤처 게임. 여동생 12명과 교류하여 '두근거림도'(화면 왼쪽)를 올려 합계 36종류의 엔딩을 보는 게 목적이다. 1주차는 카렌 루트 진행으로 고정된다.

SIMPLE 2960 친구 시리즈 Vol.1 THE 테이블 게임 컬렉션 : 마작·쇼기·화투·리버시

TBL　D3 퍼블리셔　2003년 3월 20일　2,960엔

'SIMPLE 2960' 시리즈 제 1탄('2960'은 '만들자!'의 일본어 말장난. 즉 '이 게임으로 친구를 만들자!'라는 의미). '마작'·'쇼기'·'리버시'에 화투의 '코이코이'·'하나아와세' 등 일본에선 대중적인 테이블 게임을 수록했다. 혼자서 컴퓨터와 대전할 수도 있고, 통신기능으로 4명까지 동시 대전도 가능.

SIMPLE 2960 친구 시리즈 Vol.2 THE 블록깨기

TBL　D3 퍼블리셔　2003년 3월 20일　2,960엔

지금도 인기가 많은 장르의 게임인 '블록깨기'를 게임보이 어드밴스로 옮겨온 작품. 총 200스테이지가 넘는 볼륨과, 특정 조건을 만족시키면 게임에서 사용 가능한 '특수능력'이 큰 특징이다. 볼을 심심하게 쳐내기만 하는 게 아니라, 통쾌감이 넘치는 이펙트가 들어가 재미있다.

유희왕 듀얼몬스터즈 8 : 파멸의 대사신

RPG 코나미 2003년 3월 20일 4,800엔

같은 제목의 애니메이션 기반으로, 세계의 존망을 걸고 대사신 레제프를 재봉인하려는 여행을 오리지널 스토리로 그린 듀얼 RPG. 카이바 세토의 '푸른 눈의 백룡'을 코스프레한 용모의 '카이바맨'이 처음 나온 작품이기도 하다. 전작엔 없었던 통신 케이블 대전·카드 교환 기능이 부활했다.

메이드 인 와리오

ETC 닌텐도 2003년 3월 21일 4,800엔

단순명쾌한 게임들이 총집합한 「메이드 인 와리오」 시리즈의 제 1탄. 미니게임보다 더 짧고 심플한 5초 정도의 '초미니게임'을 연속 진행하는 '순간 액션 게임'을 표방한 작품이다. 떨어지는 막대를 칼타이밍으로 딱 잡는 '막대 잡기'처럼 바로 룰이 파악되는 게임이 많은, 경쾌한 템포의 작품.

진 여신전생

RPG 아틀라스 2003년 3월 28일 4,800엔

악마를 동료로 삼으며 3D 던전을 탐색하는 롤플레잉 게임. 이상한 꿈을 꾼 소년에게 난해한 내용의 메일과 '악마 소환 프로그램'이 도착하면서 스토리가 시작된다. 이 게임에선 통신 케이블을 사용하여 마카(돈)와 아이템, 악마 등을 다른 플레이어와 트레이드할 수 있다.

댄싱 소드 : 섬광

ACT MTO 2003년 3월 28일 4,800엔

인기 일러스트레이터 이토 노이지가 캐릭터 디자인을 맡은 벨트스크롤 액션 게임. 여검사 5명 중 하나를 골라, 마물들을 베며 전진한다. '리듬 콤보'라고 이름붙인, 정해진 리듬에 맞춰 커맨드를 입력하면 발동되는 강력한 기술을 탑재한 것이 특징. 판매량이 적어 레어 게임이 되었다.

퍼즐&탐정 컬렉션

PZL 컬처 브레인 2003년 3월 28일 4,800엔

탐정 조수가 되어 사건을 조사하는 어드벤처 게임 '괴짜 명탐정', '괴짜 명탐정'의 캐릭터들과 퍼즐 게임으로 대결하는 '모두의 퍼즐 빙글빙글퐁!', 액션 퍼즐 게임 형식으로 햄스터들의 세계를 탐색하며 즐기는 '판타지 퍼즐 : 햄스터 이야기' 3가지 작품을 즐길 수 있다.

배틀 네트워크 : 록맨 EXE 3 BLACK

RPG 캡콤 2003년 3월 28일 4,800엔

액션 롤플레잉 게임 「록맨 EXE 3」의 어나더 버전. 스토리는 공통이지만 스탠다드 칩의 칩 코드가 달라졌고, 기가 칩은 모두 새로운 효과로 바뀌었다. 또한 배틀 스타일 시스템에선 '그라운드 스타일'이 없어지고 '섀도우 스타일'로 변경되었다.

STG 슈팅 게임 ACT 액션 게임 PZL 퍼즐 게임 RPG 롤플레잉 게임 SLG 시뮬레이션 게임 SPT 스포츠 게임 RCG 레이싱 게임 AVG 어드벤처 게임 ETC 교육·기타 TBL 테이블 게임

From TV animation ONE PIECE : 노려라! 킹 오브 베리

TBL 반프레스토 2003년 3월 28일 4,800엔

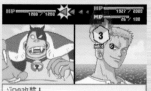

인기 애니메이션 'ONE PIECE'를 게임화한 작품. 보드 게임을 즐기는 기분으로, 주사위를 던져 나온 눈 수에 따라 항로를 결정해 해적과 싸우며 미지의 토지로 향하자. 도중의 통과지점에서는 동료가 될 캐릭터와 만나는 경우도 있는데, 이것이 게임 클리어의 중요 포인트가 된다.

드래곤 퀘스트 몬스터즈 : 캐러밴 하트

RPG 에닉스 2003년 3월 29일 5,980엔

「드래곤 퀘스트 몬스터즈 2」의 속편. 마차 3대로 편성된 캐러밴을 이끌고 세계 곳곳을 여행하며 오브를 모으자. 기존의 몬스터에 2개의 '마음'을 불어넣어 새로운 몬스터를 탄생시키는 '전신(轉身) 시스템'을 탑재했다. 탄생한 몬스터는 캐러밴 동료로 삼을 수 있다.

유희왕 듀얼몬스터즈 인터내셔널 : 월드와이드 에디션

TBL 코나미 2003년 4월 17일 4,800엔

2003년 뉴욕에서 개최된 세계대회의 공식 게임. 일본어와 영어, 독일어 등 6개 국어를 지원하여, 세계적 느낌이 물씬한 듀얼을 즐길 수 있다. 지원 언어는 플레이 도중에도 전환 가능. 다른 언어 사용자끼리도 통신대전은 물론 카드 교환까지 가능하도록 했다.

엔젤 컬렉션 : 노려라! 학교의 패션 리더

SLG MTO 2003년 4월 18일 4,800엔

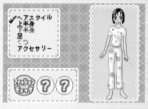

매년 개최되는 패션 콘테스트의 출장을 목표로 패션 센스를 연마하는 시뮬레이션 게임. 콘테스트까지의 1년 동안 '모던 패션'과 '에스닉 패션' 등 제각기 스타일이 다른 친구 5명의 응원을 받으며 노력하게 된다. 화장부터 복장까지, 코디네이트의 패턴은 무한대다.

조이드 사가 II

RPG 토미 2003년 4월 18일 4,800엔

시리즈 2번째 작품으로, TV 애니메이션 '조이드 신세기 제로'의 세계를 바탕으로 「조이드 사가」, 「조이드.VS」 시리즈를 결합한 세계관이다. 조이드 블록스 쪽에서도 참전하므로, 등장하는 조이드는 140종 이상. 조이드를 개조해 성능을 올리거나, 컬러링을 변경할 수 있게 되었다.

목장이야기 : 미네랄 타운의 친구들

SLG 빅터 인터랙티브 소프트웨어 2003년 4월 18일 4,800엔

새로운 마을 '미네랄 타운'을 무대로 펼쳐지는 목장 생활 시뮬레이션 게임. 플레이스테이션용 「하베스트 문」의 이식작이다. 배경을 전부 리뉴얼하고 계절 변화를 반영하는 등, 멋진 그래픽을 구사했다. 또한 기한 개념이 없어져, 엔딩 후에도 목장생활을 계속할 수 있다.

어드밴스 전용 통신케이블 지원 / 어드밴스 전용 통신케이블 지원 / 어드밴스 전용 와이어리스 어댑터 지원 / 어드밴스 전용 와이어리스 어댑터 지원 / 카드e 리더 지원 / 카드e 리더 지원 / 카드e 리더+ 지원 / 카드e 리더+ 지원

HARDWARE / 2001's SOFT / 2002's SOFT / 2003's SOFT / 2004's SOFT / 2005's SOFT / 2006's SOFT / SOFT INDEX

메다로트 2 [弐] CORE : 장수풍뎅이

RPG　나츠메　2003년 4월 18일　4,800엔

인기가 많았던 게임보이용 소프트 「메다로트 2」의 리메이크작. 세계관과 스토리는 유지하고, 그래픽을 대폭 업그레이드했다. 메다로트도 120종으로 대폭 증가했고, 이에 따라 전투 애니메이션도 대폭 늘어났으며, 회전 연출도 사용해 약동감 있는 전투 장면으로 진화시켰다.

메다로트 2 [弐] CORE : 사슴벌레

RPG　나츠메　2003년 4월 18일　4,800엔

장수풍뎅이 버전과 함께 출시된 롤플레잉 게임. 캐릭터 그래픽 등을 TV 애니메이션판에 가깝게 디자인했다. '메다 스나이프'라는, 어떤 파츠를 노릴지 확인 가능한 신 시스템을 탑재했다. 덕분에 무의미한 공격을 반복하지 않아도 돼, 경쾌한 템포로 진행이 가능해졌다.

ZERO ONE

AVG　후우키　2003년 4월 24일　5,800엔

행방불명된 아버지가 원인이 되어 사건에 휘말리는 텍스트 선택식 어드벤처 게임. 선택에 따라 다양하게 분기되는 멀티 스토리가 특징으로, 엔딩도 다수 준비돼 있다. 백로그 기능은 물론, 배드 엔딩 시에는 힌트도 나오는 등 유저 친화적으로 만들어진 것이 특징이다.

헌터 × 헌터 : 우리 모두 친구 대작전!!

RPG　코나미　2003년 4월 24일　4,800엔

인기 만화 '헌터 × 헌터' 세계의 일원이 될 수 있는 오리지널 스토리의 롤플레잉 게임. 이 세계에서 뭘 하며 지낼지는 모두 플레이어의 자유다. 원작의 캐릭터들 대부분이 등장하며, 자주 소통하면 사이가 좋아지게 된다. 친근한 사이가 되면 함께 모험할 수도 있다.

합체용사 플러스터 : 전설의 플러스트 게이트

RPG　타카라　2003년 4월 24일　5,800엔

같은 제목의 TV 애니메이션(원제는 '모험유기 플러스터 월드')의 게임화 작품 제 1탄. GBA 본체에 장착하는 리더기에 별매품인 피규어를 세팅하면 각종 능력을 얻거나 전투가 유리해진다는 재미있는 시스템을 채용한 커맨드형 롤플레잉 게임이다.

합체용사 플러스터 : 플러스트 온 GP

RCG　타카라　2003년 4월 24일　5,800엔

「전설의 플러스트 게이트」와 같은 날 발매된 작품으로, RPG가 아니라 3D 시점의 카 레이싱 게임이다. 리더기에 피규어를 세팅하면 게임 전개가 유리해지는 등의 특전이 있다. 플러스트를 사용하면 코스 주행이 편해지기도, 반대가 되기도 한다. 여러 조합을 시도해보자.

STG 슈팅 게임　ACT 액션 게임　PZL 퍼즐 게임　RPG 롤플레잉 게임　SLG 시뮬레이션 게임　SPT 스포츠 게임　RCG 레이싱 게임　AVG 어드벤처 게임　ETC 교육·기타　TBL 테이블 게임

마법의 펌프킨 : 앤과 그레그의 대모험

ACT   MTO   2003년 4월 24일   4,800엔

할로윈 날에 과자로 만들어진 집을 찾아가는 소년이 주인 공인 횡스크롤 액션 게임. 마법사 차림의 '앤'은 얼음에 강 하고, 몬스터 복장의 '그레그'는 점프가 무기이며 불에 강 하다. 이 두 사람을 잘 조작하며 갇혀있는 친구를 구출하 러 가야 한다.

RPG 만들기 어드밴스

ETC   엔터브레인   2003년 4월 25일   5,800엔

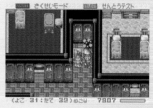

누구나 한 번은 개발을 꿈꿔봤을 롤플레잉 게임을 손쉽게 제작할 수 있는 소프트 「RPG 만들기」. 게임보이 어드밴스 판에서는 디테일까지 조정할 수 있도록 시스템을 개량하 고, 게임 제작에 필요한 여러 수치와 메모리를 다룰 수 있 게 했다. 전투 신은 사이드뷰를 채용했다.

아즈망가 대왕 어드밴스

TBL   킹 레코드   2003년 4월 25일   5,800엔

만화 '아즈망가 대왕'에 등장하는 캐릭터들을 플레이어로 삼아 즐기는 대전형 카드 게임. 카드에는 캐릭터와 함께, 별(☆) 아이콘이 이곳저곳에 표시돼 있다. 카드 5장을 가로 일렬로 배치해, 별이 가능한 한 많이 이어지도록 만들면 상대를 물리칠 수 있다.

서몬 나이트 : 크래프트 소드 이야기

RPG   반프레스토   2003년 4월 25일   5,800엔

실종된 아버지처럼 대장장이의 정점 '단성(鍛聖)'을 꿈꾸는 주인공(남녀 선택 가능)이 토너먼트에 참가하며 동료와 친 구를 만나 성장하는 과정을 그린 RPG. 무기를 대장간에서 모두 자작 가능한 시스템이 특징으로, 스토리상으로도 큰 의미가 있고 설계도인 '비전' 수집도 재미있다.

파이어 엠블렘 : 열화의 검

RPG   닌텐도   2003년 4월 25일   4,800엔

전작 「봉인의 검」의 약 20년 전을 그린 GBA판 2번째 작 품. 스토리는 크게 두 갈래로 나뉘며, 전반은 소녀 검사 '린'의 이야기, 후반은 전작의 주인공 '로이'의 아버지 '엘 리우드'의 이야기를 그렸다. 전투 시스템도 조정해 유닛에 영향을 주는 '기후', 함정 등의 아이템을 추가했다.

NARUTO -나루토- : 인술 전개! 최강닌자 대결집

ACT   토미   2003년 5월 1일   4,800엔

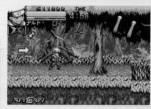

같은 제목의 만화·애니메이션을 게임화한 횡스크롤 액션 게임으로, 원작의 세계를 재현했다. 주인공은 '나루토'와 '사스케' 두 명을 사용 가능. 기복이 풍부한 스테이지를 인 술로 공략한다. 각 스테이지 마지막엔 원작의 캐릭터가 등 장한다. 차크라를 구사해 배틀을 펼쳐보자.

록맨 제로 2
ACT 캡콤 2003년 5월 2일 4,800엔

「록맨 제로」시리즈 제 2탄. 제로의 숨겨진 힘을 끌어내는 '폼 체인지 시스템'을 추가했다. 발동시키면 제로의 색이 바뀌고 10종류의 능력이 발휘된다. 또한 제로의 레벨이 S 나 A일 때 보스를 격파하면, 보스가 사용하던 'EX 기술'을 'EX 스킬'로 획득하게 된다.

캐슬바니아 : 새벽의 원무곡
ACT 코나미 2003년 5월 8일 4,800엔

드라큘라가 사라진 지 오래인 2035년 미래의 드라큘라 성을 무대로 펼쳐지는 액션 게임. 주인공은 일본인 고교생 '쿠루스 소마'. 무기도 검을 비롯해 59종이나 풍부하게 준비했다. 다양한 능력이 있는 몬스터의 '소울'을 장비하는 신 시스템 '택티컬 소울 시스템'도 탑재했다.

방가방가 햄토리 4 : 무지갯빛 대행진입니다츄
ACT 닌텐도 2003년 5월 23일 4,800엔

어느 날 햄토리가 하늘을 올려다보니 너무나 아름다운 무지개……에서 '무지개햄 군'이 떨어졌다! 무지개 나라에 살던 그를 원래 세계로 돌려보내는 게 목적이다. 동료 햄스터들과 함께 '햄 액션'이란 이름의 미니게임을 많이 클리어해 그를 원래 세계로 되돌려주자!

햄스터 이야기 컬렉션
RPG 컬처 브레인 2003년 5월 23일 4,800엔

햄스터를 소재로 삼은 옴니버스 게임 모음집. 롤플레잉 게임 '햄햄 몬스터', 퍼즐 게임 '햄스터 이야기 2', 점술 소프트 '햄스터 점술' 세 모드를 수록했다. '햄햄 몬스터'는 'EN 오토 시나리오 시스템'을 탑재하여, 매번 플레이할 때마다 다른 시나리오를 즐길 수 있다.

프로거 : 마법 나라의 대모험
AVG 코나미 2003년 6월 5일 4,800엔

장애물을 피해 강을 떠내려가는 통나무를 타고 끝까지 가는 게임 '프로거'의 시스템을 답습한 작품. 원작 「프로거」 느낌의 스테이지를 전방향으로 움직이며 발판에서 점프! 혀를 내밀어 아이템을 얻는 신 요소도 있다. 공들여 만든 스테이지와 아이캐치 장면도 인상적이다.

몬스터 게이트 : 장대한 던전, 봉인의 오브
RPG 코나미 2003년 6월 12일 4,800엔

일본 게임센터에서 가동했던 메달 게임 「몬스터 게이트」 를 탐색형 롤플레잉 게임으로 만든 작품. 한발 한발 전진하며 매 턴마다 필요한 행동을 신중하게 골라, 마을 사람들로부터 받은 의뢰를 제대로 완수하자. 도중에 얻는 다양한 카드는 플레이어의 모험에 도움이 된다.

STG 슈팅 게임　ACT 액션 게임　PZL 퍼즐 게임　RPG 롤플레잉 게임　SLG 시뮬레이션 게임　SPT 스포츠 게임　RCG 레이싱 게임　AVG 어드벤처 게임　ETC 교육·기타　TBL 테이블 게임

MOTHER 1+2

RPG   닌텐도   2003년 6월 20일   4,800엔

미국을 무대로 한 목가적인 RPG 시리즈 두 작품을 수록한 이식작. 1편은 일본판이 아니라, 일본에 발매되지 않았던 미국판 「Earthbound」 기반이다. 주요 변경점으로는 대시가 가능해진 것, 에필로그 장면 추가, 아이템 설명 추가(모두 1편 기준) 등을 꼽을 수 있다.

메탈 맥스 2 개(改)

RPG   나우프로덕션   2003년 6월 20일   4,800엔

탱크를 타고 필드를 달리며 지명 수배자를 퇴치하고, 때로는 우연히 만난 이성과 사랑에 빠지는 등 즐길거리 요소가 가득 담겨있는 슈퍼 패미컴의 명작 롤플레잉 게임 「메탈 맥스 2」의 이식작. 이식하면서 새로운 지명 수배자와 강력한 탱크를 추가했다.

모두의 사육 시리즈 : 나의 장수풍뎅이·사슴벌레

AVG   MTO   2003년 6월 27일   4,800엔

주인공은 여름방학에 조부모가 사는 시골로 내려와 자연과 함께 지내는 소년. 일본의 남자아이라면 누구나 좋아했을 '장수풍뎅이'와 '사슴벌레'를 잡아 사육하는 게임으로, 소년의 만남과 성장이 교차하는 한여름 추억을 그린 작품. 총 100종류쯤 존재하는 각종 곤충을 모아보자!

하치에몽

ACT   남코   2003년 7월 4일   4,800엔

일본 간사이 TV의 마스코트 캐릭터 '하치에몽'이 게임에서 대활약한다. 독특한 모양의 입술을 가진 하치에몽의 특기를 살려 스테이지를 돌파하는 횡스크롤 액션 게임. 적 캐릭터와 키스해 부끄러워하게 만들거나 벽에 입술로 달라붙는 등, 다채로운 기술로 모험을 펼쳐보자.

GET! 내 벌레를 잡아줘

AVG   켐코   2003년 7월 11일   4,800엔

곤충채집을 소재로 삼은, 250종류의 곤충이 등장하는 어드벤처 게임. 동료와 협력하거나 도구를 강화하면서 게임을 진행한다. 채집한 곤충은 팔아서 돈을 벌거나, 따로 마련한 우리에 집어넣어 육성하여 '쇼트 레이스'나 '뷰티 대회' 등 7종류의 콘테스트에 참가시킬 수 있다.

친근한 펫 어드밴스 시리즈 ④ : 귀여운 강아지 미니 멍멍이와 놀자!! 소형견

SLG   MTO   2003년 7월 11일   4,800엔

강아지와의 스킨십을 즐기는 애완동물 육성 시뮬레이션 게임. 밥을 주거나 방을 청소하는 등으로 돌봐주면서 강아지와 스킨십을 쌓을 수 있다. 강아지는 감정을 8종류의 울음소리로 표현한다. 이 작품은 후일 '모두의 소프트 시리즈 2980' 브랜드로 염가판도 출시되었다.

HARDWARE · 2001's SOFT · 2002's SOFT · 2003's SOFT · 2004's SOFT · 2005's SOFT · 2006's SOFT · SOFT INDEX

슈퍼 마리오 어드밴스 4

ACT　닌텐도　2003년 7월 11일　4,800엔

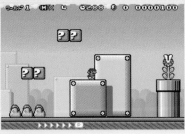

▶ 템 소지 수가 늘어나는 등 개선점이 많다.

「슈퍼 마리오 컬렉션」 내에 수록된 「슈퍼 마리오브라더스 3」의 리메이크판을 기반으로 이식한 액션 게임. 마리오가 너구리나 개구리로 변신해 새로운 액션을 구사하는 게임으로, 이식하면서 버그 수정과 화면 레이아웃 변경 등을 가했다. 카드e 리더+를 지원해, 오리지널 코스나 공략을 도와주는 아이템이 추가되는 여러 카드를 읽어 들일 수 있다. 추가 코스 중엔 「슈퍼 마리오 월드」에 등장하는 망토마리오로 변신할 수 있는 스테이지도 있다.

햄스터 파라다이스 : 퓨어 하트

SLG　아틀라스　2003년 7월 11일　4,800엔

엄청 귀여운 햄스터가 많이 등장하는 게임. 플레이어는 햄스터들과 대화하면서 '햄타운'·'드림타운'을 발전시켜야 한다. 스토리가 매우 잘 만들어져 있어, 코믹한가 하면 또 눈물 없이 읽을 수 없는 부분도 있다. 모몬가와 친해질 수도 있고, 다수 마련된 미니게임도 재미있다.

무적뱅커 크로켓! 2 : 어둠의 뱅크와 반 여왕

ACT　코나미　2003년 7월 17일　4,980엔

같은 제목의 만화·애니메이션 게임화 제 2탄. 전작과 달리 오리지널 스토리로 전개된다. 시스템은 육성 요소가 있는 액션 게임으로, 스토리 모드에서는 배틀을 이기면 경험치가 들어온다. 레벨 업하면 공격력과 방어력이 올라갈 뿐만 아니라, 드물게 필살기를 배우기도 한다.

소닉 핀볼 파티

ACT　세가　2003년 7월 17일　4,800엔　GBA 케이블 지원

소닉 시리즈 팬이라면 친숙할 'Dr.에그맨'이 주최하는 핀볼 대회에 출장한다. 게임은 토너먼트 형식이며, 각 스테이지에는 「소닉」과 「나이츠」 시리즈의 캐릭터를 사용해 제작된 핀볼 기기가 등장한다. BGM도 과거 시리즈 작품들의 그리운 곡들이 편곡되어 연주된다.

사이버드라이브 조이드 : 기계수 전사 휴

RPG　토미　2003년 7월 18일　5,800엔　적외선 통신 어댑터 지원

야생화된 군용 조이드를 사냥하는 '조이더'가 되어 세계 최고를 노리는 롤플레잉 게임. 조이더즈 길드에서 의뢰를 받아, 돈을 벌어 자신의 기체를 강화한다. '스토리 모드' 외에, 실제 완구 '사이버드라이브 조이드'를 적외선 통신으로 조작하는 '드라이브 조이드' 모드가 있는 게 특징이다.

STG 슈팅 게임　**ACT** 액션 게임　**PZL** 퍼즐 게임　**RPG** 롤플레잉 게임　**SLG** 시뮬레이션 게임　**SPT** 스포츠 게임　**RCG** 레이싱 게임　**AVG** 어드벤처 게임　**ETC** 교육·기타　**TBL** 테이블 게임

102

우리들의 태양

RPG 코나미 2003년 7월 17일 4,980엔 태양 센서 카트리지

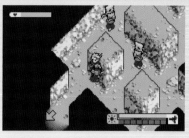

어드밴스 전용 통신케이블 지원 / 어드밴스 전용 와이어리스 어댑터 지원 / 카드e 리더 지원 / 카드e 리더+ 지원

「메탈기어」 시리즈의 코지마 히데오가 감독·프로듀스를 맡은 태양 액션 RPG. 태양이 어둠으로 덮여 언데드가 들끓게 된 암흑시대를 무대로, 아버지의 원수를 갚기 위해 죽음의 도시 이스트라칸을 찾아온 태양소년 '쟝고'의 모험을 그렸다. 카트리지에 태양 센서를 탑재해, 플레이 중 쬐이는 실제 태양빛의 세기가 쟝고의 무기인 태양총의 에너지 회복속도와 적 보스의 정화, 물웅덩이의 증발 등의 게임 내용에 영향을 준다는 특징적인 시스템을 채용했다.

▲ 무기의 과열을 막으려면 빛을 일부러 피해 다니기도 해야 하는 태양

쥬라기 공원 인스티튜트 투어 : 다이노서 레스큐

ACT 로켓 컴퍼니 2003년 7월 18일 3,800엔

당시 일본의 국립 요요기 경기장에서 개최했던 '쥬라기 공원 인스티튜트 투어' 행사에서 한정 판매했던 액션 게임. 트리케라톱스를 피해 구조헬기까지 달리는 'Cross Dinosaur'와, 낙하하는 화산암을 피해 동굴로 도망치는 'Danger Zone' 등, 공룡이 소재인 미니게임 5종류를 수록했다.

드래건 드라이브 : 월드 D 브레이크

RPG 반프레스토 2003년 7월 18일 4,800엔

월간 '소년 점프'에 연재했고 애니메이션화도 된 인기 만화 '드래건 드라이브'가 원작인 롤플레잉 게임. 플레이어는 게임 오리지널 주인공 '유키노 아키라'로서 드래건 드라이브 세계대회 우승을 노린다. 등장 드래곤은 150종류가 넘고, 도감을 완성하면 스페셜 드래곤을 얻는다.

햄스터 클럽 4 : 시겟치 대탈출

AVG 죠르단 2003년 7월 18일 4,800엔

만화잡지 '햄스터 클럽'의 간판 작가 메데타이가 그린 캐릭터들이 등장하는 어드벤처 게임. 학급의 반장이 된 주인공 메구미를 돕기 위해 햄스터 우리를 탈출한 '시겟치'의 활약을 그렸다. 시겟치 외에 '엔도 군'과 '푸짱'의 시점으로 그려진 스토리도 준비되어 있다.

미키와 미니의 매지컬 퀘스트 2

ACT 캡콤 2003년 7월 18일 4,800엔

서커스를 엉망진창으로 만든 피트 남작을 혼내주기 위해 다채로운 스테이지를 진행하는 액션 게임. 미키와 미니는 '스위퍼'·'레인저'·'카우보이&카우걸'이라는 3가지 코스튬으로 변신하여, 그 능력을 살려 난관을 돌파한다. 클라라벨의 가게에서는 도움 아이템도 살 수 있다.

어드밴스 전용 통신케이블 지원 / 어드밴스 전용 와이어리스 어댑터 지원 / 카드e 리더 지원 / 카드e 리더+ 지원

HARDWARE

2001's SOFT

2002's SOFT

2003's SOFT

2004's SOFT

2005's SOFT

2006's SOFT

SOFT INDEX

샤이닝 소울 II

RPG 세가 2003년 7월 24일 5,900엔

메가 드라이브로 첫 작품이 발매되었던 「샤이닝」 시리즈 중 한 작품으로, 액션 롤플레잉 게임이다. 각종 공격능력이 다른 8종류의 직업 중에서 선택해 진행하는 왕도적 구성 이지만, 통신 케이블로 4인 동시 플레이도 가능. 1인용 게임 일색인 RPG에 새로운 개념을 도입한 작품이다.

귀무자 : Onimusha Tactics

SLG 캡콤 2003년 7월 25일 4,800엔

귀신 일족의 피를 이은 무사 '오니마루' 중심의 군대와 '오 다 노부나가'가 이끄는 환마군 간의 싸움을 그린 시뮬레이 션 게임. 적을 물리치면 입수하는 혼과 환마석을 사용하여 아이템을 제작하거나 무기를 강화시킬 수 있다. GBA의 성 능을 살려 아름다운 그래픽을 구현했다.

진 여신전생 데빌 칠드런 : 퍼즐로 골!

PZL 아틀라스 2003년 7월 25일 4,800엔

장애물을 돌아가거나 이동시키며 골까지 도착하는 게 목 적인 퍼즐 게임. 우연히 들른 마을에 놓여있던 미니어처 안으로 빨려 들어가 버린 일행이, 탈출을 위해 전진한다. 도중에는 알이 떨어져있고, 입수하면 데빌을 동료로 삼을 수 있다. 동료로 삼으면 라이프가 늘어난다.

탑기어 랠리 SP

RCG 켐코 2003년 7월 25일 4,800엔

오프로드와 시가지 등, 다양한 코스가 펼쳐지는 3D 레이 싱 게임. 풍경 그래픽과 기후에 따른 코스 컨디션, 게임의 핵심인 차량의 거동을 매우 충실하게 제작했고, 주행 중에 는 코스 가이드를 음성으로 제공한다. 타임어택 기록을 공 식 홈페이지에 입력해 겨룰 수도 있었다.

명탐정 코난 : 위협받는 탐정

AVG 반프레스토 2003년 7월 25일 4,800엔

인기 애니메이션 '명탐정 코난'이 소재인 작품. 탐정물이라 하면 보통은 퍼즐 풀기 위주의 어드벤처 게임이지만, 이 작품은 탑뷰 시점으로 진행하는 액션성 위주의 작품이다. 장애물을 움직이거나 바닥의 패널을 밟아 발판을 만드는 등, 액션 게임에 퍼즐 요소를 다수 가미했다.

멍냐옹 동물병원 : ☆동물 의사 선생님 육성 게임☆

SLG TDK 코어 2003년 7월 25일 4,800엔

이 작품 발매 당시의 일본에서 여자아이가 동경하는 인기 직업 중 하나였던 '동물병원 의사 선생님'. 플레이어가 홀 륭한 수의사를 목표로 수련의가 되어 활동하는 시뮬레이 션 게임이다. 50종류에 달하는 개·고양이가 게임 중에 등 장하니, 이들을 돌보고 간병하여 훌륭한 의사가 되어보자.

알라딘

ACT 캡콤 2003년 8월 1일 4,800엔

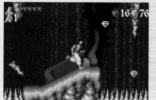

디즈니 애니메이션 '알라딘'을 소재로 삼은 횡스크롤 액션 게임. 아그라바 도시와 동굴, 램프 속 등을 무대로, 주인공 알라딘의 유연함을 살린 점프와 사과 던지기, 호버링, 마법의 양탄자 등을 사용해 골까지 이동한다. 슈퍼 패미컴판의 이식작이며, 세이브 기능을 추가했다.

환상마전 최유기 : 반역의 투신태자

AVG 디지털키즈 2003년 8월 1일 5,800엔

삼장 일행과 마천경문을 노리는 투신태자 염마의 싸움을 그린 어드벤처 게임. TV 애니메이션 '환상마전 최유기'의 후반을 축약한 내용이다. 어드벤처 파트에서는 미니게임을 클리어하면 캐릭터가 성장하고, 맵 파트에서는 육성한 캐릭터로 적을 격파한다.

강아지와 함께 : 애정 이야기

SLG 컬처 브레인 2003년 8월 1일 4,800엔

실사 그래픽을 사용한 애완동물 육성 시뮬레이션 게임. 개의 몸짓과 표정, 소리 등에 실사 그래픽 특유의 귀여움이 있다. 치와와와 웰시 코기 펨브로크 등의 인기 견종 중에서 골라 육성한다. 패널을 회전시켜 가로로 연결해 없애는 독특한 퍼즐 게임 '멍멍 퍼즐'도 수록했다.

테일즈 오브 판타지아

RPG 남코 2003년 8월 1일 4,800엔

슈퍼 패미컴으로 발매되었던 명작 롤플레잉 게임 「테일즈 오브 판타지아」의 리메이크판. 그래픽을 신규 제작했고, 원작 발매 당시 크게 화제가 되었던 보컬곡이 포함된 오프닝 무비도 수록했다. 추가 요소도 풍부해, 원작 이후 두 번째로 즐기는 유저라도 재미가 있다.

포켓몬 핀볼 : 루비&사파이어

ACT 닌텐도 2003년 8월 1일 4,800엔

「포켓몬스터 루비·사파이어」의 포켓몬 201종류가 등장하는 핀볼 게임. '루비'와 '사파이어' 각각을 테마로 삼은 핀볼 기기를 플레이해 201종류의 포켓몬을 모두 입수하자. GBA의 성능을 살려 그래픽을 향상시켰고, 볼의 거동도 위화감 없이 재현해 플레이하기 쉬워졌다.

듀얼 마스터즈

TBL 타카라 2003년 8월 7일 4,800엔

같은 제목의 카드 게임을 소재로 삼은 만화·애니메이션의 게임화. 주인공은 게임판 오리지널로, 원작에 등장하는 캐릭터와 대전한다. 최강의 듀얼 마스터를 목표로 토너먼트를 돌파하자. 등장하는 카드는 300종 이상. 통신 케이블을 통한 대전 및 카드 교환도 지원한다.

HARDWARE

2001's SOFT

2002's SOFT

2003's SOFT

2004's SOFT

2005's SOFT

2006's SOFT

SOFT INDEX

무적코털 보보보 : 진짜로!!? 진권승부

RPG　허드슨　2003년 8월 7일　4,800엔

'무적코털 보보보'의 게임화 작품 제 3탄. 기존 작품과 동일하게, 릴에 쓰인 단어를 조합히여 공격력을 결정하는 독특한 시스템을 탑재했다. 이번 작품의 플레이어 캐릭터인 '보보보'·'뷰티'·'돈벼락'·'이가스꺼리'·'소프톤'·'젤라티노' 6명은 각자 다른 오의를 사용할 수 있다.

슈퍼로봇대전 D

SLG　반프레스토　2003년 8월 8일　5,800엔

TV 애니메이션 14개 작품과 반프레스토 오리지널 주인공 로봇이 함께 싸우는 시뮬레이션 게임. 애니메이션 '진 겟타 로보 : 세계 최후의 날' 중심의 스토리를 총 54화로 그려냈다. 파일럿을 강화하는 BP, 박보장기 풍 미니게임 '퍼즐 슈퍼로봇' 등을 시리즈 최초로 도입했다.

동물 섬의 미니인형들

AVG　로켓 컴퍼니　2003년 8월 8일　4,800엔

잡지 '나카요시'에 연재 중이던 같은 제목 작품을 게임화했다. 미니인형 랜드에 활기를 불어넣기 위해 바삐 돌아다녀야 하는 어드벤처 게임. 주민이 늘어나면 다양한 이벤트를 즐길 수 있다. 파고들기 요소로서 160종이 넘는 코스튬과 50종류의 과자 레시피 등을 준비했다.

록맨 EXE : 배틀 칩 GP

RPG　캡콤　2003년 8월 8일　4,800엔

「록맨 EXE」 시리즈에 등장했던 '배틀 칩'에 초점을 맞춘 작품. 카드 게임의 덱을 만드는 감각으로 프로그램을 짜는 '프로그램 덱' 시스템을 탑재했다. 플레이어 고유의 전략을 세울 수도 있다. 상황에 맞춰 적절한 프로그램 덱을 짜내 토너먼트에서 승리해 보자.

멋쟁이 프린세스 3

TBL　컬처 브레인　2003년 8월 29일　4,800엔

멋 부리기를 소재로 삼은 파티 게임. 본편인 '멋쟁이 프린세스'와 퍼즐 게임 '코스프레 멍멍이' 두 작품을 수록했다. 스토리 모드에서는 '꿈의 독자모델' 혹은 '카리스마 코디네이터' 중 하나를 목표로 삼는다. 나오는 패션 아이템은 400종류 이상. 마음껏 코디네이트를 즐기자.

신약 성검전설

RPG　스퀘어 에닉스　2003년 8월 29일　5,800엔

1991년 발매된 「성검전설」의 리메이크판. 원작의 타이틀명에서 '파이널 판타지'를 빼 관련성을 낮춘 대신, 과거 「성검전설」 시리즈에 나왔던 여러 캐릭터가 게스트로 출연한다. 주인공으로는 원작의 '히어로'에 '히로인'을 추가했다. 시나리오와 캐릭터 설정도 변경했다.

겟 백커스 탈환대 : 사안 봉인!

RPG 코나미 2003년 9월 4일 4,980엔

주간 '소년 매거진'에 연재되었던 만화 '겟 백커스 탈환대'가 원작인 롤플레잉 게임. '탈환대'를 밥벌이로 삼는 '미도반' 일행이 필드를 탐색하거나 동료와 대화하여 정보를 얻은 후 의뢰인이 주는 임무를 수행한다. 개그 요소도 풍부해, 대화 장면이 재미있다.

오쟈루마루 : 겟코쵸 산책 좀 하겠소이다

ACT MTO 2003년 9월 5일 4,800엔

애니메이션 '오쟈루마루'가 주인공인 횡스크롤 액션 게임. 헤이안 시대에서 찾아온 '오쟈루마루'는 '카즈마'의 집에 눌러 살고 있다. 태어난 시대는 다르지만 둘의 우정은 굳건해, 카즈마 등에 엎혀 마을 '겟코쵸'를 산책한다. 종종 만나는 도깨비들과는 미니게임으로 대결한다.

신 멋부림 이야기

AVG 마벨러스 인터랙티브 2003년 9월 5일 4,800엔

예상치 못한 기회를 잡아 인간 세상에서 생활하게 된, 마법의 세계에서 내려온 마녀가 주인공. 인간 세상에서 한껏 멋 내기를 만끽하며, 등장하는 멋진 남성들과 연애도 즐겨 보자. 아르바이트로 모은 돈으로 패션을 즐기고, 스토리 마지막에는 동경하는 남성을 꼬셔보시라.

전설의 스타피 2

ACT 닌텐도 2003년 9월 5일 4,800엔

토세 사가 개발한 마린 액션 게임 시리즈 제 2탄. 스타피의 새로운 액션으로 '더블 점프'와 '별똥별 어택', '슬라이딩'이 추가되고, 바다 바깥에서도 화려하게 움직일 수 있게 되었다. 사진과 복장을 구입 가능한 상점 시스템도 등장하는 등, 전작처럼 이번에도 수집요소가 충실하다.

제멋대로☆요정 미르모 퐁퐁퐁! : 대전 마법구슬

PZL 코나미 2003년 9월 11일 5,800엔

이번엔 미르모가 낙하계 퍼즐 게임이 되어 등장했다. 어떤 소원이든 이루어준다는 '소원의 별'을 둘러싸고, 요정계에서 대인기인 '마법구슬' 게임으로 승부한다. 요정 아이템도 다수 등장하고, 아이템을 사용하면 '마법구슬'이 등장한다. 스토리는 메인과 히든 2종류를 수록했다.

NARUTO -나루토- : 나뭇잎 전기

AVG 토미 2003년 9월 12일 4,800엔

GBA용 '나루토' 게임 제 2탄으로, 이번엔 시뮬레이션 어드벤처 게임이다. 원작을 따라가는 스토리로 진행되는 어드벤처 파트와, 배틀 장면을 그린 턴제 시뮬레이션 파트로 구성된다. 클리어하면 사용 가능한 캐릭터가 해금되므로, 자신만의 드림 팀을 만들어볼 수 있다.

어드밴스 전용 통신케이블 지원 　 어드밴스 전용 통신케이블 지원 　 어드밴스 전용 와이어리스 어댑터 지원 　 어드밴스 전용 와이어리스 어댑터 지원 　 카드e 리더 지원 　 카드e 리더 지원 　 카드e 리더+ 지원 　 카드e 리더+ 지원

진 여신전생 데빌 칠드런 : 얼음의 책

RPG 아틀라스 2003년 9월 12일 4,800엔

일본에서 '메가텐'이란 애칭으로 많은 팬들에게 사랑받고 있는 「여신전생」 시리즈의 파생작. 시리즈 전통의 악마 교섭으로 악마들을 동료로 삼아 '데빌라이저'에 세팅해 함께 모험한다. 이 작품과 동시 발매된 「불의 책」은 등장인물 및 악마와의 만남 등의 시점이 다르다.

진 여신전생 데빌 칠드런 : 불의 책

RPG 아틀라스 2003년 9월 12일 4,800엔

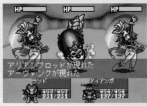

동시 발매된 「얼음의 책」과 마찬가지로, 플레이어는 악마와 교섭하며 동료 악마를 모아 스토리를 진행한다. 플레이어 자신의 시점과 악마와의 만남은 다르지만, 곳곳에 「얼음의 책」과 연결되는 포인트가 있으니, 다른 버전과 통신 기능을 사용하며 게임을 진행해보자.

배틀×배틀 : 거대어 전설

ACT 스타피시 2003년 9월 12일 4,800엔

전설의 거대 물고기를 찾아 여행하는 소년. 차례차례 나타나는 라이벌과 낚시로 1 : 1 대결하자. 낚시 수행 도중 만나는 여러 라이벌 캐릭터들. 주인공처럼 그들도 '전설의 거대어'를 노린다. 매일 트레이닝으로 단련한 낚시 실력과 특기를 무기로 라이벌과 대결해 승리해보자.

탐정학원 Q : 명탐정은 너다!

AVG 코나미 2003년 9월 18일 4,980엔

인기 만화 '탐정학원 Q'가 추리 게임이 되어 게임보이 어드밴스로 등장했다. 여러 사건들 뒤에는 반드시 뭔가가 있다. 플레이어는 주인공 '렌죠 큐'가 되어 단서를 찾아내 메모장에 기록해간다. 통신 케이블로 최대 4명까지 추리 게임을 즐길 수 있다.

귀여운 애완동물 게임 갤러리

SLG 컬처 브레인 2003년 9월 26일 3,300엔

컬처 브레인 사 작품에 등장하는 귀여운 동물들이 주인공인 버라이어티 게임 모음집. 언제 어디서나 가볍게 즐길 수 있는 퍼즐 게임 등 여러 게임을 수록했고, 그중 하나인 '빙글빙글퐁!'은 패널을 회전시켜 같은 색 패널을 없애나가는 대전형 게임이다. 통신대전도 가능.

진 여신전생 II

RPG 아틀라스 2003년 9월 26일 4,800엔

전작의 수십 년 후 도쿄가 무대인 롤플레잉 게임. 슈퍼 패미컴으로 출시된 같은 제목 작품의 이식작으로, 전작에서도 호평받았던 통신 케이블을 통한 트레이드 시스템을 강화했다. 악마와 마카, 아이템은 물론 신규 악마를 동료로 삼는 데 필요한 아이템 '메모리 칩'도 교환 가능해졌다.

STG 슈팅 게임 ACT 액션 게임 PZL 퍼즐 게임 RPG 롤플레잉 게임 SLG 시뮬레이션 게임 SPT 스포츠 게임 RCG 레이싱 게임 AVG 어드벤처 게임 ETC 교육·기타 TBL 테이블 게임

위험최강 단거 할아버지 : 사상 최강의 석고대죄

ACT　키즈 스테이션　2003년 9월 26일　4,800엔

인기 만화·애니메이션을 액션 게임화했다. 주인공 '할아버지'를 조작해 '묘묘묘 성인'의 지구 침략을 저지하자. '매트릭스 시스템'을 채용해 '할아버지'의 모습이 25종류로 변화한다. 이벤트와 미니게임에서는 원작의 맛을 살린 부조리 개그가 작렬한다.

머메이드 멜로디 피치피치핏치

ACT　코나미　2003년 10월 9일　4,980엔

같은 회사의 게임 「댄스 댄스 레볼루션」의 룰을 답습한 음악 게임. 화면 아래에서 위로 올라오는 상하좌우 화살표에 맞춰 정확한 타이밍에 십자 버튼을 누르자. 각 곡들은 반주와 보컬로 구성하여, 각 버튼을 누를 때 나오게 되는 보이스가 다량 수록되어 있다.

봄버맨 제터즈 게임 컬렉션

ETC　허드슨　2003년 10월 16일　4,800엔

애니메이션 '봄버맨 제터즈'의 캐릭터가 대집합했다. 넓은 필드 안에서 친숙한 봄버맨 룰로 라이벌과 놀거나 곳곳에 준비된 퍼즐을 풀어보자. 모험 도중에는 미니게임인 '핀볼'을 즐길 수도 있고, 「봄버맨」 스타일로 대결 가능한 '배틀 모드'도 등장한다.

마탐정 로키 RAGNAROK : 환상의 래비린스

RPG　J·WING　2003년 10월 16일　5,800엔

월간 '소년 간간'·월간 '코믹 블레이드' 지 연재 및 애니메이션화로 방영된 작품이 어드벤처 게임화됐다. 주인공 로키의 주변이나 '미스터리 타운'에서 일어난 이상한 사건을 해결해야 한다. 각 시나리오 최후에는 보스가 기다리고 있다. 가위바위보 진검승부로 돌파하자.

오리엔탈 블루 : 푸른 천외

RPG　닌텐도　2003년 10월 24일　4,800엔

「천외마경」 시리즈의 외전으로 등장한 롤플레잉 게임. 원래는 닌텐도 64의 64DD용으로 개발 중이던 타이틀로, 시리즈 타 작품과는 연관성이 없는 독립된 세계관의 작품이다. '프리 시나리오 시스템'을 채용해, 플레이어의 진행방식에 따라 동료가 되는 캐릭터가 바뀐다.

레전드 오브 다이나믹 고쇼덴 : 붕계의 윤무곡

RPG　반프레스토　2003년 10월 24일　5,800엔

인기 만화가 나가이 고의 작품들에 등장하는 '데빌맨'·'마징가 Z'·'큐티 하니' 등의 인기 캐릭터들과 함께 여행하는 롤플레잉 게임. 전투 신에서는 각자의 고유 기술을 컷인·효과음과 함께 즐길 수 있고, 도처에 원작의 명장면 재현이 속출하는 등, 팬이라면 감동에 벅찰 작품이다.

HARDWARE

2001's SOFT

2002's SOFT

2003's SOFT

2004's SOFT

2005's SOFT

2006's SOFT

SOFT INDEX

모두의 소프트 시리즈 : ZOOO

PZL　석세스　2003년 10월 31일　3,480엔

동물을 교체해 가로·세로로 3마리 맞춰 포획하는, 아케이드판 원자를 이식한 퍼즐 게임. 모드는 5가지로, 동물을 일정 수 포획하는 '노멀', 파고들기 모드 '무한', 6분간 얻은 점수를 겨루는 '타임 어택', 20만 점까지의 도달시간을 겨루는 '스코어 어택', 시간 내에 과제를 공략하는 '퀘스트'다.

모두의 소프트 시리즈 : 상하이

PZL　석세스　2003년 10월 31일　3,480엔

마작패를 사용하는 퍼즐 게임 「상하이」 중에서 '클래식 상하이', '타임 어택', '스코어 어택' 3종류를 즐길 수 있는 작품. 쌓여있는 패들 중에서 같은 무늬를 골라 룰에 따라 빼내간다는 심플한 게임이지만, 당시엔 오락실에도 설치되어 끈질긴 인기를 자랑했던 퍼즐이다.

모두의 소프트 시리즈 : 모두의 마작

TBL　MTO　2003년 10월 31일　2,980엔

게임보이 어드밴스로는 각종 마작 게임이 발매된 바 있으나, 이 작품은 「모두의 마작」이라는 타이틀명답게 여러 사람이 즐기는 데 특화시킨 게임이다. 통신기능으로 최대 4명까지 플레이 가능하고, '리그전'이란 모드도 준비했다. 개성이 풍부한 등장 캐릭터도 다수 있다.

산리오 퓨로랜드 올 캐릭터즈

TBL　토미　2003년 11월 1일　4,800엔

산리오의 귀여운 캐릭터들이 대집합! 도쿄의 타마 지구에서 실제로 운영 중인 인기 테마파크 '산리오 퓨로랜드'가 무대인 보드 게임. 친숙한 '키티'와 '다니엘' 커플 등이 게임에 등장해 플레이어를 맞아준다. 미니게임도 풍부해 즐겁게 플레이할 수 있다.

해리 포터 : 퀴디치 월드컵

SPT　일렉트로닉 아츠　2003년 11월 13일　4,800엔　GBA 케이블 지원

영화 '해리 포터'에 등장하는 캐릭터들이, 작중 등장하는 마법사 세계에서 대인기인 구기종목 '퀴디치' 대회로 세계 제패에 도전한다. '퀴디치'는 마법의 세계답게 공중에서 펼치는 경기. 고저차를 이용한 공략이 중요해 사이드뷰로 진행되며, 중요한 장면에선 3D 시점으로 바뀌기도 한다.

강아지의 첫 산책 : 강아지의 마음 육성 게임

SLG　TDK 코어　2003년 11월 14일　4,800엔

강아지와 함께 지내고 싶다! 그런 꿈을 이뤄주는 작품. 귀여운 강아지와 2주간 함께 지내며 '산책', '식사 준비', '쇼핑' 등의 각종 커맨드를 골라 돌봐주며 서로의 정을 나누어보자. 돈을 모아 펫샵에 데려가면 다양한 아이템을 살 수 있다.

STG 슈팅 게임　ACT 액션 게임　PZL 퍼즐 게임　RPG 롤플레잉 게임　SLG 시뮬레이션 게임　SPT 스포츠 게임　RCG 레이싱 게임　AVG 어드벤처 게임　ETC 교육·기타　TBL 테이블 게임

슬라임이 여기저기 드래곤 퀘스트 : 충격의 꼬리단

RPG　스퀘어 에닉스　2003년 11월 14일　5,800엔

모몬쟈가 이끄는 '꼬리단'에 납치된 동료 슬라임 100마리를 구하러, 슬라임 한 마리가 모험에 나서는 총 8스테이지의 액션 어드벤처 게임. 몸통박치기 '슬라 스트라이크'로 공격하는 등, 슬라임다운 액션 연출이 재미있다. 게임의 목적은 동료 구출이지만, 의뢰를 달성해 도시를 발전시키거나, 도와준 슬라임 모두에게서 감사 편지가 오는 등의 요소도 있다. 4종류의 미니게임을 비롯해, 통신기능으로 '슬라미가 여기저기 놀고먹기 워즈'도 즐길 수 있다.

마리오 & 루이지 RPG

RPG　닌텐도　2003년 11월 21일　4,800엔

시리즈 첫 번째 작품. '마리오' 계열 RPG로는 3번째로, 이번엔 처음으로 루이지에도 초점을 맞춰 마리오나 루이지가 다른 하나에 액션을 거는 '브라더 액션' 등의 협력기술도 추가했다. 브라더 액션으로 울타리 혹은 벽을 넘거나, 마리오와 루이지에 각각 할당된 A·B 버튼을 교대로 눌러 등을 맞대고 토관을 오르는 등의 액션도 가능하다. 「마리오브라더스」를 즐기는 모드도 있어, 원 카트리지로 4인 대전 및 멀티플레이 협력 게임도 즐길 수 있다.

퍼즈닌 : 우미닌의 퍼즐데님

PZL　메트로3D 재팬　2003년 11월 21일　4,800엔

'우미닌'을 조작해 젬을 부수는 블록깨기 스타일의 퍼즐 게임. 젬은 같은 색의 '우미닌'(청색)·'야마닌'(녹색)·'타니닌'(적색)이 되면 파괴할 수 있다. 모든 젬을 파괴한 후 문으로 탈출하면 클리어. 또한 필드에 설치된 해골 블록에 닿으면 목숨이 줄어든다.

미키와 도널드의 매지컬 퀘스트 3

ACT　캡콤　2003년 11월 21일　4,800엔

슈퍼 패미컴으로 출시되었던 「미키와 도널드 매지컬 어드벤처 3」의 리메이크 작품. 도널드의 조카들이 그림책 속에 갇혀버렸다. 이들을 구하러 향한 도널드 일행 앞엔 이상한 세계가 기다리고 있었다. '나이트'·'매지션'·'나무꾼' 코스튬을 활용하여 각 스테이지를 진행하자.

모두의 소프트 시리즈 : 표주박섬 표류기 돈 가바쵸 대활약 편

ACT　MTO　2003년 11월 21일　3,980엔

일본에선 TV로 방영되어 대인기였던 인형극 프로 '표주박섬 표류기'에 등장하는 '돈 가바쵸'가 주인공인 액션 퍼즐 게임. 도적들과 보물 쟁탈 배틀을 펼치며 무사히 출구까지 도착할 수 있을까!? 모은 보물 수에 따라 스토리가 변화하는 멀티 시나리오를 채용했다.

SD건담 G제네레이션 ADVANCE

RPG　반다이　2003년 11월 27일　5,800엔

건담의 캐릭터들을 SD화하여 완구로 발매한 'SD건담' 시리즈. 이 작품은 SD화된 건담 기체들이 등장하는 워 시뮬레이션 게임이다. 스토리성을 중시하여, 전투 신의 턴이 전환될 때마다 펼쳐지는 라이벌 캐릭터와의 대화와 리액션이 재미있다.

F-ZERO : 팔콘 전설

RCG　닌텐도　2003년 11월 28일　4,800엔

제목이 같은 애니메이션판과의 미디어믹스 작품. TV 애니메이션의 캐릭터가 등장하는 '스토리 모드'를 비롯해 '그랑프리', '타임 어택'과 조작 연습을 도와주는 '제로 테스트 모드'가 준비돼 있다. 카드e 리더+를 지원해, 머신·코스 추가와 고스트의 로딩이 가능하다.

햄스터 이야기 3EX, 4, 스페셜

AVG　컬처 브레인　2003년 11월 28일　4,800엔

스토리가 이어지는 「햄스터 이야기 3EX」와 「햄스터 이야기 4」를 수록한 햄스터 육성 시뮬레이션 게임. 애니메이션 풍으로 그려진 햄스터의 트레이닝은 물론이고, 정보를 보거나 에피소드를 읽는 '게시판', 햄스터를 갈아입히는 '복장도감'(4편 한정)도 즐길 수 있다.

모두의 소프트 시리즈 : 테트리스 어드밴스

PZL　석세스　2003년 11월 28일　3,480엔

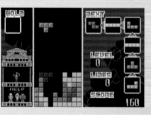

3종류의 모드를 즐기는 낙하계 퍼즐 게임. 2분 동안의 점수를 경쟁하는 '타임 어택', 다양한 과제를 클리어하는 '챌린지', 끝나기 전까지 계속되는 전통의 '엔들리스' 모드가 있다. '엔들리스'에서는 화면 왼쪽에 지휘자의 BGM 연주와 함께, 스토리가 있는 촌극 '테트리스맨'도 나온다.

허리케인 죠 : 새빨갛게 불타올라라!

SPT　코나미　2003년 12월 4일　4,980엔

같은 제목의 권투만화(원제는 '내일의 죠')에 등장하는 체육관장 '탄게 단페이'와 '야부키 죠'의 만남부터 시작해 각 스토리와 함께 진행되는 사이드뷰 권투 게임. 라이벌 '리키이시 토오루' 등과 싸워, 죠를 세계챔피언으로 길러내는 스토리다. 연습을 거쳐 승부에 나서보자!

STG 슈팅 게임　ACT 액션 게임　PZL 퍼즐 게임　RPG 롤플레잉 게임　SLG 시뮬레이션 게임　SPT 스포츠 게임　RCG 레이싱 게임　AVG 어드벤처 게임　ETC 교육·기타　TBL 테이블 게임

크래시 밴디쿳 어드밴스 2 : 빙글빙글 최면 대 패닉!?

ACT　코나미　2003년 12월 4일　4,980엔

크래시의 여동생 코코가 적으로 나오고 코텍스는 아예 나오지도 않는 등, 이 시리즈로선 희귀한 점이 많은 작품. 보스를 물리치면 이번 작품의 신 액션 '슈퍼 슬라이딩', '슈퍼 점프' 등이 해금된다. 통신기능을 사용하면, CR캡슐을 타고 싸우는 미니게임 3종류와 레이스로 대결 가능하다.

소닉 배틀

ACT　세가　2003년 12월 4일　4,980엔

세가의 「소닉 더 헤지혹」에 등장하는 캐릭터들이 1 : 1로 자신의 기술을 뽐내며 대결하는 대전격투 액션 게임. 비스듬히 상공에서 내려다보는 시점의 게임으로, GBA 본체의 회전확대축소 기능을 구사한 텍스처 표시로 지형과 발판을 구현해, 대전 시의 공략 포인트로 삼았다.

파워프로 군 포켓 6

SLG　코나미　2003년 12월 4일　4,980엔

2종류의 스토리(석세스)를 수록한 야구 게임. 미래에서 온 타임 패트롤 대원이 주인공인 '미래에서 온 남자 : 동네 공장 사회인 야구 편'과, 배드 엔딩 후가 무대인 '수수께끼의 행복섬 편'을 수록했다. 플레이 상황에 따라 프로필이 점차 해금되는 시스템을 도입해, 캐릭터 묘사에 깊이를 더했다.

합체용사 플러스터 : 전설의 플러스트 게이트 EX

RPG　타카라　2003년 12월 4일　6,800엔

「전설의 플러스트 게이트 SP」 발매 반년 후에 마이너 체인지를 거쳐 새로 발매한 'EX 편'. 신 시나리오를 추가하고 이후에 새로 발매한 피규어에도 대응되는 이벤트를 수록했으며, 전작의 일부 버그도 수정했다. 'SP 편'을 이미 클리어했다면 본편부터 바로 개시할 수도 있게 했다.

모두의 왕자

PZL　코나미　2003년 12월 4일　4,980엔

만화 '테니스의 왕자'를 소재로 삼은 미니게임 모음집. '세이슌 중학교', '긴카 중학교' 등 각 학교로 직접 향해 미니게임을 클리어하자. 액션 퍼즐 게임이라 원작의 소재인 테니스와는 관계없는 내용이 많지만, 등장하는 캐릭터들이 주고받는 대화나 말장난이 꽤나 재미있다.

학원전기 무료

AVG　MTO　2003년 12월 5일　4,800엔

TV 애니메이션 '학원전기 무료'의 게임화 작품. 학교 내에서 다양한 사건이 일어나는 와중, 플레이어는 학생들에게서 많은 정보를 모아 개개 사건을 해결해야 하며, 사건의 핵심에 해당하는 부분에 도달하면 이벤트가 발생한다. 총 7장으로 구성된 스토리의 클리어를 노려보자.

뽑고 버리고! 다이노디바이스 2 드래곤

ACT　로켓 컴퍼니　2003년 12월 5일　4,800엔

돈이나 메달을 넣고 뽑기를 돌려, 몬스터 풍의 메카닉 '다이노'와 부품 '디바이스'를 입수해 싸우는 액션 게임. '다이노'는 본체의 5개 부분(헤드·라이트·레프트·바디·라이드)에 각각 디바이스를 장착해 커스터마이즈·강화할 수 있다. 다이노·파츠 종류가 많아 수집요소도 충실한 작품.

뽑고 버리고! 다이노디바이스 2 피닉스

ACT　로켓 컴퍼니　2003년 12월 5일　4,800엔

같은 제목 게임의 어나더 버전으로, 「드래곤」 버전과는 '다이노'·'디바이스' 입수 확률이 다르다. 양 버전 모두 배틀은 수동 진행이며, 9블록으로 나뉜 아군 진영 내를 자유 이동해 임의의 타이밍에 공격하는 식이므로, 회피행동에 익숙해지면 고 레벨 상대와도 맞설 수 있다.

시나모롤 여기 있어요

PZL　이매지니어　2003년 12월 5일　4,800엔

아동과 여성 중심으로 대인기인 산리오의 캐릭터 '시나모롤'이 주인공인 퍼즐 게임. 큰 그림 1장이 몇 조각으로 분할되어 화면 내에서 움직인다. 플레이어가 커서를 움직여 분할된 그림을 원래대로 맞추면 되는 단순명쾌한 게임이다. 요령은 캐릭터 배치를 잘 보고 이어 맞추는 것.

실바니안 패밀리 : 요정의 지팡이와 이상한 나무 – 하운드독 여자아이

RPG　에포크 사　2003년 12월 5일　4,800엔

이번 작품의 주인공은 하운드독 여자아이. 요정이 잃어버린 지팡이를 찾아 떠나는 가슴 따뜻한 스토리의 어드벤처 게임이다. 새로운 친구와의 만남과 학교 행사 등 여러 이벤트가 있어, 즐거운 1년간을 보낼 수 있다. 옷을 만들어 갈아입히는 등의 꾸미기 요소도 많이 준비했다.

니모를 찾아서

ACT　유크스　2003년 12월 6일　4,800엔

2003년 개봉한 픽사의 CG 영화를 게임화했다. 주인공 말린이 잠수부에게 잡혀간 아들 니모를 구출하는 것이 목적. 기본적으론 횡스크롤 액션 게임이지만, 화면 안쪽으로 들어가는 스테이지나 반대로 바깥쪽으로 이동하는 스테이지 등도 있다. 미니게임도 풍부하게 수록했다.

게게게의 키타로 : 위기일발! 요괴열도

ACT　코나미　2003년 12월 11일　4,980엔

미즈키 시게루의 만화 '게게게의 키타로'에 등장하는 '키타로'와 '눈알 아버지'가 활약하는 사이드뷰 액션 게임. '머리카락 침 공격', '대시', '2단 점프'를 구사하며 나타나는 적을 물리쳐 경험치를 쌓아, 넓은 필드 맵을 종종 살피면서 각 스테이지의 목적지로 향하자.

STG 슈팅 게임　**ACT** 액션 게임　**PZL** 퍼즐 게임　**RPG** 롤플레잉 게임　**SLG** 시뮬레이션 게임　**SPT** 스포츠 게임　**RCG** 레이싱 게임　**AVG** 어드벤처 게임　**ETC** 교육·기타 게임　**TBL** 테이블 게임

고질라 괴수대난투 어드밴스

ACT 아타리 2003년 12월 11일 4,800엔

인기 영화 '고질라'에 등장한 캐릭터들이 애니메이션 풍으로 SD화 묘사된 격투 액션 게임. 플레이어는 '고질라', '모스라', '메카고질라' 등을 조작해 박치기나 꼬리 회전공격, 던지기, 필살기 등을 구사하며 시가지와 고저차가 있는 스테이지, 때로는 우주에서도 싸운다.

무적뱅커 크로켓! 3 : 그라뉴 왕국의 수수께끼

ACT 코나미 2003년 12월 11일 4,980엔

인기 시리즈 제 3탄. 전작과 동일하게 스토리는 게임 오리지널이며, 스토리에 따라 진행되는 격투 액션 게임이다. 특징은 밤낮 개념의 도입으로, 낮과 밤에 각각 다른 이벤트가 발생한다. 게다가 '참을성 미터'도 추가해, 스트레스 등으로 미터가 가득 차면 행동불능이 된다.

제멋대로☆요정 미르모 퐁퐁퐁! : 8인의 시간의 요정

AVG 코나미 2003년 12월 11일 6,800엔

오늘은 친구 '카에데'의 생일. 축하하러 친구들이 모여 있는 와중에 갑자기 카에데가 이공간으로 날아가 버렸다. 플레이어는 주인공 중 하나인 '미르모'(요정계의 왕자)가 되어, 요정계에서 정보를 모은 후 '시간의 요정' 8명과 만나 카에데를 구해주어야 한다.

카드캡터 체리 : 체리 카드로 미니게임

ETC TDK 코어 2003년 12월 12일 4,800엔

같은 제목의 애니메이션(원제는 '카드캡터 사쿠라')에 등장하는 캐릭터들이 SD화되어 스토리를 따라가며 여러 미니게임을 진행하는 미니게임 모음집. 슈팅과 퍼즐 등의 게임을 전 스테이지 클리어한 후엔 애니메이션의 명곡 '플라티나'를 BGM 삼아 엔딩 스탭롤이 올라간다.

금색의 갓슈!! : 울려라! 우정의 전격

ACT 반프레스토 2003년 12월 12일 4,800엔

같은 제목의 만화·애니메이션이 소재인 격투 액션 게임. 마물과 파트너를 조작해 2-on-2 배틀로 승리하자. 단순 조작으로도 다양한 기술이 발동한다. 원작의 스토리를 체험하는 '스토리 모드'와, 선호하는 조합으로 대전하는 'VS 모드'가 있다. 통신대전도 지원한다.

슈퍼 동키 콩

ACT 닌텐도 2003년 12월 12일 4,800엔

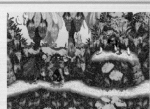

슈퍼 패미컴용의 원작 타이틀에 일부 변경점과 추가 요소를 덧붙인 이식판. 힘이 센 동키 콩과 잽싸고 점프력도 있는 디디 콩을 잘 활용하여, 나무통을 던져 적을 물리치면서 골 지점까지 가는 횡스크롤 액션 게임이다. 이식되면서 어디서나 세이브가 가능해졌다.

어드밴스 전용 통신케이블 지원 | 어드밴스 전용 통신케이블 지원 | 어드밴스 전용 와이어리스 어댑터 지원 | 어드밴스 전용 와이어리스 어댑터 지원 | 카드e 리더 지원 | 카드e 리더 지원 | 카드e 리더+ 지원 | 카드e 리더+ 지원

반짝반짝 간호사 이야기 : 발랄한 간호사 육성 게임

SLG TDK 코어 2003년 12월 12일 4,800엔

플레이어는 간호사 수련생. 입원한 아이들과 신뢰관계를 쌓으면서 아이들을 돌보고, 때로는 자립할 수 있도록 지도하면서 경험치를 쌓아 어엿한 간호사가 되어보자. 물론 연애도 중요하다. 게임을 진행하는 동안 만난 남성과의 교제를 발전시켜 애인 사이가 되자.

목장이야기 : 미네랄 타운의 친구들 For 걸

SLG 마벨러스 인터랙티브 2003년 12월 12일 4,800엔

이 작품의 반년 전에 발매되었던 「목장이야기 : 미네랄 타운의 친구들」의 여성용 버전. 전작과 동일하게 낙농가로 일하며 연애를 즐기는 내용이지만, 주인공을 여성으로, 다른 등장인물들을 남성으로 바꾸었다. 주인공은 멋진 상대를 찾아내 목장에서 사랑을 키울 수 있을까?

록맨 EXE 4 : 토너먼트 블루문

RPG 캡콤 2003년 12월 12일 4,800엔 배틀 칩 게이트 지원

「록맨 EXE」 시리즈 4번째 작품. 다음 항목의 「레드선」 판과 같은 날 발매되었다. 전작의 싸움으로부터 6개월 후, 새로운 적 '네블러'와의 싸움을 그렸다. 신 요소 '소울 유니존'·'마음 윈도우'와 함께, 어둠의 힘 '다크 칩'이 등장해 록맨의 마음에 숨은 어둠을 노린다.

록맨 EXE 4 : 토너먼트 레드선

RPG 캡콤 2003년 12월 12일 4,800엔 배틀 칩 게이트 지원

이전 항목의 「블루문」 판과 같은 날 발매되었다. 버전에 따라 등장하는 내비 종류가 다르다. 게다가 획득 가능한 '소울 유니존'의 능력도 다르다. 스토리 진행 도중 출장하는 토너먼트도 버전에 따라 대회명이 다르고, 대전 상대에 따라 다른 스토리가 전개된다.

ASTRO BOY 우주소년 아톰 : 아톰 하트의 비밀

ACT 세가 2003년 12월 18일 4,800엔

정의와 착한 마음이 넘치는 로봇 '우주소년 아톰(원제는 '철완 아톰')'이 주인공인 액션 게임. 원작자인 테즈카 오사무의 만화에 등장하는 수많은 캐릭터도 스토리 진행과 함께 등장해, 테즈카 작품 팬을 열광시킨다. 시작 전의 튜토리얼이 상당히 친절하며, 액션 게임으로서도 퀄리티가 높다.

SIMPLE 2960 친구 시리즈 Vol.3 THE 어디서나 퍼즐 : 똑바로 펴기 스트로우즈

PZL D3 퍼블리셔 2003년 12월 18일 2,960엔

보름달이 아름다운 밤하늘 저편에 빛나는 별들을 보면, 누구나 멋진 별자리를 연상할 터. 하지만 이 작품은 별들을 별자리로 잇는 게임이 아니라, 커서로 별을 위아래로 움직여 직선으로 펴는 심플한 퍼즐 게임이다. 직선 여러 개를 타이밍에 맞춰 완성해, 연쇄반응을 일으켜 콤보를 만들자.

SIMPLE 2960 친구 시리즈 Vol.4 THE 트럼프 : 여럿이 즐기는 트럼프 게임 12종류

TBL　D3 퍼블리셔　2003년 12월 18일　2,960엔

아이들부터 어른까지 즐길 수 있는 파티 게임의 대명사인 트럼프. '도둑잡기'·'도미노'·'대부호'·'포커' 등의 대표적인 트럼프 게임 12종류를 수록했고, 통신기능을 사용하면 최대 4명까지 즐길 수 있다. 혼자서 즐길 때는 정해진 목표를 달성하는 '챌린지 플레이' 모드를 추천한다.

머메이드 멜로디 피치피치핏치 : 피치피치 파티

TBL　코나미　2003년 12월 18일　4,980엔

「머메이드 멜로디」 시리즈는 음악 게임으로 여러 작품이 출시되었지만, 이 게임은 등장하는 히로인이 라이벌 가수를 서로의 '노랫소리'로 공격해, 해당 스테이지의 히로인 자리를 쟁탈하는 보드 게임 형식이다. 각 히로인이 대전 중 코스튬 체인지도 하는 등 연출이 화려하다.

메달 오브 아너 어드밴스

STG　일렉트로닉 아츠　2003년 12월 18일　4,800엔　GBA 케이블 지원

전장을 무대로 삼은 탑뷰형 액션 슈팅 게임. 플레이어는 총과 수류탄을 장비하고 적 기지로 향해, 대미지를 받지 않도록 적의 공격을 회피하면서 무기와 방어구를 보충해 목적지까지 도달해야 한다. 디테일한 그래픽과 특수공격이 가능한 무기 등, 볼거리가 많은 작품.

오챠켄의 방

TBL　MTO　2003년 12월 19일　3,980엔

인기 캐릭터 '오챠켄' 일행의 리액션을 보며 힐링할 수 있는 테이블&컬렉션 게임. 료쿠(녹차 개)·롱(우롱차 개)·카페(커피 개) 등의 귀여운 개들과 함께 미니게임을 즐기거나, 구입한 가구·아이템으로 개들의 방을 꾸며줄 수 있다. 즐길 수 있는 미니게임은 친숙한 트럼프와 퍼즐 등이다.

멍멍 명탐정

SLG　컬처 브레인　2003년 12월 19일　4,800엔

컬처 브레인 사가 제작한 「멍멍 명탐정」은 의인화된 개들이 주인공인 추리 게임이다. 어드벤처 파트와 사이드뷰 형식의 액션 파트를 '행동력'·'추리력'·'관찰력' 등의 능력치를 올리며 진행해, 난해한 사건(?)들을 차례차례 해결해보도록 하자.

꼬마마녀 크림의 직업체험 시리즈① : 멍냐옹 아이돌 학교

SLG　컬처 브레인　2003년 12월 30일　4,800엔

남을 도와주기 좋아하는 꼬마마녀 '크림'이, 일손이 부족한 아이돌 학교의 교사가 되어 강아지·고양이를 의인화한 모습의 학생들 중 하나를 골라 육성하는 시뮬레이션 게임. 1주일마다 월~토요일까지 스케줄을 잡아 아이돌 지망생을 레슨시킨다. 일요일엔 마을을 산책할 수 있다.

2004

2004년에 발매된 게임보이 어드밴스용 소프트는 185개 타이틀이다. 일단은 감소 추세였던 전년 대비로는 증가세로 돌아선 형태가 되어, 당시의 피처폰 게임과는 즐기는 맛이 다른 게임 전용기로서의 존재감을 어필했다.

이 해의 최대 화제는 '패미컴 미니' 시리즈로, 패미컴 탄생 20주년이었던 전년의 흐름을 계승하여 당시 발매되었던 패미컴용 인기 게임 다수를 GBA용으로 복각했다. 당시의 패키지 박스를 그대로 축소시킨 이색적인 패키지

디자인도 한몫 하여, '패미컴 미니' 시리즈는 수집욕구를 자극하는 데 성공해 크게 히트했다. 이 시리즈의 성공이 이후의 복각·리메이크 유행으로 연결되었다고 해도 좋으리라.

반지의 제왕 : 왕의 귀환

RPG　일렉트로닉 아츠　2004년 1월 8일　4,800엔　GBA 케이블 지원

같은 제목의 판타지 영화 중 마지막 장을 게임화했다. 마법의 힘이 봉인되어 있는 '인챈트 아이템'이 다수 등장한다. 무기와 갑옷에 룬 문자를 새겨 능력을 상승시키는 '룬 시스템'도 탑재했다. 게임큐브판과 연동시키면 레어 아이템과 숨겨진 던전이 출현한다.

더 심즈

AVG　일렉트로닉 아츠　2004년 1월 22일　4,800엔　GBA 케이블 지원

'심밸리'에서의 생활을 유사 체험하는 어드벤처 게임. 여름방학에 '심밸리'로 놀러온 주인공이 심들과 교류하며 도시에 적응해간다는 스토리다. '심'이란 이 세계의 인간을 뜻하며, 도시에서 자유분방하게 살고 있다. 그들의 문제를 해결해주어 친해지는 게 게임의 목적이다.

역전재판 3

AVG　캡콤　2004년 1월 23일　4,800엔

「역전재판」 시리즈 3번째 작품. 전작까지의 주인공 '나루호도 류이치'의 스승격인 변호사 '아야사토 치히로'가 젊었을 적 맡았던 사건 등을 그렸다. 시리즈 최초의 총 5화 구성이며, 최종화에서 이전 4개 화는 물론 과거 두 작품의 복선까지도 풀어내, '나루호도' 시리즈 완결편이 되었다.

포켓몬스터 파이어레드

RPG　닌텐도　2004년 1월 29일　4,800엔　GBA 케이블 지원

「포켓몬스터」 시리즈의 원점인 GB판 '적' 편의 리메이크판. 기본적인 내용은 원작을 따라가지만, 이후 시리즈에 도입된 포켓몬과 주인공 성별 결정, '금·은' 편의 포켓몬이 출현하는 추가 맵 '일곱섬' 등이 포함되었다. 엔딩을 보고 나면 도감의 No.152 이후도 개방된다.

STG 슈팅 게임　ACT 액션 게임　PZL 퍼즐 게임　RPG 롤플레잉 게임　SLG 시뮬레이션 게임　SPT 스포츠 게임　RCG 레이싱 게임　AVG 어드벤처 게임　ETC 교육·기타 게임　TBL 테이블 게임

포켓몬스터 리프그린

RPG　닌텐도　2004년 1월 29일　4,800엔　GBA 케이블 지원

「포켓몬스터」 시리즈의 원점인 GB판 '녹' 편의 리메이크 판. '루비·사파이어' 편과도 통신 가능하나, 엔딩을 보고 포켓몬도감을 업데이트해야만 No.152 이후의 포켓몬을 진화·입수할 수 있다. 통신을 사용하면 대전과 포켓몬 교환뿐만 아니라, 미니게임도 플레이 가능해진다.

유희왕 듀얼몬스터즈 익스퍼트 3

TBL　코나미　2004년 2월 5일　4,800엔

유희왕 OCG의 새 익스퍼트 룰 기준으로 제작된 카드 게임. 일본판 '새로운 지배자'까지의 1,138종류를 수록한 2004년 세계대회 공식 소프트로서, 카드 일러스트는 서양판 기준으로 수록했다. 듀얼 전용의 듀얼 시뮬레이터로 개발된 탓에, 스토리 모드가 아예 없다.

007 에브리씽 오아 나씽

ACT　일렉트로닉 아츠　2004년 2월 11일　4,800엔

영화 '007' 시리즈를 소재로 삼은 작품으로, 쿼터뷰 그래픽의 액션 게임. 플레이어는 주인공 '제임스 본드'가 되어, 무기를 쥐고 때때로 발생하는 카 액션도 돌파하면서 스토리 클리어를 노린다. 효과음과 음악도 매우 호평을 받은 작품이다.

릴리펏 왕국

SLG　세가　2004년 2월 12일　4,800엔

이 작품의 소재인 '릴리모니'는 일본의 TV프로 '릴리펏 왕국'에 등장했던 아이돌 그룹 '모닝구 무스메.'를 CG화한 캐릭터의 총칭이다. 이 릴리모니들이 게임 내에 등장해, '릴리펏 왕국'에서 다양한 모험과 퍼즐을 해결한다. 각 캐릭터는 모델된 실제 아이돌의 특징을 바탕으로 묘사했다.

패미컴 미니 01 : 슈퍼 마리오브라더스

ACT　닌텐도　2004년 2월 14일　2,000엔

패밀리 컴퓨터 20주년을 기념해, 과거 발매되었던 명작 게임을 원작에 충실하게 이식한 시리즈의 제 1탄. 해상도 차이 때문에 그래픽을 조정했고, 하이스코어 등의 세이브 기능도 추가했다. 이 작품은 2005년에도 슈퍼 마리오 탄생 20주년을 기념하여 재발매되었다.

패미컴 미니 02 : 동키 콩

ACT　닌텐도　2004년 2월 14일　2,000엔

다양한 닌텐도 작품에서 활약하는 '마리오'가 처음으로 등장한 작품. 오락실에서 대히트한 같은 제목의 작품이, 뛰어난 퀄리티로 가정용 게임기에 등장해 당시 화제가 되었다. 잡혀간 레이디를 동키 콩에게서 구해내기 위해 '마리오'가 철골로 만들어진 구조물을 올라간다.

어드밴스 전용 통신케이블 지원　어드밴스 전용 통신케이블 지원　어드밴스 전용 와이어리스 어댑터 지원　어드밴스 전용 와이어리스 어댑터 지원　카드e 리더 지원　카드e 리더 지원　카드e 리더+ 지원　카드e 리더+ 지원

패미컴 미니 03 : 아이스 클라이머

ACT　닌텐도　2004년 2월 14일　2,000엔

패미컴 여명기에 히트한 2인 동시 플레이 가능 등산 게임 「아이스 클라이머」. 에스키모 '포포'와 '나나'를 조작해, 해머로 블록을 부수며 정상으로 올라간다는 매우 심플한 게임이다. 토피 등의 적 캐릭터를 해머로 물리치거나, 움직이는 발판 등의 장치를 극복하며 골인하자.

패미컴 미니 04 : 익사이트바이크

ACT　닌텐도　2004년 2월 14일　2,000엔

다종다양한 장애물을 뛰어넘으며 라이벌들과 경쟁하는 모토크로스 레이싱 게임. 오버히트에 주의하며 터보를 구사해 신기록 경신에 도전하자. 장애물을 조합해 오리지널 코스를 만드는 디자인 모드에서는, 직접 만든 코스를 드디어 저장할 수 있도록 했다.

패미컴 미니 05 : 젤다의 전설 1

AVG　닌텐도　2004년 2월 14일　2,000엔

「젤다의 전설」 시리즈 첫 작품에 해당하는, 퍼즐을 풀며 진행하는 액션 어드벤처 게임. 8조각으로 나뉘어버린 트라이포스를 모두 모아 숙적 가논을 물리치자. 패미컴판에선 컨트롤러 2의 마이크를 써야 했던 '폴스보이스'는 SELECT 버튼으로 물리칠 수 있도록 변경했다.

패미컴 미니 06 : 팩맨

ACT　닌텐도　2004년 2월 14일　2,000엔

닌텐도의 패미컴으로, 오락실에서 대히트했던 남코의 「팩맨」을 집에서 즐길 수 있다니! 당시엔 아직 타 개발사 작품이 드물었기에, 많은 패미컴 유저들이 놀라고 또 기뻐했다. 그런 '패미컴판 「팩맨」'을 다시 즐겨볼 수 있는 작품. 스테이지 클리어 후엔 커피 브레이크를 즐기자!

패미컴 미니 07 : 제비우스

STG　닌텐도　2004년 2월 14일　2,000엔

패미컴 미니의 제 7탄은 1984년 발매작인 「제비우스」. 공중 및 지상의 적을 2종류의 샷으로 파괴하며 진행하는 종스크롤 슈팅 게임이다. 지상에 숨어있는 '솔'과 '스페셜 플래그'를 찾아내고, 거대 전함 '안도어 제네시스'를 물리쳐라! 무적 커맨드도 원작과 동일하게 사용 가능!

패미컴 미니 08 : 매피

ACT　닌텐도　2004년 2월 14일　2,000엔

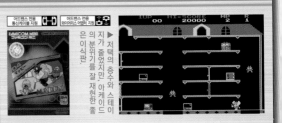

'남코' 일당이 도둑질한 물건들을 되찾아라! 패미컴 미니 제 8탄은 남코의 「매피」. 경쾌한 BGM을 배경 삼아, 트램폴린을 잘 활용해 5층 저택에 흩어져있는 장물들을 모두 회수하자! 도어 개폐로 상대를 기절시키고, 보너스 스테이지에선 시간 내에 모든 풍선을 터뜨리자!

STG 슈팅 게임　ACT 액션 게임　PZL 퍼즐 게임　RPG 롤플레잉 게임　SLG 시뮬레이션 게임　SPT 스포츠 게임　RCG 레이싱 게임　AVG 어드벤처 게임　ETC 교육·기타　TBL 테이블 게임

패미컴 미니 09 : 봄버맨

ACT　닌텐도　2004년 2월 14일　2,000엔

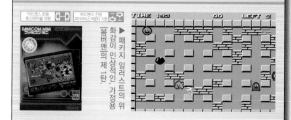

폭탄을 설치해, 십자로 퍼져나가는 화염으로 적을 물리치고 블록에 숨겨진 아이템과 출구를 찾아내는 게임. 적이나 화염에 닿으면 라이프가 줄지만, 각 층에 있는 아이템을 얻으면 화염의 범위나 폭탄 설치수 강화, 무적 등의 파워업이 가능하다. 「로드 러너」의 프리퀄이기도 하다.

패미컴 미니 10 : 스타 솔저

STG　닌텐도　2004년 2월 14일　2,000엔

일본에서는 패미컴판 발매 당시 전국 캐러밴 행사도 개최되는 등의 인기를 자랑했던 슈팅 게임. 공중의 적과 지상물을 구분하지 않고 부술 수 있는 등 연사를 중시했고, 숨겨진 보너스는 물론 적 캐릭터를 합체 전에 물리치면 얻는 고득점 등, 스코어를 경쟁하는 요소를 다수 집어넣었다.

탐정학원 Q : 궁극의 트릭에 도전!

AVG　코나미　2004년 3월 4일　4,980엔

'소년 매거진'에 연재되었던 만화 '탐정학원 Q'가 원작인 추리 어드벤처 게임. 커맨드 선택식으로 진행하여, 여러 수수께끼를 해명해보자. 탐정 양성학교에 다니는 주인공은 수업 도중 나오는 퀴즈에 답하고, 다른 학생과의 '추리 배틀'을 치르며 탐정의 소양을 길러나간다.

멋쟁이 멍멍이

SLG　MTO　2004년 3월 5일　4,800엔

주인공이 사는 '멍멍 타운'은 강아지를 사랑하는 사람들이 모인 멋진 마을. 플레이어는 귀여운 강아지와 함께 살며 멋도 부리고 쇼핑도 하면서, 각종 이벤트를 클리어하며 강아지와 정을 쌓아야 한다. '치와와'와 '요크셔테리어' 등의 귀여운 견종이 작품 내에 많이 등장한다.

대결! 울트라 히어로

ACT　죠르단　2004년 3월 5일　4,800엔

일본의 고전 히어로 '울트라맨' 형제가 주인공인 2D 대전 격투 게임. 적의 약점을 찾아내 공중에 띄우는 기술을 적절한 타이밍에 노려 콤보를 먹이자. 결정타는 당연히 필살기 '스페시움 광선'. 울트라맨끼리의 대전도 가능하다. 동경하는 히어로들간의 대전은 역시 로망이 있다.

다운타운 열혈이야기 ex

ACT　아틀라스　2004년 3월 5일　4,800엔

테크노스 재팬이 발매한 「다운타운 열혈이야기」가 게임보이 어드밴스로 부활했다. 리메이크작으로서, 기기의 성능을 살려 등장 캐릭터의 머리색과 라이벌 고교 교복 디자인, BGM 등을 리뉴얼해, 원작의 팬도 다시 즐겨볼 만한 작품으로 발매했다.

어드밴스 전용 통신케이블 지원　어드밴스 전용 통신케이블 지원　어드밴스 전용 와이어리스 어댑터 지원　어드밴스 전용 와이어리스 어댑터 지원　카드e 리더 지원　카드e 리더 지원　카드e 리더+ 지원　카드e 리더+ 지원

더블 드래곤 어드밴스

ACT　아틀라스　2004년 3월 5일　4,800엔

「열혈경파 쿠니오 군」으로도 유명한 테크노스 재팬의 초대 「더블 드래곤」을 리메이크했다. 스토리와 등장인물은 동일하지만, 주인공의 기술과 무기가 추가되었다. 또한 적 캐릭터 종류도 증가했고, 스테이지도 늘어났다. 오리지널 요소로는 '서바이벌 모드'를 추가했다.

원피스 고잉 베이스볼

SPT　반다이　2004년 3월 11일　4,800엔

대인기 만화 'ONE PIECE'의 캐릭터들이 등장하는 야구 게임. 게임은 투수를 마주보는 3D 시점으로 진행되며, 개성적인 등장인물이 많은 원작의 특징을 잘 살려, 가령 주인공 루피가 투수일 때는 생각지도 못한 방향으로 팔을 늘려 대담한 변화구로 타자를 농락한다.

위험최강 단거 할아버지 : 눈물의 1회 절대복종 바이올런스 교장 ~내가 제일 높은 사람이랑께!!~

ACT　키즈 스테이션　2004년 3월 18일　4,800엔

인기 만화·애니메이션의 스핀오프를 게임화했다. 지구 침략을 개시한 '할아버지'를 '교장'이 되어 저지하자. 이 작품도 '매트릭스 시스템'을 채용하여, 스토리 진행방식과 미니게임의 결과에 따라 교장이 25종류로 변화한다. 본편과 연관된 미니게임은 11종류가 준비돼 있다.

테니스의 왕자 2004 : GLORIOUS GOLD

SPT　코나미　2004년 3월 18일　4,980엔

인기 만화 '테니스의 왕자'에 등장하는 여러 캐릭터와 대결하는 탑뷰 스타일의 테니스 게임. 등장하는 각 캐릭터에겐 특기(필살기)가 있어, 상대의 타구를 슬로모션으로 만드는 것 등이 가능하다. 「GOLD」와 동시 발매된 「SILVER」는 수록된 캐릭터가 서로 다르다.

테니스의 왕자 2004 : STYLISH SILVER

SPT　코나미　2004년 3월 18일　4,980엔

동시 발매된 「GOLD」와는 수록된 캐릭터 중 태반이 다른 어나더 버전. 각 캐릭터가 필살기를 발동할 때의 애니메이션과 게임 도중의 이펙트 등, 테니스 게임 치고는 화려한 연출이 많아 재미있다. 통신대전과 협력 플레이도 가능하다.

듀얼 마스터즈 2 : 인빈시블 어드밴스

TBL　타카라　2004년 3월 18일　4,800엔　GBA 케이블 지원

같은 제목 작품의 게임화 제 2탄. 속편답게 등장하는 라이벌이 16명으로 늘어났고, 카드도 500종류로 파워 업했다. 토너먼트에 출장해 최강의 듀얼리스트가 되어보자. 게임 큐브판 「열투! 배틀 어리너」와 연동시키면 새로운 카드를 입수할 수 있다.

STG 슈팅게임　ACT 액션게임　PZL 퍼즐게임　RPG 롤플레잉게임　SLG 시뮬레이션게임　SPT 스포츠게임　RCG 레이싱게임　AVG 어드벤처게임　ETC 교육·기타　TBL 테이블게임

머메이드 멜로디 피치피치핏치 : 피치피치하게 라이브 스타트!

ACT　코나미　2004년 3월 18일　4,980엔

전작 「피치피치핏치」와 마찬가지로, 코나미의 게임 「댄스 댄스 레볼루션」의 시스템을 가져온 음악 게임. 수록곡 수 는 많지 않지만, 악곡이 모두 풀보이스 BGM이고 오토 모 드(라이브를 즐기는 모드)도 탑재했다. 게임으로 번 코인을 지불하면 미니게임도 즐길 수 있다.

유희왕 : 스고로쿠의 말판놀이

TBL　코나미　2004년 3월 18일　4,980엔

만화 '유희왕'의 주인공 유우기의 할아버지 이름 '스고로 쿠'와, 일본어 발음이 같은 '말판놀이'를 결합한 말장난 제 목의 테이블 게임. 쿼터뷰 말판놀이 게임으로, 별을 일정 수 모으거나 다른 플레이어의 LP가 0이 되면 승리다. 칸을 전진해 라이벌과 만나면 일대일 배틀이 발생한다.

무적코털 보보보 : 9극전사 개그융합

RPG　허드슨　2004년 3월 25일　4,800엔

주간 소년 점프 연재작 '무적코털 보보보'의 세계를 모티 브로 삼은 롤플레잉 게임. 탑뷰와 사이드뷰 시점이 수시로 전환되며, 대화와 전투 장면에서도 이 작품의 핵심인 '개 그'가 한가득 나와, 진행 도중 스스로 딴죽을 거는 등의 연출이 매우 재미있다.

꼬마마녀 크림의 직업체험 시리즈 ② : 옷 갈아입히기 엔젤

AVG　컬처 브레인　2004년 3월 25일　4,800엔

꼬마마녀 크림 시리즈 제 2탄. 초인기 점원 육성 게임으로, 인간계에 찾아온 꼬마마녀 '크림'이 초인기 점원이 되어 마법 수행을 한다는 스토리. 화려한 양복점에서 다양한 옷을 취급해보자. 상황에 따라 크림이 복장을 갈아입고 마 법으로 타인을 도와주기도 한다.

새끼 동물원 : 새끼동물 사육사 육성 게임

SLG　TDK 코어　2004년 3월 26일　4,800엔

플레이어는 동물원의 견습 사육사로 시작해, 갓 태어난 귀 여운 새끼동물을 돌봐주어야 한다. 기간은 2년간으로, 동 물과 정을 쌓아 애정이 넘치는 멋진 사육사가 되어보자. 동물의 기색을 항상 살피고, 사료 준비와 방 청소, 새끼의 몸 상태 관리도 잊지 말도록.

드래곤볼 Z 무공투극

ACT　반프레스토　2004년 3월 26일　4,800엔

대인기 애니메이션 '드래곤볼 Z'가 소재인 대전격투 액 션 게임. 주인공 '오공'을 비롯해 팬들에게 친숙한 '베지 터'·'프리더' 등의 주요 캐릭터와 팀을 짜고 상대 팀과 싸 워 이기자. 지상 전투보다는, 콤보를 많이 연결할 수 있는 공중 전투 중심으로 기술을 연마하도록.

강철의 연금술사 : 예측불허의 론도

RPG　반다이　2004년 3월 26일　4,800엔

2003년 방영했던 같은 제목의 애니메이션이 기반인 롤플레잉 게임. 오리지널 스토리로서, 오리지널 캐릭터 및 서브 시나리오도 다수 수록했다. 연성용 소재는 '카드'로 재현했으며, 전투와 이벤트로 입수할 수 있다. 연성은 전투뿐만 아니라 중요 아이템 제작에도 사용한다.

푸쿠푸쿠 천진 회람판 : 사랑의 큐피드 대작전

AVG　마벨러스 인터랙티브　2004년 3월 26일　4,800엔

같은 제목 만화의 게임화 제 2탄. 주인공 강아지 '푸쿠푸쿠'가, 주인의 사정으로 떨어져 지내게 된 '케케로'와 '코코'의 연애를 맺어주기 위해 바삐 돌아다닌다. 연애가 테마인 시나리오 6개를 준비했다. 원작에 나왔던 캐릭터는 물론, 이 작품의 오리지널 캐릭터도 등장한다.

리카의 멋쟁이 일기

AVG　마벨러스 인터랙티브　2004년 3월 26일　4,800엔

일본의 여자아이라면 누구나 아는 옷 갈아입히기 인형 '리카'를 소재로 한 어드벤처 게임. 플레이어는 리카가 되어, 소꿉친구 '이즈미'와 함께 멋도 부리면서 많은 사람과 만나게 된다. 리카의 복장이 멋있어질수록 상대의 호감도가 점차 올라가게 된다.

디지몬 레이싱

RCG　반다이　2004년 4월 1일　5,040엔(세금 포함)

유명한 '디지털 몬스터' IP의 캐릭터들이 등장하는 3D 레이싱 게임. 플레이어는 카트를 타고 '아이템 입수'와 '진화 존 통과'를 거치며 라이벌들의 골인을 저지해야 한다. 대시 존을 연속으로 통과해, 코너에서 화려하게 드리프트를 펼쳐보자.

도쿄마인학원 부주봉록

AVG　마벨러스 인터랙티브　2004년 4월 1일　6,090엔(세금 포함)

원더스완으로 발매했던 동일 게임의 복각판. 「도쿄마인학원 검풍첩」의 외전으로, 발매 5주년을 기념해 이식되었다. 장르는 어드벤처+카드 게임으로, 플레이어는 주부사(呪符師)가 되어 덱을 짜 배틀에 나선다. 150종류의 카드 등, 다양한 요소가 추가되었다.

강아지와 함께 2 : 애·정·어·린 이야기

SLG　컬처 브레인　2004년 4월 9일　5,040엔(세금 포함)

우연히 발견한 강아지를 기르는 육성 시뮬레이션 게임. 강아지를 돌봐주며 진짜 주인을 찾자. '외출'과 '산책' 등의 육성 외에, 메일 교환으로 강아지의 정보를 얻을 수 있다. 실제 시간과 연동하여 강아지와 지내는 '리얼타임 모드'도 탑재했다. 이벤트와 미니게임도 즐길 수 있다.

HARDWARE | 2001's SOFT | 2002's SOFT | 2003's SOFT | 2004's SOFT | 2005's SOFT | 2006's SOFT | SOFT INDEX

별의 커비 : 거울의 대미궁

ACT　닌텐도　2004년 4월 15일　4,800엔(세금 포함)

커비의 아버지인 사쿠라이 마사히로가 제작에 참여한 최후의 「별의 커비」. 4명까지 동시 플레이 가능한 게임보이 어드밴스의 기능을 살려, 3색의 커비를 동시 조작해 친구와 함께 미궁을 모험할 수 있는 시스템이 특징이다. 협력이 필수인 퍼즐을 푸는 것은 물론, 라이프 제로가 되어도 라이프를 '나눠주어' 게임을 재개할 수 있는 등, 협력을 강조한 요소가 다수 들어가 있다. 친구 커비는 1인 플레이 시에도 횟수제한이 있는 통신기로 호출할 수 있다.

짱구는 못 말려 : 폭풍을 부르는 시네마랜드의 대모험!

ACT　반프레스토　2004년 4월 16일　5,040엔(세금 포함)

폭넓은 인기를 자랑하는 '짱구는 못 말려'의 액션 게임. 영화가 모티브인 스테이지에서 짱구가 대소동을 벌인다. 게임을 진행하다 입수하게 되는 코스튬을 착용하면 공격 및 액션이 바뀐다. 코스프레로는 역부족인 장면에선, 형만과 미선 등 짱구네 가족의 도움을 받아보자.

시렌 몬스터즈 넷살

SPT　춘 소프트　2004년 4월 22일　5,040엔(세금 포함)

춘 소프트의 「풍래의 시렌」 시리즈에 등장하는 다양한 캐릭터들이 '넷살(풋살을 기반으로 디자인한 가상의 구기종목)'로 대전하는 스포츠 게임. 3D 시점과 하드웨어의 회전확대 기능을 구사한 게임 화면 덕에 박력 있는 넷살 시합을 즐길 수 있다. 팀을 육성해 우승을 노려보자.

마리오 골프 GBA 투어

SPT　닌텐도　2004년 4월 22일　4,800엔(세금 포함)

3D 시점의 골프 게임. 롤플레잉 게임 요소를 집어넣은 주인공 육성형의 '스토리 모드'와, 친숙한 닌텐도 캐릭터를 사용해 가볍게 즐기는 '퀵 게임' 등 다양한 모드가 있다. 육성한 캐릭터를 게임큐브판 「마리오 골프 패밀리 투어」에서 사용할 수도 있다.

우주의 스텔비아

SLG　킹 레코드　2004년 4월 23일　6,090엔(세금 포함)

같은 제목의 애니메이션 기반 육성&연애 시뮬레이션 게임. 플레이어는 파일럿 청년으로, 우주기지 '스텔비아' 내 학교에서 특별반 임시교사 겸 여자기숙사 관리인으로 1개월을 지낸다. 카타세 시마를 비롯한 애니메이션의 주요 캐릭터 학생들을 가르치며, 연애관계가 될 수도 있다.

카드캡터 체리 : 체리 카드 편 - 체리와 카드와 친구들

AVG   MTO   2004년 4월 23일   5,040엔(세금 포함)

크로우 카드를 모두 모은 체리의 새로운 활약을 그린 애니메이션판 '체리 카드 편' 기반의 어드벤처 게임. 주인공 체리의 행동으로 화면 왼쪽의 마력 게이지와 각 캐릭터와의 친밀도가 증감해, 게임에 영향을 준다. 그래픽과 오프닝, 체리의 복장 등 원작을 잘 재현한 작품이다.

Pia♥캐럿에 어서 오세요!! 3.3

SLG   NEC 인터채널   2004년 4월 23일   6,195엔(세금 포함)

「Pia♥캐럿에 어서 오세요!! 3」에서 아무와도 맺어지지 못한 if 후일담을 그린 시뮬레이션 게임. 매출이 저조해진 4호점을 다시 도와주러 온 3편 주인공이 동료와 일치단결해 점포 재건을 노린다. 각 히로인의 자신감과 활력 능력치를 향상시켜 점포의 분위기를 개선해야 한다.

록맨 제로 3

ACT   캡콤   2004년 4월 23일   5,040엔(세금 포함)

인기 시리즈 제 3탄. 설원에 추락한 우주선의 조사에 제로 일행이 나서는 데에서부터 스토리가 시작된다. '헤드'·'바디'·'풋' 3개 부위를 칩 입수로 강화 가능해졌다. 신규 장비 '리코일 로드' 덕에 공격 방법도 변화되었다. 이 작품에서도 '사이버 엘프'들이 제로를 도와준다.

SF 어드벤처 : ZERO ONE SP

AVG   후우키   2004년 4월 29일   5,040엔(세금 포함)

2003년 4월에 발매된 「ZERO ONE」의 리메이크판. 전작의 내용을 모두 수록하고도 전작의 2배에 달하는 대량의 시나리오를 추가했으며, 캐릭터 디자이너를 이토 타케히코로 변경했다. 준비된 엔딩은 175종류. 선택지 일부에는 제한시간이 설정돼 있다.

NARUTO -나루토- : 최강닌자 대결집 2

ACT   토미   2004년 4월 29일   5,040엔(세금 포함)

같은 제목 만화의 게임화 제 2탄. 스테이지 볼륨이 전작 대비 3배로 늘어났고, 캐릭터 사이즈도 2배로 커졌다. 이번 작품에서 '사쿠라'가 추가됐다. 각자의 특기를 살려 스테이지의 퍼즐을 클리어하자. 통신기능으로 '우정 통신 플레이'와 '두루마리 쟁탈 4인 플레이'를 즐길 수 있다.

삐리리~ 불어봐! 재규어 : 뽀로로~ 나와봐! 안경 군

RPG   코나미   2004년 4월 29일   5,229엔(세금 포함)

주간 소년 점프에서 연재되었던 개그만화를 액션 게임화했다. 패키지에 동봉된 3D 안경을 게임 도중의 지시에 따라 장착하면 입체영상으로 플레이할 수도 있다. 「그라디우스」 등의 명작 게임을 방불케 하는 스테이지도 있어, 게임 매니아라면 즐기면서 씨익 웃게 될 작품이다.

STG 슈팅 게임   ACT 액션 게임   PZL 퍼즐 게임   RPG 롤플레잉 게임   SLG 시뮬레이션 게임   SPT 스포츠 게임   RCG 레이싱 게임   AVG 어드벤처 게임   ETC 교육·기타   TBL 테이블 게임

미키의 포켓 리조트

TBL　토미　2004년 4월 29일　5,040엔(세금 포함)

미키와 미니를 비롯한 디즈니 캐릭터들이 다수 등장하는 보드 게임. 말판놀이와 유사한 맵을 돌며, Dr.니켈에게 빼앗긴 매지컬 스타를 되찾자. 맵 상에 있는 놀이기구에는, 해당하는 장소를 모티브로 삼은 미니게임 16종류가 준비돼 있다.

강철제국 : from HOT·B

STG　스타피시　2004년 4월 30일　5,040엔(세금 포함)

원작은 메가 드라이브로 발매된 스팀펑크 세계관의 슈팅 게임. 2가지 타입의 기체 중에서 하나를 골라 출격하며, 레벨 업 요소도 있다. 게임보이 어드밴스판에서는 화면 대비로 플레이어 기체 등의 캐릭터 사이즈가 커졌고, 디자인을 리뉴얼한 적 기체도 있는 등 다소 개변해 이식했다.

기동전사 건담 SEED : 친구와 그대와 전장에서.

AVG　반다이　2004년 5월 13일　5,040엔(세금 포함)

같은 제목 애니메이션을 어드벤처 게임화했다. 원작과 동일하게 '키라'가 주인공으로, TV판의 스토리를 체험한다. 배틀 파트는 적을 락온해 공격하는 시스템으로, 다수를 락온할 수도 있다. 원작에는 없는 if 전개도 가능하며, 숨겨진 모드에선 키라 외의 캐릭터로도 배틀할 수 있다.

패미컴 미니 11 : 마리오브라더스

ACT　닌텐도　2004년 5월 21일　2,000엔(세금 포함)

패밀리 컴퓨터의 런칭 타이틀로 출시된 작품으로, 당시엔 드물었던 2인 동시 플레이가 가능해 대히트했다. 협력과 대전이라는 정반대의 놀이법을 모색할 수 있어, 오랫동안 많은 유저들의 사랑을 받았다. 게임보이 어드밴스판은 패미컴판을 그대로 이식했다.

패미컴 미니 12 : 뱅글뱅글 랜드

ACT　닌텐도　2004년 5월 21일　2,000엔(세금 포함)

계속 직진하는 '그루피'가 턴 포스트(봉)를 잡고 돌아 방향을 전환하게끔 하여, 뱅글뱅글 랜드에 숨겨진 금괴를 찾아내는 고정화면식 액션 게임. 금괴가 숨겨진 장소를 통과해, 모든 금괴를 출현시키면 스테이지 클리어. 통신기능을 사용하면 2인 동시 협력 플레이도 가능.

패미컴 미니 13 : 벌룬 파이트

ACT　닌텐도　2004년 5월 21일　2,000엔(세금 포함)

패미컴 발매 다음 해에 2인 동시 플레이를 특징삼아 출시된 작품의 이식작. 관성이 붙는 조작감이 독특해 처음엔 당황할지도? 좌우 이동과 부력 조정을 구사하며 라이벌 머리 위의 풍선을 터뜨리는 게임이다. 「마리오브라더스」처럼, 두 사람이 협력할지 대전할지도 플레이어의 자유다.

HARDWARE

2001's SOFT

2002's SOFT

2003's SOFT

2004's SOFT

2005's SOFT

2006's SOFT

SOFT INDEX

127

어드밴스 전용 통신케이블 지원　어드밴스 전용 통신케이블 지원　어드밴스 전용 와이어리스 어댑터 지원　어드밴스 전용 와이어리스 어댑터 지원　카드e 리더 지원　카드e 리더 지원　카드e 리더+ 지원　카드e 리더+ 지원

패미컴 미니 14 : 레킹 크루

ACT　닌텐도　2004년 5월 21일　2,000엔(세금 포함)

이 작품의 마리오는 철거기술자가 되어 화면 내의 벽을 모두 부수는 작업이 제법 통쾌하다.

마리오가 주인공인 작품으로, 이번엔 철거기술자가 되어 건물을 부수는 고정화면식 액션 게임. 퍼즐 요소가 있어, 철거 순서를 잘못 잡으면 어느새 클리어 불능에 몰려버린다. 적 캐릭터도 배회하므로 주의하자. 보너스 스테이지도 포함해, 꽤나 흥겨운 BGM이 인상적이다.

패미컴 미니 15 : 닥터 마리오

PZL　닌텐도　2004년 5월 21일　2,000엔(세금 포함)

이 새롤이 단순한 탓에 마는 마는 중독성이 있는 작품.

의사로 분장한 마리오가 6종류의 약 캡슐을 위에서 떨어뜨려, 같은 색깔을 가로나 세로로 4개 붙이며 3색의 바이러스를 없애가는 액션 퍼즐 게임. 병 안의 바이러스를 전멸시키면 클리어. 2인 대전에서는 연쇄에 성공하면 상대 진지에 캡슐을 보내 방해할 수도 있다.

패미컴 미니 16 : 디그더그

ACT　닌텐도　2004년 5월 21일　2,000엔(세금 포함)

컴판이은 편. 종류가 원작 재현도가 높다. 「디그더그」는 수많은 기기로 이식됐지만, 패미

패미컴 미니 제 16탄 「디그더그」. 몇 층으로 색이 나뉜 땅속을 파들어 가며 '파이가'와 '푸카'에 펌프를 꽂아 파열시키자. 묻혀있는 바위를 떨어뜨려 깔려죽게 하면 고득점을 얻는다. 이 작품의 주인공 '호리 타이조'의 아들이 「미스터 드릴러」의 주인공 '호리 스스무'다.

패미컴 미니 17 : 타카하시 명인의 모험도

ACT　닌텐도　2004년 5월 21일　2,000엔(세금 포함)

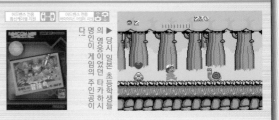

단 당시 일본 초등학생의 영웅이었던 타카하시 명인이 게임의 주인공.

어린이들의 영웅 '타카하시 명인'이 대활약하는 액션 게임. 남쪽 섬에서 과일을 얻으며 동물들과 닿지 않도록 전진하는 횡스크롤 액션 게임이다. 세가의 「원더 보이」에서 캐릭터·음악을 교체한 이식작이나, 이 작품도 패미컴에서 폭발적 인기를 누렸으며 극악의 난이도도 건재하다.

패미컴 미니 18 : 마계촌

ACT　닌텐도　2004년 5월 21일　2,000엔(세금 포함)

아케이드까지는 완전 재현하지 못하나, 그래픽의 분위기는 제법 잘 살려냈다.

1985년 오락실에서 선풍을 일으켰던 캡콤의 명작 횡스크롤 액션 게임이 패미컴으로 이식되었다. 잡혀간 공주를 구출하러 주인공 아더가 마계로 돌진한다. 각 스테이지의 보스는 개성이 풍부한 공격을 해오며, 그중에서도 특히 '레드 아리마'가 강력해 플레이어를 고생시켰다.

패미컴 미니 19 : 트윈비

STG　닌텐도　2004년 5월 21일　2,000엔(세금 포함)

색깔 외에는 팔레트 수의 한계로 흑백 배경이었지만, 양호한 이식도였다. 그

'트윈비'와 '윈비' 두 전투기를 조작해, 공중의 적과 지상물을 구분해 파괴하며 전진하는 슈팅 게임. 구름 속에서 나오는 벨을 쏴 색깔을 바꿔 획득하면 다양한 파워 업이 가능하다. 먹을 것 이름이 모티브인 보스와 유니크한 모습의 적 캐릭터 등, 독특한 세계관으로도 인기였다.

STG 슈팅 게임　ACT 액션 게임　PZL 퍼즐 게임　RPG 롤플레잉 게임　SLG 시뮬레이션 게임　SPT 스포츠 게임　RCG 레이싱 게임　AVG 어드벤처 게임　ETC 교육·기타　TBL 테이블 게임

패미컴 미니 20 : 힘내라 고에몽! 꼭두각시 여행길

ACT　닌텐도　2004년 5월 21일　2,000엔(세금 포함)

전설의 의적으로 불렸던 '이시카와 고에몽'이 모델인 코나미의 간판 게임 「힘내라 고에몽」 시리즈 제 1탄 '꼭두각시 여행길'이 패미컴 미니의 20번째 작품으로 발매되었다. 고에몽이 서쪽에서 에도로 이동하며 보물을 찾고, 때로는 도둑인데도 물건을 사는 등의 유쾌한 전개가 재미있는 작품.

쟈쟈마루 Jr. 전승기 : 잘레코레도 있소이다!

ETC　잘레코　2004년 5월 27일　5,040엔(세금 포함)

인기작 「닌자 쟈쟈마루 군」이 리메이크되어, 게임보이 어드밴스로 진화해 돌아왔다! '잘레코레도 있소이다'는 그럼 뭐지!? 바로 패미컴판 「엑세리온」·「포메이션 Z」·「시티 커넥션」·「닌자 쟈쟈마루 군」·「쟈쟈마루의 대모험」 5개 작품을 '잘레코 컬렉션'으로 수록했다는 의미다.

메트로이드 : 제로 미션

ACT　닌텐도　2004년 5월 27일　4,800엔(세금 포함)

명작 「메트로이드」의 리메이크 작품. 각 신을 클리어하면 다음 목적지가 맵에 표시되고, 아이템 입수 시에도 사용법 설명이 나오는 등, 불친절했던 원작의 시스템을 여럿 개량했다. 그래픽과 음악은 미국 코믹스 느낌으로 재구성했다. 추가 시나리오도 다수 집어넣었다.

소닉 어드밴스 3

ACT　세가　2004년 6월 17일　5,040엔(세금 포함)

동료와의 태그 액션을 새로 도입한 하이스피드 액션 게임. 소닉·테일즈·너클즈·크림·에미 중에서 사용할 캐릭터와 파트너를 선택 가능하며, 이 조합에 따라 캐릭터의 능력과 합체 기술이 변화한다. 통신기능을 사용해 친구와 둘이서 태그를 짜 진행할 수도 있다.

마리오 vs. 동키 콩

ACT　닌텐도　2004년 6월 10일　4,800엔(세금 포함)

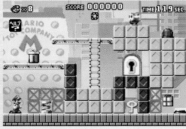

게임보이판 「동키 콩」의 발매 10주년을 기념해 제작된 작품으로, 마리오의 원점인 「동키 콩」에 퍼즐 요소를 결합시킨 GB판의 정통 속편이다. 동키 콩에게서 장난감 미니마리오를 되찾는 게 목적으로, 각 월드는 동키가 도망친 문을 열기까지와 캡슐에 든 미니마리오에 도달하기까지의 전후반으로 나뉘는 퍼즐 스테이지와, 되찾은 미니마리오 6개를 장난감 상자로 유도하는 mm 스테이지, 동키와 싸우는 DK 스테이지의 총 8스테이지로 구성되어 있다.

프로거 : 고대문명의 수수께끼

ACT   코나미   2004년 6월 17일   5,229엔(세금 포함)

게임보이 어드밴스판 「프로거」 2번째 작품으로, 프로거가 할아버지를 만나러 마을로 기며 시작되는 스토리 중심의 액션 게임이다. 마을을 탐색하고 사람들과 대화하며 스토리를 진행하는 어드벤처 요소를 추가했다. 방향 키를 누르고 있으면 이동하도록 조작성도 개선했다.

슈퍼 차이니즈 1·2 어드밴스

ACT   컬처 브레인   2004년 6월 24일   5,040엔(세금 포함)

패미컴으로 발매된 「슈퍼 차이니즈」와 「슈퍼 차이니즈 2」의 리메이크판에, 신작 액션 퍼즐 게임 「슈퍼 차이니즈 래비린스 : 요마군단의 역습」을 추가해 총 3가지 작품을 수록했다. 이식하면서 오토 세이브 기능 추가와 이벤트 신 삽입, 그래픽 향상 등을 가미했다.

드래곤 퀘스트 캐릭터즈 토르네코의 대모험 3 어드밴스 : 이상한 던전

RPG   스퀘어 에닉스   2004년 6월 24일   6,279엔(세금 포함)

친숙한 「토르네코의 대모험」의 속편. 진입 시마다 바뀌는 필드와 던전, 한 걸음 한 걸음의 움직임이 성패를 좌우하는 작품의 재미는 변함없으며, 이번엔 토르네코의 아들 '포포로'와 함께 두 부자가 전후반으로 나뉘어 여행한다. 시리즈를 통틀어서도 난이도가 매우 높은 작품.

BB 볼

RPG   미코트 앤드 바사라   2004년 6월 24일   6,090엔(세금 포함)

근미래의 스포츠를 그린 롤플레잉 게임. 캐릭터 디자인을 이노마타 무츠미가, 시나리오 서포트를 각본가 아마사 아키라가 담당했다. 주인공 '키요시로'가 되어 세계 챔피언을 노리자. 리그전에서 우승해 승강전을 거쳐, 챔피언을 이길 때까지 계속 우승해가야 한다.

멍멍이로 빙글빙글! 멍빙글

PZL   MTO   2004년 6월 25일   5,040엔(세금 포함)

귀여운 개가 나오는 낙하계 퍼즐 게임. 같은 색의 개와 개집을 붙이면 개집에 개가 들어간다. 개가 여럿 붙어있을 경우 한방에 모두 들어가 고득점이 된다. 필드에 쌓인 개는 잠들거나 뼈를 씹는 등 다양한 표정을 보여준다. 귀여운 개의 표정을 즐기며, 개들을 집에 넣어주자.

해리 포터와 아즈카반의 죄수

RPG   일렉트로닉 아츠   2004년 6월 26일   5,040엔(세금 포함)   GBA 케이블 지원

인기 영화 시리즈의 제 3탄을 게임화했다. '해리'·'론'·'헤르미온느' 3명 파티를 조작해 던전을 진행하는 롤플레잉 게임이다. 도처에 장치된 트랩은 마법으로 해체할 수 있다. 게임큐브판과의 연동 기능이 있어, 상점에서 미니게임을 사거나 카드를 교환할 수 있다.

슈퍼 동키 콩 2

ACT　닌텐도　2004년 7월 1일　4,800엔(세금 포함)

슈퍼 패미컴으로 발매된 동일 게임의 이식작. 본편에 일부 보스·날개코인·카메라가 추가되었고, 타조 '익스프레소'의 레이스 등 보너스 게임 3종류와, 스테이지 클리어타임을 겨루는 '디디의 대시'도 신규 수록했다. 미니게임은 최대 4인 플레이가 가능하고, 협력 플레이도 지원한다.

쾌걸 조로리와 마법의 유원지 : 공주님을 구하라!

ETC　반다이　2004년 7월 15일　5,040엔(세금 포함)

같은 제목의 인기 애니메이션을 게임화했다. 유원지가 무대인 미니게임 모음집. 유원지는 4개 지역으로 나뉘며, 각각 미니게임 5개가 준비돼 있다. 모든 미니게임을 플레이하면 공주님과 만날 수 있다. 등장하는 공주님은 모두 5명. 클리어 방식에 따라 공주님이 바뀐다.

데지코뮤니케이션 2 : 타도! 블랙 게마게마단

SLG　브로콜리　2004년 7월 15일　6,090엔(세금 포함)

인기 체인점 '게이머즈'의 점포 운영이 테마인 경영 시뮬레이션 게임. '게이머즈' 점장이 되어 입고와 판매를 하여, 라이벌 점포보다 먼저 목표를 달성해야 한다. '데지코'를 비롯한 캐릭터들에게 지시를 내리거나 말을 가르칠 수도 있다. 통신기능으로 명함 교환도 가능하다.

방가방가 햄토리 : 햄햄 스포츠

SPT　닌텐도　2004년 7월 15일　4,800엔(세금 포함)

 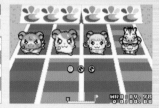

닌텐도가 발매한 「방가방가 햄토리」 시리즈 신작으로, 주인공 '햄토리'와 친구들이 스포츠대회에 참가해 각종 기록을 겨루는 게임. '테니스'·'해머던지기'·'허들'·'장대높이뛰기' 등 다수의 경기가 있으며, 닌텐도의 해당 게임 웹사이트에는 사내 공식 기록도 기재했다.

몬스터 서머너

SLG　어테인　2004년 7월 15일　5,000엔(세금 포함)

몬스터를 소환해 배틀시키는 리얼타임 시뮬레이션 게임. 위대한 소환사가 되고픈 주인공 '케이스'가 세계를 여행한다는 스토리다. 준비된 100종류 이상의 몬스터 중에서 5종류를 골라 덱을 짠다. 다채로운 맵 상에서 대군을 움직여, 거점을 제압해 적 서머너를 격파하자.

제멋대로☆요정 미르모 퐁퐁퐁! : 꿈의 조각

SLG　코나미　2004년 7월 15일　5,229엔(세금 포함)

같은 제목 애니메이션의 GBA 게임 제 4탄. 이번엔 시뮬레이션 요소를 더했다. 당시 '챠오' 지에서 모집했던 신 요정 100명이 등장한다. '페타모'란 벌레로부터 꿈의 조각을 모으면, 꿈의 요정이 아이템으로 교환해준다. 아이템을 사용하면 '소꿉놀이방'에서 자유롭게 코디네이트할 수 있다.

어드밴스 전용 통신케이블 지원　어드밴스 전용 통신케이블 지원　어드밴스 전용 와이어리스 어댑터 지원　어드밴스 전용 와이어리스 어댑터 지원　카드e 리더 지원　카드e 리더 지원　카드e 리더+ 지원　카드e 리더+ 지원

금색의 갓슈!! : 마계의 북마크

RPG　반프레스토　2004년 7월 16일　5,040엔(세금 포함)

주간 소년 선데이에서 연재했던 만화·애니메이션(원제는 '금색의 갓슈벨!')의 게임화. 다른 시리즈와 달리 액션 롤플레잉 게임이며, 스토리도 오리지널이다. '갓슈&키요마로' 등의 세 파티를 전환해 진행하며 배틀한다. 입수하게 되는 '책갈피'에는 회복 등의 효과가 있다.

위험최강 단거 할아버지 투[痛] : 분노의 응징 블루스

ACT　키즈 스테이션　2004년 7월 16일　5,040엔(세금 포함)

같은 제목 만화·애니메이션의 게임화 제 3탄. 원고를 분실한 원작자를 위해 '할아버지'가 원고를 회수하러 다니는 액션 롤플레잉 게임이다. 특징은 이동범위가 넓고 숨겨진 요소와 퍼즐이 많다는 것. 보스를 이겨 원고를 회수하면 만화 한 편이 완성되는데, 내용이 게임과 일치한다.

학교의 괴담 : 백 요괴 상자의 봉인

AVG　TDK 코어　2004년 7월 22일　5,040엔(세금 포함)

해방되어버린 요괴들을 다시 봉인하는 게 목적인 어드벤처 게임. 무서운 요괴부터 괴상한 요괴까지, 다양한 종류의 요괴가 게임 내에 100종류나 등장한다. 학교 내를 탐색해 요괴의 봉인 방법을 발견하여, 모든 요괴를 봉인하자. 봉인 방법은 미니게임 등등으로 다양하다.

Get Ride! 암드라이버 : 섬광의 히어로 탄생!

SLG　코나미　2004년 7월 22일　5,229엔(세금 포함)

같은 제목 애니메이션의 게임판. 시뮬레이션 게임의 전략 요소에 액션성을 가미한 시스템으로서, 전투는 실시간으로 진행된다. 장비와 무기를 조합해 자신만의 암드라이버를 커스터마이즈하자. 스테이지 클리어 후에는 그 스테이지의 전투 장면이 회상으로 전개된다.

무적뱅커 크로켓! 4 : 뱅크 숲의 수호신

ACT　코나미　2004년 7월 22일　5,229엔(세금 포함)

인기 시리즈 제 4탄. 전작들과 달리 스토리가 진지하게 전개되는 것이 특징이다. 오리지널 스토리 전개는 물론, 시스템에 독자적인 턴제를 도입했다. 게다가 공중 콤보를 채용했고 난이도가 올라갔다. 멀티 엔딩을 채택하여, 5가지 엔딩이 준비되어 있다.

속(続) 우리들의 태양 : 태양소년 장고

RPG　코나미　2004년 7월 22일　5,229엔(세금 포함)　태양 센서 카트리지

육성 시스템을 강화시킨 액션 롤플레잉 게임 시리즈 제 2탄. 주인공 장고를 조작해 최강의 적이기도 한 형 '사바타'를 물리치는 게 목적이다. 태양 대장간에서 만들 수 있는 무기가 '소드'·'스피어'·'해머' 등 60종 이상으로 늘었다. 태양광과 무기를 조합해, 싸움을 유리하게 이끌자.

STG 슈팅 게임　ACT 액션 게임　PZL 퍼즐 게임　RPG 롤플레잉 게임　SLG 시뮬레이션 게임　SPT 스포츠 게임　RCG 레이싱 게임　AVG 어드벤처 게임　ETC 교육·기타　TBL 테이블 게임

듀얼 마스터즈 2 : 기리후다 쇼부 Ver.

TBL　타카라　2004년 7월 22일　5,040엔(세금 포함)　GBA 케이블 지원

전작 「인빈시블 어드밴스」의 4개월 후 발매된 어나더 버전. 주인공을 '기리후다 쇼부'로 변경하고, 숨겨진 캐릭터를 추가했다. 스토리는 원작의 '결투의 신전 편' 기반이며, 오리지널 캐릭터가 등장한다. 통신기능을 사용해 대전 및 카드 교환으로 컴플리트를 노려보자.

NARUTO -나루토- 나루토 RPG : 이어받은 불의 의지

RPG　토미　2004년 7월 22일　5,040엔(세금 포함)

같은 제목의 만화·애니메이션을 게임화했다. 주인공 '나루토'를 비롯한 인술 팀을 사용해 원작의 세계를 여행한다. '합체인술 시스템'과 '고속 인 입력 시스템'을 채용해, 전투 신에서 총 140종류에 달하는 인술을 재현 가능. 전열·후열의 진형 시스템 덕에 제법 전략성이 중요하다.

강철의 연금술사 : 추억의 소나타

RPG　반다이　2004년 7월 22일　5,040엔(세금 포함)

같은 제목 애니메이션의 게임화 제 2탄. 주인공 '에드' 일행이 사건을 해결하는 어드벤처 RPG다. 특징인 '연성 시스템'으로 레벨이 높은 소재 카드를 연성해보자. 소재 카드는 전투에서 사용 가능하다. 전작 「예측불허의 론도」가 있으면 통신 케이블로 소재 카드를 가져올 수 있다.

드래곤볼 Z : THE LEGACY OF GOKU II

RPG　반프레스토　2004년 7월 23일　5,040엔(세금 포함)

서양에서만 발매했던 「THE LEGACY OF GOKU」의 속편. 전작처럼 액션 요소가 강한 롤플레잉 게임으로, 비행은 물론 초사이어인으로 변신도 가능하다. 스토리는 원작의 '인조인간 편(셀 편)'에 가까우며, 인조인간 편의 캐릭터는 물론 극장판의 '쿠우라'도 등장한다.

뿌요뿌요 피버

PZL　세가　2004년 7월 24일　5,040엔(세금 포함)

「소닉」을 제작한 팀이 개발한 같은 제목 아케이드 게임의 이식작. 회전이 불가능한 대형 뿌요와 '피버 모드'를 새로 도입한 작품으로, 이식하면서 용량 문제로 개그 대화 데모의 보이스를 삭제했다. 연쇄 보이스가 나오지 않는 등의 제한이 있으나, 원 카트리지 대전도 지원한다.

돈짱 퍼즐 : 불꽃놀이로 펑! 어드밴스

PZL　아루제　2004년 7월 29일　5,040엔(세금 포함)

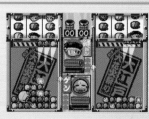

파치슬로와 낙하계 퍼즐이 합체! 파치슬로 기기 '오오하나비'의 인기 캐릭터 '돈짱'이 되어, 화면 하단에서 같은 색깔의 미니 탄을 모아 점화해 불꽃을 쏘아 올린다. 필요한 색의 불꽃은 릴을 잘 맞추면 떨어진다. 보너스를 완성하면 대전 상대에게 반격도 가능한 독특한 작품.

어드밴스 전용 통신케이블 지원　어드밴스 전용 통신케이블 지원　어드밴스 전용 와이어리스 어댑터 지원　어드밴스 전용 와이어리스 어댑터 지원　카드e 리더 지원　카드e 리더 지원　카드e 리더+ 지원　카드e 리더+ 지원

하나비 백경 어드밴스
SLG　아루제　2004년 7월 29일　5,040엔(세금 포함)

파치슬로 팬이라면 모두 알 A타입 머신의 대표작 '하나비' 시리즈. 그중에서도 대히트한 '오오하나비'를 복각하고, 액정화면 연출도 추가해 유저를 즐겁게 해준 기기가 이 작품에 등장하는 '하나비 백경'이다. 기대감을 주는 연출과 여러 화려한 리치 찬스를 맘껏 즐겨보자!

파워프로 군 포켓 1·2
SLG　코나미　2004년 7월 29일　4,179엔(세금 포함)

야구 버라이어티 게임 「파워프로 군 포켓」 시리즈 초기 두 작품의 리메이크작. 그래픽을 리뉴얼하고 일부 이벤트를 추가했으며, 여자친구 후보의 호감도 등 원작에선 감춰졌던 수치를 표시했고, 야구 부분도 6편 기준으로 수정했다. 페넌트와 어레인지, 앨범 등 5개 모드를 새로 추가했다.

파이널 판타지 Ⅰ·Ⅱ 어드밴스
RPG　스퀘어 에닉스　2004년 7월 29일　6,090엔(세금 포함)

스퀘어의 대표작 중에서 「파이널 판타지」의 1편과 2편을, 던전·시나리오 추가 및 리메이크를 거쳐 게임보이 어드밴스로 이식했다. 원작과 시나리오는 동일하며, 추가 던전에서는 역대 시리즈의 각종 보스와 싸우는 등, 시리즈 팬에게는 꿈만 같은 전개가 펼쳐진다.

레전더 : 부활하는 시련의 섬
RPG　반다이　2004년 7월 29일　6,279엔(세금 포함)　전용 영혼의 인형 어댑터 지원

당시 반다이가 전개하던 미디어믹스 기획(원제는 '레전즈')으로, 같은 해에 TV 애니메이션 방영 및 '소년 점프'에서의 만화 연재도 진행했다. 게임기 본체에 전용 어댑터를 연결해 '영혼의 인형'을 세팅하면, 게임 내에서도 대응되는 인형이 소환된다. 소환 가능한 영혼의 인형은 총 53종류.

울트라 경비대 : 몬스터 어택
SLG　로켓 컴퍼니　2004년 8월 5일　5,040엔(세금 포함)

츠부라야 프로덕션이 전면 감수한 시뮬레이션 게임. 주인공이 울트라맨이 아니라 '과학특수대'·'울트라 경비대'·'MAT' 등의 방위조직이라는 점이 특징이다. 특수 장비로 울트라맨을 엄호하고, 괴수를 물리쳐 지지율을 올리자. 시작 시점에서 고른 조직에 따라 스토리가 바뀐다.

SD건담 포스
ACT　반다이　2004년 8월 5일　5,040엔(세금 포함)

당시 방영하던 같은 제목의 애니메이션을 게임화했다. 체인지 포스 시스템으로 주인공인 '캡틴'·'제로'·'바쿠네츠마루'를 임의로 전환 가능하다. 연속기는 물론 애니메이션과 동일한 필살기도 발동 가능. 설정은 애니메이션 기준이지만, 게임 전개상 달라지는 부분이 많다.

샤이닝 포스 : 검은 용의 부활

SLG 세가 2004년 8월 5일 5,040엔(세금 포함)

메가 드라이브용 게임 「샤이닝 포스 : 신들의 유산」의 리메이크작인 전략 시뮬레이션 RPG. 적국 룬파우스트의 황녀 나샤 등 새로 동료가 되는 캐릭터가 늘어났으므로, 신규 에피소드와 배틀도 다수 추가했다. 일부 동료의 가입시기와 아이템이 숨겨진 장소 등 변경점도 많다.

전설의 스타피 3

ACT 닌텐도 2004년 8월 5일 4,800엔(세금 포함)

스타피의 여동생 '스타삐'도 함께 활약하는 마린 액션 시리즈 3번째 작품. 스타피와 스타삐를 각각 조작하는 장면이 있고, 스타삐 조작 시에는 고유 액션인 삼각뛰기 '벽 점프'와 '예예'를 사용 가능. 시리즈 최초로 통신대전을 지원해, 최대 4명이 미니게임을 플레이할 수 있다.

동물 섬의 미니인형들 2 : 타마 이야기

AVG 로켓 컴퍼니 2004년 8월 5일 5,040엔(세금 포함)

당시 잡지 '나카요시'에 연재 중이던 같은 제목 만화의 게임화 제 2탄. 동물 섬으로 표류해온 미아 '타마'를 엄마에게 돌려보내준다는 스토리. 필요한 것을 모으러 미니인형 랜드를 돌며 미니게임을 클리어하자. 도중에는 과자 만들기나 직소 퍼즐도 즐길 수 있다.

구슬대전 배틀 비드맨 : 불타라! B-혼!!

ACT 타카라 2004년 8월 5일 5,040엔(세금 포함)

인기 만화·애니메이션(원제는 'B-전설! 배틀 비다맨')의 게임판. 주인공 '야마토'가 되어 세계 제일의 구슬전사를 목표로 하자. 장난감 유리구슬로 라이벌 전사와 싸우게 되며, 필살기가 교차하는 '디렉트 히트 배틀'을 재현했다. 스토리 중심의 '시나리오 모드' 외에, 통신대전도 가능하다.

해바라기 동물병원 : ☆동물 의사 선생님 육성 게임☆

SLG TDK 코어 2004년 8월 5일 5,040엔(세금 포함)

애완동물 전문 수의사 육성 시뮬레이션 게임. 플레이어는 '해바라기 동물병원'의 수련의로서 2년간을 보낸다. 애완동물은 총 50종류, 100마리 이상이 등장한다. 매달마다 이벤트가 있어, 선택에 따라 능력치가 변화한다. 엔딩은 11종류가 준비되어 있다.

록맨 EXE 4.5 : 리얼 오퍼레이션

RPG 캡콤 2004년 8월 6일 5,040엔(세금 포함) 배틀 칩게이트 지원

인기 시리즈의 외전격 타이틀. 목표와 행동을 설정하기만 하면 이후엔 AI가 행동하는 '배틀 오퍼레이션'에 특화시킨 게임으로, 록맨 이외의 내비도 조작 가능하다. 시계 기능을 내장해, 게임이 현실 시간에 맞춰 진행된다. 플레이하려면 별매품 '배틀 칩 게이트'가 필요하다.

패미컴 미니 21 : 슈퍼 마리오브라더스 2
ACT　닌텐도　2004년 8월 10일　2,000엔(세금 포함)

'디스크 시스템'용 게임으로 출시되었던, 대히트작「슈퍼 마리오브라더스」의 속편. 난이도도 높아져 당시 많은 유저를 좌절시켰다. 동생 '루이지'로 플레이하면 점프력이 늘어나지만 대신 멈추기 어려운 등의 캐릭터 차별화를 추가했고, 월드 1-1에서의 무한증식도 가능해졌다.

패미컴 미니 22 : 수수께끼의 무라사메 성
ACT　닌텐도　2004년 8월 10일　2,000엔(세금 포함)

에도 시대가 무대인 일본 풍 액션 게임. 아오사메·아카사메·료쿠사메·모모사메 4개 성을 거치며 전진해, 모두 클리어한 후 의문의 생명체가 있는 무라사메 성으로 간다. 기본 공격은 칼과 투척무기로서, 적탄도 쳐낼 수 있다. 인술을 발동하면 무적이 되어 일반적인 공격도 가능하다.

패미컴 미니 23 : 메트로이드
ACT　닌텐도　2004년 8월 10일　2,000엔(세금 포함)

행성 제베스의 핵심부로 잠입한 '마더 브레인'을 물리치기 위해, 주인공 '사무스 아란'이 일어선다. 패미컴 디스크 시스템의 대표작으로, 광대한 맵을 공략해 아이템을 찾으며 전진하는 액션 게임. 클리어 후 슈츠를 벗은 사무스가 여성이었음을 알고 놀란 유저도 많았다.

패미컴 미니 24 : 빛의 신화 파르테나의 거울
ACT　닌텐도　2004년 8월 10일　2,000엔(세금 포함)

천사 '피트'가 되어 메두사를 물리치고 엔젤랜드에 평화의 빛을 되찾아주는 것이 목적. 점프 액션 게임이며 성장 시스템도 있다. 그리스 신화적인 세계관인데 어째선지 가끔로 바뀌는 저주를 거는 적이 나오는가 하면, 게임 오버 화면의 '당해버렸다' 메시지 등의 코믹한 연출도 특징이다.

패미컴 미니 25 : 링크의 모험
AVG　닌텐도　2004년 8월 10일　2,000엔(세금 포함)

「젤다의 전설」의 속편으로, 시리즈 유일의 횡스크롤 액션 어드벤처 게임. 맵 이동은 탑뷰 형식이지만 적과 접촉하면 사이드뷰 액션 형태로 전투하며, 경험치를 쌓아 레벨을 올리는 롤플레잉 게임 요소가 있는데다 라이프 시스템도 도입하는 등, 오리지널리티가 강하다.

패미컴 미니 26 : 패미컴 옛날이야기 – 신 오니가시마 전·후편
AVG　닌텐도　2004년 8월 10일　2,000엔(세금 포함)

카구야 공주·모모타로 등의 일본 고전 동화가 모티브인 어드벤처 게임. 주인공 남자아이와 여자아이를 '교대하다' 커맨드로 교체 조작하여, 각자의 시점에서 이야기를 진행한다. 원작에선 디스크 2장으로 분할했던, 주인공의 유년기인 전편과 소년·소녀기인 후편을 합본했다.

패미컴 미니 27 : 패미컴 탐정 클럽 – 사라진 후계자 전·후편

AVG　닌텐도　2004년 8월 10일　2,000엔(세금 포함)

기억상실 상태의 소년 탐정이 주인공인 어드벤처 게임. 죽은 자가 소생한다는 전설이 전해지는 '묘진 마을'에서 일어난 유산 상속 관련 연쇄살인사건을 해결하며 자신의 기억을 되찾아간다. 게임 내에서 얻은 정보를 입력해 정답을 맞혀야 하는 장면과, 3D 던전 미로 등이 나온다.

패미컴 미니 28 : 패미컴 탐정 클럽 Part II – 등 뒤에 선 소녀 전·후편

AVG　닌텐도　2004년 8월 10일　2,000엔(세금 포함)

전작 「사라진 후계자」의 프리퀄 스토리로, 전작 주인공인 소년이 탐정의 길을 걷는 계기가 된 사건을 그렸다. 고교의 괴담 소문을 큰 축으로 하여, 학생이 피해자인 살인사건과 공소시효 만료 직전인 다른 살인사건을 해결한다. 흡연 장면이 있어 15세 이용가 게임이 되었다.

패미컴 미니 29 : 악마성 드라큘라

ACT　닌텐도　2004년 8월 10일　2,000엔(세금 포함)

주인공 '시몬 벨몬드'를 조작해, 기본공격인 채찍과 서브웨폰을 사용해 총 3개 구역으로 구성된 각 스테이지에서 기다리는 보스를 물리치고 악마성 최상층으로 향하는 액션 게임. 서브웨폰 '십자가'는 효과가 절대적이니, 연사능력을 올린 채찍 공격과 함께 사용해보자.

패미컴 미니 30 : SD건담 월드 가샤퐁 전사 스크램블 워즈

SLG　닌텐도　2004년 8월 10일　2,000엔(세금 포함)

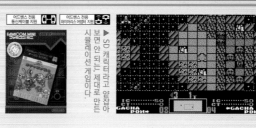

건담의 메카닉들이 SD 캐릭터화되어 등장하는 인기 SLG 시리즈 첫 번째 작품. 전투가 액션 게임식이라, 조작 실력만 있으면 싸구려 기체로 고가의 기체를 물리칠 수 있는 것도 특징이다. 젤구그는 가성비가 좋은 추천 MS. 원작에서도 길기로 유명했던 CPU 사고 시간은 여전히 길다.

게임이 2개라서 더 재미있는 트윈 시리즈 ①
목표는 데뷔! 패션 디자이너 이야기 + 귀여운 애완동물 게임 갤러리 2

ETC　컬처 브레인　2004년 8월 12일　5,040엔(세금 포함)

게임 2개를 하나 가격에 즐기는 '트윈 시리즈'의 제 1탄. 패션 디자이너를 노리는 스토리에 연애물을 가미한 「목표는 데뷔! 패션 디자이너 이야기」와, 귀여운 애완동물과 함께 미니게임을 즐기는 「귀여운 애완동물 게임 갤러리 2」를 합본 수록했다.

서몬 나이트 : 크래프트 소드 이야기 2

RPG　반프레스토　2004년 8월 20일　6,090엔(세금 포함)

장비와 무기를 직접 대장간에서 만들어내는 RPG 시리즈의 2번째 작품. 대장장이 견습생인 주인공이 소환수를 봉인하러 호위수와 함께 모험하는 스토리를 그렸다. 무기는 해머·소드·액스·스피어·너클·드릴이 있고, 필드 상에는 특정 무기가 있어야만 지나갈 수 있는 장소도 있다.

크래시 밴디쿳 : 폭주! 니트로 카트

RCG 코나미 2004년 8월 26일 5,040엔(세금 포함) GBA 케이블 지원

「크래시 밴디쿳」 시리즈 중에서는 2번째인 레이싱 게임. 이번 작품의 무대는 우주로서, 다양한 행성과 반중력시대로 코스를 구성했다. 특정 캐릭터 근처에 있으면 게이지가 축적되며 MAX가 되면 아이템을 맘껏 사용 가능한 '팀 피버'를 새로 도입해, 대전이 더욱 치열해졌다.

슈퍼 마리오 볼

ACT 닌텐도 2004년 8월 26일 4,800엔(세금 포함)

피치 공주가 쿠파에게 사로잡혀버렸다! 이번엔 마리오가 핀볼 구슬이 되어 '유원지'·'초원'·'설원'·'사막'의 각 핀볼 스테이지에서 모든 스타를 모아 쿠파 성으로 잠입해야 한다! 플리퍼를 잘 조작해, 볼이 된 마리오와 함께 핀볼 게임을 즐기는 작품이다.

무적코털 보보보 : 폭투 엽기대전

ACT 허드슨 2004년 9월 9일 5,040엔(세금 포함) GBA 케이블 지원

주간 소년 점프에 연재되던 같은 제목의 인기 만화·TV애니메이션을 게임화했다. 기본적으론 격투 게임이지만, 미니게임과 카드 수집 등 컨텐츠가 풍부하다. 보보보 일행이 각자의 욕망을 이루려 격투대회에 참가한다는 스토리로, 원작의 특징을 살린 장치가 대량 들어가 있다.

포켓몬스터 에메랄드

RPG 닌텐도 2004년 9월 16일 3,800엔(세금 포함) GBA 케이블 지원

2002년 발매된 「포켓몬스터 루비·사파이어」의 어나더 버전. 입수 가능한 포켓몬이 늘어났고, 스토리에 호연지방 제3의 전설 포켓몬 '레쿠쟈'가 개입하며, 마그마단·아쿠아단과 적대하는 등의 변경점이 있다. '배틀 프론티어'가 등장해 파고들 요소도 늘어났다.

어드밴스 가디언 히어로즈

ACT 트레저 2004년 9월 22일 5,040엔(세금 포함)

세가새턴판 「가디언 히어로즈」의 속편이라는 포지션이지만, 게임 시스템이 크게 바뀌어 벨트스크롤 액션 게임이 된 작품. 대전 모드에서는 게임에 등장하는 모든 캐릭터를 조작할 수 있다. 대전의 치밀한 심리전을 즐길 수 있도록 밸런스도 디테일하게 조정했다.

엔젤 컬렉션 2 : 피치모가 되자

SLG MTO 2004년 9월 22일 5,040엔(세금 포함)

가켄 플러스 사가 발행하던 패션잡지 '피치레몬'과의 콜라보 게임. 이 잡지에서 활약하는 모델(피치모)이 캐릭터로 등장한다. 주인공인 소녀가 되어, 학교와 점포를 다니며 쇼핑을 하거나 패션을 연구하자. 휴대폰으로 정보를 입수하거나 미니게임을 즐길 수도 있다.

골프천재 탄도 : 날려라! 승리의 스마일 샷!!

ACT　타카라　2004년 9월 22일　5,040엔(세금 포함)

주간 소년 선데이에서 연재되던 같은 제목의 만화·애니메이션(원제는 'DAN DOH!!')을 게임화했다. 화면 아래에 표시되는 게이지를 살피며 파워와 미트를 결정해 샷을 날리자. 게임 모드는 전부 6가지. 주인공 '탄도' 등, 작품의 등장 캐릭터들을 사용해 대회에 참가하여 우승을 노린다.

모두의 소프트 시리즈 : 모두의 쇼기

TBL　석세스　2004년 9월 24일　3,654엔(세금 포함)

초보자에게도 재미있는 쇼기 게임. 일본인이라면 어릴 적 쇼기를 배울 때 '마와리쇼기'로 쇼기 말 이름을 외우던 기억이 있을 터이다. 박보장기 문제도 풍부해 기초를 다진 후 대전해볼 수 있고, 컴퓨터의 사고시간도 빠르며 외통수의 원인을 찾는 데 편리한 '물리기'도 가능하다.

파이어 엠블렘 : 성마의 광석

SLG　닌텐도　2004년 10월 7일　4,800엔(세금 포함)

시리즈 중에선 드물게, 타 작품과 전혀 연관이 없는 타이틀. 쌍둥이 공주와 왕자가 주인공인 총 15장의 스토리가 전개된다. 난이도는 낮지만 몬스터가 다수 등장하며 전투 연출도 다이내믹해졌다. 클래스 체인지를 통한 육성과 EX 맵 추가 등, 파고들기 요소가 충실하다.

돌려라 메이드 인 와리오

ACT　닌텐도　2004년 10월 14일　4,800엔(세금 포함)

회전 센서
카트리지

카트리지에 회전 센서를 탑재해, 게임기 본체를 통째로 돌려 조작하는 「메이드 인 와리오」 시리즈 작품. 몇 초만에 끝나는 '초미니게임'을 연달아 플레이하며, 얼마나 클리어 했는지를 겨룬다. 스테이지 최후엔 보스 게임도 있어, 이를 통과하면 스테이지가 클리어된다.

F-ZERO CLIMAX

RCG　닌텐도　2004년 10월 21일　4,800엔(세금 포함)

유명한 「F-ZERO」 시리즈의 신작으로, '클라이맥스'란 단어는 '궁극'을 의미하며 시리즈 첫 작품의 코스를 다시 채용했다. 특정 조건을 클리어할 때마다 새 차종이 추가되는 등 파고들기 요소도 많다. BGM도 과거 곡을 편곡해 넣은 등, 오랜 팬에게 바치는 작품이라 하겠다.

전투원 야마다 하지메

ACT　키즈 스테이션　2004년 10월 21일　5,040엔(세금 포함)

악의 조직 '보츠칸 제국'의 전투원으로 임명돼버린 소년 '야마다'를 조작해 지령을 완수하는 코믹한 액션 게임. 지령 실행과 민간인 공격으로 총 피해액을 올려야 하지만, 시간이 지나면 강력한 히어로가 등장하니 주의. 체력이 바닥나 작전이 실패해도 스토리는 계속 진행된다.

게임이 2개라 더 재미있는 트윈 시리즈 ②
멋쟁이 프린세스 4 + 스위트 라이프 + 연애점 대작전
ETC　컬처 브레인　2004년 10월 22일　4,599엔(세금 포함)

「멋쟁이 프린세스」 시리즈 제 4탄은 단독발매가 아니라 '트윈 시리즈'로만 수록되었다. 금번의 수록 다이틀은 2개가 아니라, 멋을 연구하는 「멋쟁이 프린세스 4」와 연애 파티 게임 「스위트 라이프」, 남자친구와의 상성을 점쳐보는 「연애점 대작전!」 3개로 구성돼 있다.

오챠켄 데굴데굴 : 기분 좋은 퍼즐로 '푹' 쉬어볼까?
PZL　MTO　2004년 10월 28일　4,179엔(세금 포함)

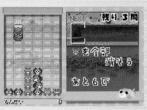

친숙한 힐링계 캐릭터 '오챠켄'이 주인공인 액션 게임과, 언제든지 간편하게 즐기는 낙하식 퍼즐 게임 「오챠켄의 온수 컵」을 수록했다. 등장하는 개·고양이는 개성이 풍부하고 성격도 제각각이다. 퍼즐 게임은 고정화면 문제를 다수 수록했고, 라이벌과 통신대전도 가능하다.

구투사 배트롤러 엑스
RPG　반다이　2004년 10월 28일　5,040엔(세금 포함)

'V점프' 10주년 프로젝트로서 전개된 만화·게임 연동 기획에 따라 제작된 작품. 작중의 '배트롤링'이란, 생체 에너지 '아우라'를 무기화한 '아머릿' 소유자들끼리 싸우는 스포츠다. 플레이어는 최대 3종류의 '암'을 장비 가능. 암을 어떻게 조합하느냐에 따라 필살기가 변화한다.

프루츠 마을의 동물들
SLG　TDK 코어　2004년 10월 28일　5,040엔(세금 포함)

프루츠 마을의 소녀 '루체'를 조작해 병 속에 편지를 넣어 보내, 모르는 나라의 동물들을 초대해 프루츠 랜드를 만들어가는 시뮬레이션 게임. 등장하는 캐릭터는 귀여운 모습으로 의인화된 동물들이다. 때때로 방문하는 동물 친구들과 친교를 다져 프루츠 마을을 발전시키자.

불타라!! 잘레코 컬렉션
SPT　잘레코　2004년 10월 28일　5,040엔(세금 포함)

「불타라!! 프로야구」로 대표되는 잘레코의 「불타라!!」 시리즈 중 '프로 테니스'·'주니어 농구'·'프로 축구'·'유도 워리어즈' 등을 수록한 작품. 원작은 번트로 홈런을 날릴 수 있는 것으로 유명했으므로, 누구든 한 번은 시험해봤으리라. 이 작품으로 잘레코 게임의 묘미를 맛보자!

□난 머리를 ○게 만들자. 어드밴스 : 한자·계산
ETC　IE 인스티튜트　2004년 11월 4일　5,040엔(세금 포함)

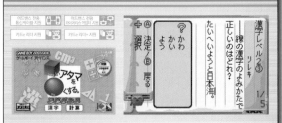

미래에서 찾아온 꽤나 똑똑한 로봇과 함께 다양한 시대를 돌며 모험하고 배우는 어드벤처 풍 학습용 소프트. 문제풀이만 하는 '학습' 모드, 미니게임을 즐기며 배우는 '어드벤처' 모드도 있어, 흥미를 잃지 않도록 게임을 디자인했다. 당시 일본의 초등학교 저학년 대상의 문제가 출제된다.

HARDWARE | 2001's SOFT | 2002's SOFT | 2003's SOFT | 2004's SOFT | 2005's SOFT | 2006's SOFT | SOFT INDEX

□난 머리를 ○게 만들자. 어드밴스 : 국어·산수·사회·이과

ETC　IE 인스티튜트　2004년 11월 4일　5,040엔(세금 포함)

「한자·계산」(140p)과 동일하게, 게임 요소를 도입한 학습용 소프트. 플레이어의 성별과 마스코트를 고른 후 게임을 시작해 여러 모드로 학습을 진행한다. 마스코트는 □형과 ○형으로 나뉘며, 고르면 게임의 안내 역할을 해준다. 당시 일본의 초등학교 고학년 대상의 문제가 출제된다.

진 여신전생 데빌 칠드런 : 메시아라이저

RPG　로켓 컴퍼니　2004년 11월 4일　5,040엔(세금 포함)

시리즈 중에선 드물게, 아틀라스가 아닌 타사가 발매한 작품. 외전격의 포지션으로, 코믹한 그래픽이 특징이다. 주인공으로는 '진'과 '아키라' 중 하나를 선택한다. 미션 형식의 배틀에 실시간제를 도입하여, 플레이어가 신속하게 판단해야 한다. 통신대전도 지원한다.

젤다의 전설 : 이상한 모자

AVG　닌텐도　2004년 11월 4일　4,800엔(세금 포함)

소꿉친구인 젤다 공주에게 걸린 마인의 저주를 풀러 하이랄 왕국을 모험하는 액션 어드벤처 게임. 몸을 축소해 미시 세계를 탐험하는 것이 특징으로, 좁은 틈도 통과 가능하지만 반대로 빗방울과 물웅덩이, 졸개 적도 큰 위협이 된다. 같은 필드도 시점에 따라 완전히 바뀌는 심오한 구성과, 옛날이야기 풍 세계관이 재미있는 작품. 변신은 모험 도중 만나는 모자형 생물 '에제로'가 동료가 되면 가능하며, 하이랄에 사는 작은 종족 '피콜'과도 교류하게 된다.

슈퍼 리얼 마작 동창회

TBL　로켓 컴퍼니　2004년 11월 4일　5,040엔(세금 포함)

에로틱함이 가득한 마작 게임「슈퍼 리얼 마작」. 팬들 사이에선 'P2'로 불리는 2번째 작품부터 7번째 작품까지에 등장하는 소녀들과 2인 대국 마작으로 대전하자! 이 작품에는 탈의 장면이 없지만, 대신 승리하면 '교복'·'경기용 수영복' 등으로 갈아입어준다. 소녀들의 매력을 재확인하자!

킹덤 하츠 : 체인 오브 메모리즈

RPG　스퀘어 에닉스　2004년 11월 11일　6,278엔(세금 포함)

디즈니와 스퀘어 에닉스의 콜라보 작품인 인기 시리즈의 신작. 시리즈 첫 작품에서 이어지는 스토리다. 액션 롤플레잉 게임이지만, 전투를 포함해 많은 행동이 카드로 진행된다. 카드의 강약과 덱 구성 등의 요소도 있어, 카드 게임과 액션 게임을 융합한 듯한 특색이 있다.

학원 앨리스

AVG　키즈 스테이션　2004년 11월 18일　5,040엔(세금 포함)

같은 제목의 소녀만화·애니메이션이 원작인 어드벤처 게임. 천부적인 재능 '앨리스'를 지닌 사람만 입학할 수 있는 '앨리스 학원'의 전학생이 되어 학교생활을 보내자. 평일은 미니게임 풍의 수업을 받고 성적 올리기에 매진한다. 휴일엔 친구들과의 쇼핑 등, 이벤트가 가득하다.

드래곤볼 어드밴스 어드벤처

ACT　반프레스토　2004년 11월 18일　5,040엔(세금 포함)

GBA로 발매된 「드래곤볼」 시리즈론 마지막 작품. 횡스크롤 액션 게임으로, 스토리는 부르마와의 만남부터 피콜로 대마왕을 물리치기까지의 '오공의 소년시대'를 그렸다. 스토리를 진행하는 '스토리' 모드와, 천하제일무도회 등에서 1:1로 싸우는 '1대1 배틀'을 준비했다.

메탈 슬러그 어드밴스

STG　SNK 플레이모어　2004년 11월 18일　5,040엔(세금 포함)

횡스크롤 액션 슈팅 게임 「메탈 슬러그」가 신 스테이지를 앞세워 등장했다. 이번 작품은 라이프제가 되었고, 어드밴스판 고유의 신 시스템 '메탈 슬러그 카드'를 탑재했다. 카드를 입수하면 자신을 강화시킬 수 있다. 덕분에 스테이지에 숨겨진 카드를 탐색하는 재미가 늘었다.

니모를 찾아서 : 새로운 모험

ACT　유크스　2004년 11월 19일　5,040엔(세금 포함)

픽사 제작 CG 영화의 게임화 제 2탄. 이번 작품은 영화에서도 등장한 어항 관상어 일당 '탱크 갱'을 니모와 말린, 도리가 바다로 돌려보낸다는 스토리다. 액션 스테이지를 클리어하면 미니게임으로 넘어가며, 미니게임은 에어하키와 블록깨기 등 꽤 다양한 장르로 수록했다.

귀여운 강아지 멍더풀

SLG　MTO　2004년 11월 25일　5,040엔(세금 포함)

남자아이·여자아이 중에서 플레이어를 골라, 개와 함께 지내는 육성 시뮬레이션 게임. 개는 닥스훈트와 치와와 등, 총 18종류 49타입이 등장한다. 일정 기간 놀아주거나 돌봐주면, 그 결과로 도그 쇼에서 우승하거나 동네의 인기를 독차지하는 등 강아지의 장래가 변화한다.

기동전사 건담 SEED DESTINY

ACT　반다이　2004년 11월 25일　5,040엔(세금 포함)

같은 제목의 애니메이션이 원작인 대전격투 게임. 'SEED'와 'DESTINY' 양 작품의 모빌슈츠들이 등장한다. 다양한 기체를 조작 가능하며, 난해한 조작을 간략화해주는 기능도 준비돼 있다. 초보자용의 노멀 모드 외에, 서바이벌과 타임 트라이얼 등 7가지 모드를 마련했다.

HARDWARE

2001's SOFT

2002's SOFT

2003's SOFT

2004's SOFT

2005's SOFT

2006's SOFT

SOFT INDEX

게임보이 워즈 어드밴스 1+2

SLG　닌텐도　2004년 11월 25일　4,800엔(세금 포함)

서양에선 이미 발매되었던 전략 SLG 「게임보이 워즈」 시리즈 두 작품을 합본 수록한 게임. 공장과 항구, 공항을 제압하여 아군 유닛을 생산해, 적 수도를 제압하거나 적 유닛을 전멸시키면 승리한다. 맵을 개시하기 전에 '사령관'을 하나 골라야 하는데, 사령관은 고유 효과가 있는 필살기 '사령관 브레이크'를 발동할 수 있어, 사용 타이밍에 따라서는 전황을 뒤집을 수도 있다. 두 작품 모두 통신을 지원해, 자작 맵 교환과 최대 4명 동시 대전이 가능하다.

망각의 선율

ACT　반다이　2004년 11월 25일　6,090엔(세금 포함)

같은 제목의 만화·애니메이션이 원작인 어드벤처 게임. 멀티 시나리오제를 채용해, 캐릭터별로 독자적인 시나리오가 전개된다. 주인공은 '보카'·'토오네'·'코코' 세 명. 액션 신에서는 무기로 싸우고 필살기도 사용할 수 있으며, 필살기 발동 시에는 애니메이션이 삽입된다.

Riviera : 약속의 땅 리비에라

RPG　스팅　2004년 11월 25일　6,090엔(세금 포함)

원더스완에서 호평을 받았던 롤플레잉 게임의 이식작. 유구한 대지 '리비에라'를 무대로 삼은 천사와 정령의 이야기다. 독특한 팀제 포메이션 배틀이 특징이며, 주요 등장인물이 주인공을 제외하고는 전부 여성이라는 하렘 요소도 있는 등, 그래픽으로도 시스템으로도 호평을 받은 작품.

알렉 보튼 어드벤처 : 타워＆샤프트 어드밴스

ACT　아루제　2004년 11월 26일　5,040엔(세금 포함)

과거 일본의 MSX 전문 잡지에 실렸던 아마추어 프로그램 '8192층의 탑'이 원전인 액션 게임. 해당 작품의 아케이드 판인 「타워＆샤프트」의 이식작으로, 끝없이 올라가야 하는 'TOWER'와 끝없이 내려가야 하는 'SHAFT'를 비롯해, 보석을 모으는 모드와 통신 기능도 추가했다.

Kiss×Kiss 세이레이 학원

SLG　반다이　2004년 12월 2일　5,040엔(세금 포함)

'챠오' 지에서 연재되던 인기 만화 '키스 키스'가 원작인 연애 시뮬레이션 게임. 소년들과 대화하거나 도시락을 나눠 먹는 등으로 호감도를 올려, 최종적으로 밸런타인데이에 맺어지는 것이 목표다. 플레이 기간은 1년간. 하루의 스케줄을 결정해, 사랑을 키워가자.

어드밴스 전용 통신케이블 지원　｜ 어드밴스 전용 통신케이블 지원　｜ 어드밴스 전용 와이어리스 어댑터 지원　｜ 어드밴스 전용 와이어리스 어댑터 지원　｜ 카드e 리더 지원　｜ 카드e 리더 지원　｜ 카드e 리더+ 지원　｜ 카드e 리더+ 지원

The Urbs : 심즈 인 더 시티

AVG　일렉트로닉 아츠　2004년 12월 2일　5,040엔(세금 포함)

'심'이라 불리는 캐릭터를 조작해 인생을 성공시키는 시뮬레이션 게임. 사람들과 대화하거나 아이템을 모아 평판을 올려, 최고의 유명인이 되는 게 목적이다. 인간관계를 잘 구축하면 직업적으로도 출세한다. 통신 케이블을 사용하면 미니게임 플레이나 아이템 교환이 가능하다.

시나몬 : 꿈의 대모험

ACT　이매지니어　2004년 12월 2일　5,040엔(세금 포함)

산리오의 캐릭터 '시나몬'이 주인공인 액션 게임. 무대는 꿈의 세계. 파스텔톤 색감의 그래픽으로 판타지스러운 세계관을 잘 연출해냈다. 큼직한 귀를 이용해 부유하는 시나몬을 조작해, 곳곳에 놓여있는 디저트들을 모으면서 골인 지점으로 향하자.

실바니안 패밀리 : 패션 디자이너가 되겠어! 호두 다람쥐 소녀

SLG　에포크 사　2004년 12월 2일　5,040엔(세금 포함)

'호두 다람쥐 소녀'가 주인공인 시뮬레이션 게임. 실바니안 마을 주민들의 의뢰를 받아 양복과 액세서리를 만들자. 다양한 이벤트를 거쳐, 동경하던 패션 디자이너가 되는 것이 목표다. 이번 작품에선 이동방법을 전체 맵에서 선택하기만 하는 식으로 간략화했다.

파워프로 군 포켓 7

SLG　코나미　2004년 12월 2일　5,229엔(세금 포함)

기발한 스토리가 특징인 야구 게임 시리즈의 게임보이 어드밴스판 마지막 작품. 메인 석세스 모드는 팀을 강탈한 히어로로의 타도가 목표인 '의문의 전학생 코시엔 히어로 편', 히든 석세스는 1923년의 일본을 무대로 사립탐정이 되어 모험하는 '타이쇼 모험기담 편'을 수록했다.

인크레더블

ACT　D3 퍼블리셔　2004년 12월 2일　5,040엔(세금 포함)

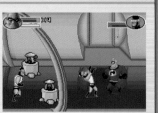

같은 해 개봉했던 픽사 사 제작의 극장판 애니메이션을 게임화했다. 기본은 벨트스크롤 액션 게임이며, 4종의 필드와 39종의 스테이지로 구성했다. 각 스테이지마다 조작 가능한 캐릭터가 고정되는 게 특징. 게임성도 심플해, 그 장소에서 출현하는 적을 전멸시키면 다음으로 넘어간다.

음양대전기 영식

RPG　반다이　2004년 12월 9일　5,040엔(세금 포함)

당시 반다이가 전개했던 미디어믹스 작품. 같은 시기에 만화 연재와 TV 애니메이션 방영도 이루어졌다. 주요 캐릭터들이 거의 모두 등장하는 오리지널 시나리오로, 사역 가능한 식신도 72마리나 된다. 통신대전도 지원하며, 통신대전 전적에 따라 동료로 삼을 수 있는 식신도 바뀐다.

STG 슈팅 게임　ACT 액션 게임　PZL 퍼즐 게임　RPG 롤플레잉 게임　SLG 시뮬레이션 게임　SPT 스포츠 게임　RCG 레이싱 게임　AVG 어드벤처 게임　ETC 교육·기타　TBL 테이블 게임

크래시 밴디쿳 어드밴스 : 두근두근 친구들 대작전!

ACT 비벤디 유니버설 게임즈 2004년 12월 9일 5,040엔(세금 포함)

월드를 탐험하는 액션 파트와, 월드 내의 입구에서 도전하는 여러 미니게임으로 구성된 작품. 「스파이로 어드밴스 : 두근두근 친구들 대작전!」과 연동시켜, 게임에서 얻은 트레이딩 카드를 교환할 수 있다. 한쪽에만 나오는 카드도 있어, 완전 수집하려면 두 게임 모두 필요하다.

스파이로 어드밴스 : 두근두근 친구들 대작전!

ACT 비벤디 유니버설 게임즈 2004년 12월 9일 5,040엔(세금 포함)

SCE의 캐릭터 '스파이로'와 '크래시'가 크로스오버하는 액션 게임&미니게임 모음집. 이 게임은 스파이로를 조작하는 버전으로, 신규 요소로서 트레이딩 카드 수집이 추가되었다. 크래시 버전과는 입수 가능한 카드가 달라, 완전 수집하려면 통신기능을 사용해야 한다.

무적뱅커 크로켓! Great : 시공의 모험자

RPG 코나미 2004년 12월 9일 5,040엔(세금 포함)

인기 시리즈 제 5탄. 이전 작품들과는 달리 전략 시뮬레이션 게임이 되었다. 시나리오는 이 작품용으로 새로 제작했으며, 현재·과거·미래를 무대로 동료들과 협력해 모험한다는 내용이다. 전투 신에서는 대전격투 장르로 바뀐다. 캐릭터는 모험 도중부터 강화시킬 수 있다.

개구리 중사 케로로 : 대결! 폭주 케롱프리 대작전입니다!!

RCG 선라이즈 인터랙티브 2004년 12월 9일 5,040엔(세금 포함)

같은 제목의 만화·애니메이션이 원작인 격투 레이싱 게임. 원작의 매력인 패러디 요소를 꽉꽉 우겨넣었다. 대사와 특수 액션은 물론, 컷인 시스템도 도입해 원작 특유의 표리부동한 캐릭터성을 잘 재현했다. 케이블을 사용하면 대전도 가능하며, 상대와 아이템 교환도 할 수 있다.

헬로! 아이돌 데뷔 : 키즈 아이돌 육성 게임

SLG TDK 코어 2004년 12월 9일 5,040엔(세금 포함)

아이돌을 꿈꾸는 초등학생이 주인공인 육성 시뮬레이션 게임. 아이돌 양성 학교에 입학해, 동기 및 선생과의 이벤트를 거쳐 톱 아이돌을 목표로 하자. 게임 기간은 2년간. 능력치에 따라 주인공의 용모가 변화한다. 엔딩은 15종류가 준비돼 있다.

푸쿠푸쿠 천진 회람판 : 어서 오세요! 일루전 랜드에

ETC 마벨러스 인터랙티브 2004년 12월 9일 5,040엔(세금 포함)

쇼가쿠칸 사의 만화잡지 '챠오'에서 연재하던 인기 만화의 게임화 작품 제 3탄. 말판놀이 게임 스타일로서, 주인공 강아지 '츠키시타 푸쿠푸쿠'가 동료 개들과 함께 일루전 랜드에서 모험한다. 이 작품의 오리지널 캐릭터도 등장. 통신 케이블로 다인수 플레이도 지원한다.

HARDWARE

2001's SOFT

2002's SOFT

2003's SOFT

2004's SOFT

2005's SOFT

2006's SOFT

SOFT INDEX

빛의 전사 프리큐어 : 말도 안 돼~! 꿈의 정원은 대미궁

ACT 반다이 2004년 12월 9일 5,040엔(세금 포함)

같은 제목 애니메이션(원제는 '우리 둘은 프리큐어')의 첫 게임화 타이틀. 퍼즐을 풀며 진행하는 액션 게임이다. 두 프리큐어를 조작해 '꿈의 힘'과 '카드'를 모아 장치를 동작시켜 전진한다. '꿈의 힘'을 모으면 문이 열리며, '카드'로는 미니게임을 즐길 수 있다. 보스전에선 필살기가 작렬한다.

포켓 개

SLG 아가츠마 엔터테인먼트 2004년 12월 9일 5,040엔(세금 포함)

실사영상을 사용해 묘사한 개와의 커뮤니케이션 게임. 치와와와 닥스훈트 등 제각기 성격이 다른 개 8종류와의 대화 및 미니게임을 즐긴다. 계속 말을 걸거나 놀이도구를 주면 개의 호감도가 올라 새로운 포즈를 취해주기도 한다. 점술 기능과 미니게임도 탑재했다.

요시의 만유인력

ACT 닌텐도 2004년 12월 9일 4,800엔(세금 포함) 기울기 센서 카트리지

요시가 정령에게서 받은 '세계 전체를 기울이는 힘'을 구사해 진행하는 액션 게임. 카트리지에 기울기 감지 기능을 탑재해, GBA 본체를 기울이면 게임 내 세계에도 반영된다. 수직 절벽을 평지로 만들거나 눈덩이를 굴려 키우는 등, 센서 기능을 살린 진행이 이색적인 작품이다.

록맨 EXE 5 : 팀 오브 블루스

RPG 캡콤 2004년 12월 9일 4,990엔(세금 포함)

인기 시리즈 제 5탄. 4편의 속편으로, '소울 유니즌'과 '다크 칩' 등 전작의 요소를 계승했다. 신 요소인 '리버레이트 미션'이 추가되어, 록맨 외의 아군 내비를 조작 가능해졌다. 목표 턴보다 낮은 턴수로 승리하면 더 좋은 보수 아이템을 얻게 된다.

게임이 2개라 더 재미있는 트윈 시리즈 ③
곤충 몬스터 왕자결정전 + 슈퍼 차이니즈 래비린스

ETC 컬처 브레인 2004년 12월 10일 5,040엔(세금 포함)

게임 2종의 합본 수록 시리즈 제 3탄. 1학기 마지막 날 전학해온 탓에 친구가 없던 소년이 유행에 휩쓸려 '곤충몬'을 길러 배틀시키는 경기에 도전하는 「곤충 몬스터 왕자결정전」과, 4가지 색의 블록을 지정 위치로 옮기는 퍼즐 게임 「슈퍼 차이니즈 래비린스」를 수록했다.

게임이 2개라 더 재미있는 트윈 시리즈 ④
햄햄 몬스터 EX 햄스터 이야기 RPG + 햄스터 이야기 마법의 미궁 1·2·3

ETC 컬처 브레인 2004년 12월 10일 4,599엔(세금 포함)

두 작품을 합본 수록한 시리즈 제 4탄이지만, 「햄스터 이야기 마법의 미궁 1·2·3」는 3개 작품의 합본이므로 실질적으로는 4개 작품이 합쳐져 있다. 햄스터를 모델로 삼은 캐릭터를 조작해 롤플레잉 게임·퍼즐·어드벤처 등 여러 장르의 게임을 즐기는 풍성한 볼륨의 소프트.

STG 슈팅 게임 ACT 액션 게임 PZL 퍼즐 게임 RPG 롤플레잉 게임 SLG 시뮬레이션 게임 SPT 스포츠 게임 RCG 레이싱 게임 AVG 어드벤처 게임 ETC 교육·기타 TBL 테이블 게임

게임이 2개라 더 재미있는 트윈 시리즈 ⑤

멍멍 명탐정 EX + 마법 나라의 케이크 가게 이야기

ETC　컬처 브레인　2004년 12월 10일　4,599엔(세금 포함)

두 작품을 합본한 시리즈 제 5탄. 탐정으로서의 능력을 미니게임과 커맨드 실행으로 육성하는 '멍멍 탐정학교'를 비롯해 '멍멍 명탐정', '멍멍 탐정사' 모드가 있는 「멍멍 명탐정 EX」와, 레시피를 모아 케이크를 만드는 「마법 나라의 케이크 가게 이야기」를 수록했다.

게임이 2개라 더 재미있는 트윈 시리즈 ⑥

멍냐옹 아이돌 학교 + 강아지와 함께 스페셜

ETC　컬처 브레인　2004년 12월 10일　4,599엔(세금 포함)

두 작품을 합본한 시리즈 제 6탄. 「멍냐옹 아이돌 학교」는 개·고양이 모습의 아이돌 후보생을 스케줄 관리하며 육성하는 게임이며, 「강아지와 함께 스페셜」은 빠삐용만 육성 가능한 「강아지와 함께 2 라이트 : 빠삐용 편」과 「코스프레 멍멍이 EX」를 합본한 작품.

Get Ride! 암드라이버 : 출격! 배틀 파티

TBL　코나미　2004년 12월 16일　5,040엔(세금 포함)

이 해에 방영했던 같은 제목 애니메이션의 게임화 제 2탄. 이번엔 SD화된 캐릭터를 사용한 파티 게임이 되었다. 보드 게임과 카드 배틀을 조합한 시스템이며, 슬롯을 돌려 필드를 이동하고, 적과는 카드 배틀로 전투한다. 통신 기능을 사용하면 4인 동시 플레이도 가능하다.

위험최강 단거 할아버지 3 : 끝없는 마물 이야기

ACT　키즈 스테이션　2004년 12월 16일　4,980엔(세금 포함)

같은 제목 만화·애니메이션의 게임화 제 4탄. 손자의 숙제 마무리를 위해 '할아버지' 일행이 옛날이야기 그림책의 세계로 뛰어든다. 기본적으로는 횡스크롤 액션 게임으로, 캐릭터를 전환해 공략한다. 필살기는 물론, 탈것을 사용한 공격과 협력기술 '도와주기 액션'도 있다.

진형(真型) 메다로트 : 장수풍뎅이 버전

RPG　이매지니어　2004년 12월 16일　5,040엔(세금 포함)

「메다로트」 시리즈 첫 번째 작품을 키타자와 나오키의 캐릭터·메카닉 디자인으로 리뉴얼하여 팝&큐트 스타일로 리메이크한 작품. 대강의 스토리라인은 원작대로이나, 등장인물·기체를 새로 바꾸고 「메다로트 2 CORE」의 시스템을 채용하는 등 여러 부분을 변경했다.

진형(真型) 메다로트 : 사슴벌레 버전

RPG　이매지니어　2004년 12월 16일　5,040엔(세금 포함)

「진형 메다로트 : 장수풍뎅이 버전」의 어나더 버전. 두 작품 모두 등장 메다로트가 60종으로, 원작의 볼륨을 준수했다. 로보틀을 막 시작한 소년이 실력을 키워 세계정복을 꾀하는 로보로보 단을 물리치는 스토리를 그렸으며, 여러 히로인 후보들에 각각 개별 엔딩을 마련했다.

HARDWARE
2001's SOFT
2002's SOFT
2003's SOFT
2004's SOFT
2005's SOFT
2006's SOFT
SOFT INDEX

조이드 사가 퓨저즈

RPG　토미　2004년 12월 16일　5,040엔(세금 포함)

일본에서 같은 해 방영한 TV 애니메이션의 게임판. 과거 시리즈의 캐릭터들이 등장해 얽혀가는 스토리다. 애니메이션판 오리지널 설정이었던 'Zi 유니존'을 사용해 조이드끼리 합체시키면 능력이 대폭 오른다. 등장 조이드는 130종 이상. 합체 패턴은 거의 무한대에 가깝다.

리틀 파티시에 : 케이크의 성

SLG　MTO　2004년 12월 16일　5,040엔(세금 포함)

'코무기'와 '우사코' 둘이서 파티시에가 되기 위해 일본 각지를 돌아다니는 보드 게임. 홋카이도부터 오키나와까지, 일본 14개 도시를 여행한다. 각 도시간의 이동은 말판놀이 형식. 포인트를 모아 케이크 가게를 차리자. 디저트 만드는 법을 묘사한 게임 20종류를 수록했다.

듀얼 마스터즈 3

TBL　아틀라스　2004년 12월 16일　5,040엔(세금 포함)

스트랄 네뷸러를 리동봉했다. 초생산반에는 홀로그램 카드 아

같은 제목의 트레이딩 카드 게임을 소재로 삼은 만화의 게임화 제 3탄. 확장팩의 총 5장~EX 기반으로 스토리를 구성했으며, 맵을 이동한 후 등장인물과 대화 및 듀얼을 하는 식으로 스토리가 진행된다. 강제로 시작되는 난입자와의 듀얼을 승리하면 카드를 획득하지만, 팩으로는 얻을 수 없는 프로모션 카드 일부는 여러 요건을 만족시켜 상대를 본색 모드로 만들어 승리해야만 얻는다. 통신 케이블을 이용한 대전과 카드 트레이드는 DM센터에서 할 수 있다.

제멋대로☆요정 미르모 퐁퐁퐁! : 의문의 열쇠와 진실의 문

AVG　코나미　2004년 12월 16일　5,040엔(세금 포함)

같은 제목 만화·애니메이션의 게임화 제 5탄. 시리즈 최초로 4인 파티제를 채용한 액션 게임이며, 전작처럼 어드벤처 모드와 미니게임으로 시나리오를 진행한다. 소문으로 떠도는 '토르스'를 찾기 위해 미르모 일행이 여행을 떠난다. 통신기능으로 친구와 메일 교환도 가능하다.

멍멍이 믹스 : 멍멍이월드

SLG　TDK 코어　2004년 12월 16일　5,040엔(세금 포함)

같은 제목의 만화를 소재로 삼은 어드벤처 게임. 플레이어는 강아지 '타스케'를 조작해 주인 및 친구들과 교류한다. 11종류의 이벤트 시나리오를 비롯해 14종류의 미니게임, 100종류 이상이나 되는 보물이 등장한다. 통신 기능을 사용해 보물을 교환할 수도 있다.

STG 슈팅 게임　ACT 액션 게임　PZL 퍼즐 게임　RPG 롤플레잉 게임　SLG 시뮬레이션 게임　SPT 스포츠 게임　RCG 레이싱 게임　AVG 어드벤처 게임　ETC 교육·기타　TBL 테이블 게임

귀여운 애완동물 게임 갤러리 2

ETC 컬처 브레인 2004년 12월 17일 3,654엔(세금 포함)

동물을 테마로 삼은 게임 모음집. 육성 게임 「강아지와 함께 라이트」와 액션 어드벤처 게임 「햄스터 이야기 : 마법의 미궁」, 퍼즐 게임 「냐옹과 츄의 레인보우 매직」, 레이싱 게임 등의 미니게임 모음집 「와글와글 게임 컬렉션」의 4개 작품을 수록했다.

트윈 퍼즐 코스프레 멍멍이 EX + 냐옹과 츄의 퍼즐 레인보우 매직 2

게임이 2개라 더 재미있는 트윈 시리즈 ⑦

PZL 컬처 브레인 2004년 12월 17일 3,549엔(세금 포함)

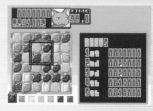

2종류의 퍼즐 게임을 즐기는 곱빼기 팩. 「코스프레 멍멍이 EX」는 퍼즐 게임에서 고득점을 얻어 귀여운 강아지의 패션을 늘려나가는 타이틀. 「냐옹과 츄의 퍼즐 레인보우 매직 2」는 빙글빙글 돌려 없애나가는 심플한 퍼즐 게임이다. 트럼프 게임도 즐길 수 있다.

금색의 갓슈!! : 울려라! 우정의 전격 2

ACT 반프레스토 2004년 12월 22일 5,040엔(세금 포함)

같은 제목 애니메이션의 게임판. 전작 「울려라! 우정의 전격」의 속편인 대전 액션 게임이다. 등장 캐릭터는 16명. 조작을 간략화해 플레이가 쉬워졌다. 원작의 스토리를 따라가는 '스토리 모드'와 프리 대전이 가능한 'VS 모드' 외에 미니게임도 수록해, 컨텐츠가 충실하다.

반지의 제왕 : 가운데땅 제 3시대

RPG 일렉트로닉 아츠 2004년 12월 22일 5,040엔(세금 포함)

같은 제목의 판타지 영화가 원작인 택틱스 롤플레잉 게임. 주인공 '프로도'가 소속된 빛의 세력과 마왕 '사우론'이 통솔하는 어둠의 세력 중 하나를 골라 플레이한다. 20명 이상의 캐릭터들에 명령을 내려 미션을 공략하는 게임으로, 통신 케이블이 있으면 대전도 가능하다.

환성신 저스티라이저 : 장착! 지구의 전사들

ACT 코나미 2004년 12월 23일 5,040엔(세금 포함)

같은 제목의 특촬 히어로 TV 드라마를 게임화했다. 주인공 '저스티라이저'를 조작해 하데스 군으로부터 지구를 지키자. 시나리오는 이 게임 전용의 오리지널이다. 각 에리어 마지막엔 '환성신 라이저로스'로 싸우는 로봇 배틀이 있다. 캐릭터 보이스는 드라마 출연자들이 직접 녹음했다.

유희왕 듀얼몬스터즈 인터내셔널 2

TBL 코나미 2004년 12월 30일 5,040엔(세금 포함)

2005년 세계대회의 공식 소프트. 신규 카드가 200장 이상 추가되어, 등장 카드가 1,200장 이상이 되었다. 가상세계 내에서 대전 상대를 찾는 '맵 RPG식 듀얼'을 채용했다. 승부에서 이기면 '듀얼리스트 포인트'를 얻는다. 획득한 포인트는 카드나 팩으로 교환할 수 있다.

| 어드밴스 전용 통신케이블 지원 |  어드밴스 전용 통신케이블 지원 | 어드밴스 전용 와이어리스 어댑터 지원 |  어드밴스 전용 와이어리스 어댑터 지원 | 카드e 리더 지원 | 카드e 리더 지원 | 카드e 리더+ 지원 |  카드e 리더+ 지원 |

149

HARDWARE

2001's SOFT

2002's SOFT

2003's SOFT

2004's SOFT

2005's SOFT

2006's SOFT

SOFT INDEX

2005

GAME BOY ADVANCE
SOFTWARE
ALL
CATALOGUE

이 해에 발매된 소프트는 총 79개 타이틀로서, 전년 대비 반수 미만으로 급속히 감소했다. 전년 연말에 닌텐도 DS가 발매되어 2005년 봄 시점에서 200만 대 이상이나 팔리는 호조의 스타트를 끊음으로써, 소프트 개발사들

이 DS로 발매기종을 옮긴 점이 주된 이유로 꼽힌다.

히지만 소프트 측면에서 보면 GBA도 충분히 원숙기에 도달해, 닌텐도와 서드파티 공히 「마리오 파티 어드밴스」·「록맨 EXE 6」·「포켓몬 불가사의

던전」·「파이널 판타지 IV 어드밴스」 등 양질의 소프트를 다수 출시하였기에, GBA 유저에겐 비교적 만족도가 높았던 한 해였다 하겠다.

테일즈 오브 더 월드 : 코스프레 던전 3

RPG　남코　2005년 1월 6일　5,040엔(세금 포함)

「테일즈」 시리즈의 캐릭터들이 한 자리에 모이는 시뮬레이션 롤플레잉 게임. 「코스프레 던전」 시리즈 마지막 작품으로, 전작에 이어 '리니어 모션 배틀' 시스템을 채용했고 여러 3인 파티를 동시에 조작 가능해졌다. 물론 코스튬 교체로 직업이 바뀌는 시스템도 건재하다.

모두의 소프트 시리즈 : 해피 트럼프 20

TBL　석세스　2005년 1월 14일　3,129엔(세금 포함)

타이틀명대로 '20종류의 트럼프 게임'을 즐길 수 있는 작품. 둘이서 즐기는 '스피드'부터, 원 카트리지로 최대 4인 대전이 가능한 멀티 모드에서 '도둑잡기'·'신경쇠약'·'도미노'·'포커'로 치열하게 대전해 보자. 게임 도중에 주인공 '모코'가 해설해 주기도 한다.

마리오 파티 어드밴스

ETC　닌텐도　2005년 1월 13일　4,800엔(세금 포함)

「마리오 파티」 시리즈의 7번째 작품. 파티 게임이긴 하나, 이 작품에 수록된 미니게임들은 주로 1인용 위주다. 게임 모드는 총 4가지로, 말판놀이 풍 맵을 진행해 퀘스트를 클리어하여 흩어져 있는 미니게임과 파티 굿즈를 모으는 '버

섯시티', 미니게임과 파티 굿즈를 즐기거나 통신으로 넘겨 줄 수 있는 '플레이 랜드', 여럿이 대전하며 즐기는 '파티 랜드', 미니게임 어트랙션에서 코인을 버는 '챌린지 랜드'가 있다.

*코어를 겨루어 100명까지 플레이해 하이스코어를 겨루는 모드도 있다.

STG 슈팅게임　ACT 액션게임　PZL 퍼즐게임　RPG 롤플레잉게임　SLG 시뮬레이션게임　SPT 스포츠게임　RCG 레이싱게임　AVG 어드벤처게임　ETC 교육·기타　TBL 테이블게임

모험왕 비트 : 버스터즈 로드

RPG 반다이 2005년 1월 20일 5,040엔(세금 포함)

같은 제목의 인기 만화·애니메이션을 게임화했다. 원작 초반인 비트의 여행길부터 중반 '흑의 지평' 편까지를 RPG로 재현했다. 퀘스트 클리어로 보수를 받으며 모험해보자. 위험도 높은 몬스터 퇴치부터 물건의 던전 배달까지, 다양성이 풍부한 150종류의 퀘스트를 준비했다.

호빗의 모험 : 반지의 제왕 – 모험의 시작

ACT 코나미 2005년 1월 20일 5,040엔(세금 포함)

'반지의 제왕' 이전의 이야기에 해당하는, J.R.R.톨킨의 판타지 소설을 게임화했다. 주인공 '빌보'를 조작해 진행하는 액션 RPG로, 룬을 사용해 무기를 강화하고, 반지를 사용해 모습을 감추며, 퍼즐을 풀어야 하는 국면도 있다. 간달프 등 '반지의 제왕'의 캐릭터도 등장한다.

삼국지 영걸전

SLG 코에이 2005년 1월 27일 5,040엔(세금 포함)

캐릭터를 중시한 역사 시뮬레이션 게임. 코에이 게임치고는 꽤나 난이도가 낮다. 주인공은 유비로, '도원결의'부터 '백제성'에서의 죽음까지 역사를 따라가는 시나리오와, 역사를 벗어나 조조와의 결전을 그린 가상 시나리오가 있다. 관우의 생사 여부로 엔딩이 약간 바뀐다.

삼국지 공명전

SLG 코에이 2005년 1월 27일 5,040엔(세금 포함)

제갈공명의 인생을 체험할 수 있는 시뮬레이션 게임. 캐릭터에 중점을 두고, 난이도를 낮추었다. '적벽대전'부터 '남만 정벌', 사마의와 싸우는 '북벌' 등 공명이 치러온 전투들을 드라마틱하게 재현했다. 게임보이 어드밴스판의 경우 프리 모드 등의 추가 요소도 들어가 있다.

탐정 진구지 사부로 : 하얀 그림자의 소녀

AVG 마벨러스 인터랙티브 2005년 1월 27일 5,040엔(세금 포함)

「탐정 진구지 사부로」 시리즈 10번째 작품에 해당하는 하드보일드한 어드벤처 게임. 죽은 친구의 유품에 관한 의뢰와, 소문으로 떠도는 도시전설 '유우짱'을 조사해달라는 의뢰를 같은 날 받게 된 진구지가, 조사를 진행하는 동안 서로 관계없어 보였던 두 의뢰 간의 연결점을 찾아낸다는 스토리다. 조사 파트너를 선택 가능한 시스템을 도입했으며, 파트너는 추리로 입수하는 탐정 포인트를 분배해주면 추리력이 성장하여 진구지의 추리를 도와준다.

HARDWARE
2001's SOFT
2002's SOFT
2003's SOFT
2004's SOFT
2005's SOFT
2006's SOFT
SOFT INDEX

어드밴스 전용 통신케이블 지원 어드밴스 전용 통신케이블 지원 어드밴스 전용 와이어리스 어댑터 지원 어드밴스 전용 와이어리스 어댑터 지원 카드e 리더 지원 카드e 리더 지원 카드e 리더+ 지원 카드e 리더+ 지원

힘내라! 피구 파이터즈
SPT　반다이　2005년 1월 27일　5,040엔(세금 포함)

같은 제목의 만화·애니메이션이 원작인 피구(닷지볼) 게임. 주인공 '타마다 도지'와 개성적인 동료들로 선국 제패를 노리자. 시합 형식은 일본닷지볼협회의 공식 룰을 따르며, 공격·수비별로 5가지 포메이션을 구사할 수 있다. 공략하려면 유효한 전술을 잘 찾아내야 한다.

슈퍼로봇대전 오리지널 제네레이션 2
SLG　반프레스토　2005년 2월 3일　6,090엔(세금 포함)

「슈퍼로봇대전 오리지널 제네레이션」의 속편. 스토리는 「제 3차 슈퍼로봇대전」의 인스펙터 침공 기반으로, 「A」와 「IMPACT」의 캐릭터들도 참전한다. 시스템을 강화하고 전략성을 늘렸으며, 유닛 CG를 다시 그리는 등 그래픽도 향상시켰다. 컷인 영상도 늘어났다.

레전더 : 사인 오브 네크롬
RPG　반다이　2005년 2월 17일　5,229엔(세금 포함)　전용 영혼의 인형 어댑터 지원

「레전더 : 부활하는 시련의 섬」의 속편. 전작처럼 '영혼의 인형' 완구를 어댑터에 세팅해, 대응되는 인형을 소환한다. 등장하는 영혼의 인형은 103종류로 늘었고, 모두 동료로 삼을 수 있다. 패스워드를 사용하면 전작에서 육성한 인형도 소환 가능. 애니메이션을 도입해 연출도 업그레이드했다.

록맨 EXE 5 : 팀 오브 커널
RPG　캡콤　2005년 2월 24일　4,990엔(세금 포함)

인기 시리즈 제 5탄으로, 전년에 발매했던 「팀 오브 블루스」의 어나더 버전. 「블루스」와는 팀 멤버와 최후의 전개에 차이가 있으며, 「블루스」에서는 밝혀지지 않았던 스토리의 의문점이 풀린다. 코나미와의 콜라보로, 「속 우리들의 태양」과의 통신대전이 가능하다.

천년가족
SLG　닌텐도　2005년 3월 1일　4,800엔(세금 포함)

견습생 신이 되어, 가족을 지켜보고 때로는 간섭하며 일족이 오래 이어지도록 유도하는 시뮬레이션 게임. 게임 도중에 발생하는 이벤트는 3,000종류 이상. 게임을 꺼도 시간이 경과해, 모르는 사이에 세대교체하거나 악마가 빙의되기도 한다. 통신기능으로 다른 가족과 결혼시킬 수도 있다.

노려라! 코시엔
SPT　tasuke　2005년 3월 10일　5,040엔(세금 포함)

일본의 야구소년이라면 모두가 동경하는 코시엔. 플레이어는 야구부에 막 입부한 1학년 주장이라는 설정이다. 팀 메이트와 함께 연습에 매진, 지구예선부터 전국대회까지 진출해보자! 투수의 제구력을 올리는 연습과 이웃 고교와의 모의시합 등을 거쳐, 코시엔 출장을 노려라.

STG 슈팅 게임　ACT 액션 게임　PZL 퍼즐 게임　RPG 롤플레잉 게임　SLG 시뮬레이션 게임　SPT 스포츠 게임　RCG 레이싱 게임　AVG 어드벤처 게임　ETC 교육·기타　TBL 테이블 게임

캇파를 기르는 법 : How to breed kappas 캇땅 대모험!

ACT　코나미　2005년 3월 17일　5,040엔(세금 포함)

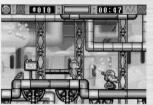

당시 '주간 영점프'에 연재되던 같은 제목의 만화·애니메이션을 게임화했다. 스토리는 만국박람회에 온 캇파(일본의 전통 요괴) '캇땅'이, 놓쳐버린 주인을 찾으러 모험한다는 것. 등껍질을 돌리거나 상대를 무는 등 캇파의 동작이 재미있고, 도중엔 여러 동물들이 캇땅을 도와준다.

진 삼국무쌍 어드밴스

ACT　코에이　2005년 3월 24일　5,040엔(세금 포함)

보이는 적은 모두 일망타진! 호쾌한 액션 게임인 「무쌍」 시리즈가 게임보이 어드밴스로 등장했다. '삼국지'의 등장인물들이 게임에서 늠름하게 싸우며, 무기공격과 필살기를 조합해 대량의 적을 날려버린다. BGM도 기타를 주선율로 사용한 곡이 많아, 박력이 발군이다.

냥냥냥코의 냥컬렉션

TBL　MTO　2005년 3월 24일　4,179엔(세금 포함)

일본 산엑스 사의 캐릭터 '냥냥냥코'를 소재로 삼은 테이블&미니게임 모음집. 메인 게임은 말판놀이 스타일의 보드 게임으로, 총 12스테이지를 클리어한다. 수집 가능한 카드는 356종류나 되어, 모으기만 해도 즐겁다. 냥냥냥코의 매력이 가득 담겨있는 소프트다.

샤크

ACT　타이토　2005년 3월 31일　5,040엔(세금 포함)

같은 해 개봉했던 드림웍스의 애니메이션 영화(원제는 '샤크 테일')를 게임화했다. 레이스·액션·타이밍·파이트 등 미니게임 20종류를 수록했다. 기본적으로 4개 월드로 구성되며 월드 하나는 4가지 스테이지로 나뉘지만, 난이도에 따라서는 5번째 월드 '아케이드'가 등장한다.

걸작선! 힘내라 고에몽 1·2 : 유키 공주와 맥기네스

ACT　코나미　2005년 4월 21일　3,990엔(세금 포함)

슈퍼 패미컴으로 발매되었던 「유키 공주 구출 편」과 「괴상한 장군 맥기네스」를 합본 이식한 타이틀. 하드웨어 제약으로 화면 해상도를 변경했지만 게임 내용과 스테이지는 그대로이며, 배터리 백업 기능도 있어 원작처럼 패스워드를 적어둘 필요가 없는 등 여러 가지로 개량했다.

명탐정 코난 : 새벽의 모뉴먼트

AVG　반프레스토　2005년 4월 21일　5,040엔(세금 포함)

게임보이 어드밴스로는 2번째 작품인, 인기 애니메이션 '명탐정 코난'의 게임화. 전작은 액션 게임이었지만, 이번 작품은 조사부터 시작해 이를 힌트삼아 주인공 코난의 추리를 플레이어가 돕는 본격 어드벤처 게임이다. 사건을 해결하려면 플레이어의 직감이 중요하다!

록맨 제로 4

ACT　캡콤　2005년 4월 21일　4,990엔(세금 포함)

「록맨 제로」 시리즈의 마지막 작품. '로드'와 '실드' 등 전작의 장비 개념을 폐지하고, 새로이 '제로 너클'을 추가했다. 그 외에도 조무래기 적의 무기를 빼앗아 사용하는 '시징'과 날씨를 자유롭게 바꾸는 '웨더 체인지 시스템', 시리즈 최초의 이지 모드 등을 신설했다.

오챠켄의 꿈모험

ACT　MTO　2005년 4월 28일　4,410엔(세금 포함)

힐링계 캐릭터 '오챠켄' 멤버들이 각종 액션 게임에 도전하는 작품. 묘쿠(녹차 개)·얼(홍차 개)·봉(우롱차 개)·카페(커피 개) 등의 개성 풍부한 오챠켄들이 등장한다. 게임에 등장하는 오챠켄들은 제각기 능력 차이가 있으므로, 각 멤버를 적절히 골라 진행해보자!

더 타워 SP

SLG　닌텐도　2005년 4월 28일　4,800엔(세금 포함)

오피스와 음식점 등의 입주자를 유치해, 입주민들의 스트레스도 관리하며 빌딩을 확장하는 경영 시뮬레이션 게임. 설치 가능한 입주시설이 40종류 이상으로, 영화관·대성당·지하철역까지 있다. 원작은 매킨토시용 게임 「Tower」로, 이 작품 외에도 다양한 기기로 이식되었다.

리락쿠마스러운 매일

ACT　이매지니어　2005년 4월 28일　5,040엔(세금 포함)

일본 산엑스 사의 캐릭터 '리락쿠마'가 게임보이 어드밴스로 등장했다. 아파트에 주거하게 된 리락쿠마의 느긋하고도 태평한 일상을 관찰하는 게 게임 내용. 귀여운 포즈를 취해주면 촬영하여 앨범에 수집해보자. 특정 계절 한정 포즈도 있어, 오랫동안 즐기면 더욱 좋다.

ONE PIECE : 드래곤 드림!

RPG　반다이　2005년 4월 28일　5,040엔(세금 포함)

같은 제목의 만화·애니메이션을 게임화했다. PS판 「오션즈 드림!」을 리메이크한 작품으로, 조작계는 간략화했다. 기억을 잃은 루피 일행이 과거에 방문했던 마을을 순회한다는 스토리로, 배틀 시엔 만화와 애니메이션을 조합한 듯한 '코믹 라이브'란 연출이 펼쳐진다.

곤충 몬스터 : 배틀 스타디움

SLG　컬처 브레인　2005년 5월 3일　5,040엔(세금 포함)

당시 일본에서 유행하던 곤충 배틀을 테마로 삼은 게임 중 하나로, 동시 발매된 「곤충 몬스터 : 배틀 마스터」와는 통신 케이블로 데이터 교환이 가능하다. '곤충몬'으로 등장하는 장수풍뎅이 '헤라클레스'와 사슴벌레 '그랜디스'를 육성해, 4 : 4 택틱스 배틀에 도전하자.

STG 슈팅 게임　**ACT** 액션 게임　**PZL** 퍼즐 게임　**RPG** 롤플레잉 게임　**SLG** 시뮬레이션 게임　**SPT** 스포츠 게임　**RCG** 레이싱 게임　**AVG** 어드벤처 게임　**ETC** 교육·기타　**TBL** 테이블 게임

곤충 몬스터 : 배틀 마스터

SLG　컬처 브레인　2005년 5월 3일　5,040엔(세금 포함)

3D로 리얼하게 모델링된 곤충 '곤충몬'을 육성해, 곤충몬 그랑프리 우승을 노리는 시뮬레이션 게임. 「곤충 몬스터 : 배틀 스타디움」과 데이터 교환 및 배틀을 할 수 있다. 트레이닝 모드에서는 기존의 곤충몬을 단련시킬 수도 있고, DNA를 합성해 신종 곤충몬 제작도 가능하다.

판타스틱 칠드런

AVG　반다이　2005년 5월 19일　5,040엔(세금 포함)

당시 방영했던 같은 제목 애니메이션(원제는 '판타직 칠드런')의 게임판. 원작대로 '파판 섬'이 무대이며, 플레이어는 파판 권법의 달인 '토마'를 조작해 시공을 초월한 모험을 떠난다. 시스템은 「페르시아의 왕자」와 비슷한 액션 어드벤처로, 캐릭터의 부드러운 모션이 특징이다.

흔들흔들 동키

ACT　닌텐도　2005년 5월 19일　3,800엔(세금 포함)

정글에서 열리는 축제 '정글픽'의 우승자 메달을 강탈당했다! 패미컴용 게임 「뱅글뱅글 랜드」와 같은 요령으로, GBA 본체의 L·R 버튼을 타이밍에 맞춰 눌러 동키 콩을 움직여 지형을 오르거나, 길을 막고 있는 라이벌을 버튼 동시 누르기 공격으로 물리쳐 진행하는 매우 독특한 액션 게임.

마법선생 네기마! : 프라이빗 레슨 – 안돼요오 도서관 섬

AVG　마벨러스 인터랙티브　2005년 6월 9일　5,040엔(세금 포함)

같은 제목의 만화·애니메이션을 게임화했다. 도서관 섬에서 행방불명된 학생 6명을 찾아 주인공 '네기'가 활약한다. 카드 배틀 요소가 있는 어드벤처 게임으로, 탐색 장면에는 함정도 장치돼 있다. 이벤트 도중에는 원작과 마찬가지로 살짝 야한 장면도 나온다.

노노노 퍼즐 차일리언

PZL　닌텐도　2005년 6월 16일　3,800엔(세금 포함)

특정 숫자가 새겨진 패널의 가로·세로에 같은 숫자 패널이 해당 수만큼 이어지면 숫자가 늘어난다('3' 패널이 3개 붙으면 모두 '4'로 바뀐다). '6' 패널을 6개 이상 이으면 필드에서 없어진다. 일본어 '노(の)'를 그리듯 패널을 돌린다 해서 정해진 타이틀명이라고, 연쇄를 노려 일거에 없애자!

곤충왕자 무시킹 : 그레이티스트 챔피언으로 가는 길

ACT　세가　2005년 6월 23일　5,040엔(세금 포함)

당시 일본 게임센터에서 대히트했던 게임(원제는 '갑충왕자 무시킹')의 이식판. 다만 스토리는 이 게임용의 오리지널이다. 하드웨어 제약에도 불구하고 배틀의 재현도가 높고, 곤충 모델링도 리얼하다. 카드도 수록매수가 매우 많아, 2004년까지의 카드는 거의 전부 수록했다.

메르헤븐 : KNOCKIN' ON HEAVEN'S DOOR
RPG　코나미　2005년 6월 30일　5,040엔(세금 포함)

'주간 소년 선데이'에 연재했던 만화 '메르'가 원작인 TV 애니메이션을 게임화했다. 액션 롤플레잉 게임과 트레이딩 카드 배틀을 조합한 시스템이다. 등장하는 마법 아이템 '암'은 400종류 이상. 이들을 덱에 조합하여 승리를 노리자. 통신기능으로 친구와도 대전할 수 있다.

모모타로 전철 G : 골드 덱을 만들어라!
TBL　허드슨　2005년 6월 30일　5,040엔(세금 포함)

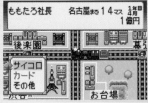

「모모타로 전철」 시리즈 통산 14번째 작품이자, GBA로는 유일한 발매작. 플레이할 년수를 설정해 종자산액을 겨루는 '기본 모모테츠'와, 3년 한정으로 자산을 모으는 '모모테츠 3년 결전!'의 두 모드를 준비했다. 12편 기준의 전국 맵에, 새로운 역 건물과 신 기능 '덱 시스템'을 탑재했다.

엘르멘탈 제라드 : 봉인된 노래
AVG　토미　2005년 7월 7일　5,040엔(세금 포함)

'코믹 블레이드'에 연재되었던 같은 제목의 만화(원제는 '엘리멘탈 제라드')를 게임화한 작품. 같은 해 TV 애니메이션도 방영했다. 시스템은 배틀 신이 있는 텍스트 어드벤처로, 배틀 신은 RPG 풍 화면으로 진행된다. 필살기와 마법은 박력 있는 애니메 풍 연출로 표현했다.

멋쟁이 프린세스 5
SLG　컬처 브레인　2005년 7월 7일　5,040엔(세금 포함)

획득한 아이템으로 패션 센스를 연마하며 직업 일도 병행하는 파티 게임. 캐릭터 육성과 승패 결과에 따라, 코디네이터나 초인기 점원 등 여러 종류의 패션계 직업에 취직할 수 있다. 이 게임 내에는 「냐옹과 츄의 퍼즐 레인보우 매직 2」도 합본 수록되어 있다.

레고 스타워즈
ACT　아이도스　2005년 7월 7일　5,040엔(세금 포함)

영화 '스타워즈'의 세계를 레고 블록으로 표현한 액션 게임. 플레이어는 오비완과 아나킨 등의 다양한 캐릭터를 조작해 길을 막고 있는 벽을 돌파하거나 포스를 사용하고, 때로는 팬들의 로망인 라이트세이버를 휘둘러 전투도 한다. 스승 요다는 숨겨진 커맨드도 알려준다!

기동극단 하로 : 하로의 뿌요뿌요
PZL　반다이　2005년 7월 21일　5,040엔(세금 포함)

「뿌요뿌요」의 판권사인 세가의 라이선스 하에 발매한 퍼즐 게임. 등장인물을 건담 캐릭터들이 나오는 개그만화 '기동극단 하로'의 캐릭터로 교체하고, 뿌요들을 '하로'들로, 방해뿌요를 '사이코 하로'로 교체했다. 보이스 200종류 이상과 일발개그 데모 100종류 이상이 수록돼 있다.

STG 슈팅 게임　ACT 액션 게임　PZL 퍼즐 게임　RPG 롤플레잉 게임　SLG 시뮬레이션 게임　SPT 스포츠 게임　RCG 레이싱 게임　AVG 어드벤처 게임　ETC 교육·기타　TBL 테이블 게임

킴 파서블

ACT　D3 퍼블리셔　2005년 7월 21일　5,040엔(세금 포함)

디즈니 사가 제작한 인기 애니메이션을 게임화했다. 플레이어는 주인공 '킴 파서블'을 조작, 파트너 '론 스타퍼블'의 정보를 활용해 세계를 구하러 싸운다. 기본적으론 맵 클리어형 액션 게임으로, 다양한 아이템을 구사해 스테이지를 진행한다. 킴의 다채로운 액션이 매력 포인트.

BLEACH 어드밴스 : 붉게 물든 소울 소사이어티

ACT　세가　2005년 7월 21일　5,040엔(세금 포함)

같은 제목 만화·애니메이션의 게임판. 스토리는 만화의 9~14권, 애니메이션의 21~41화에 해당하는 '소울 소사이어티(시혼계) 편'을 다룬다. 총 50개 이상의 캐릭터들이 등장하는 커맨드 배틀이며, 셀 애니메이션 영상을 활용한 컷인 연출이 특징. 어나더 스토리도 재미있다.

릴로&스티치

ACT　D3 퍼블리셔　2005년 7월 21일　5,040엔(세금 포함)

영화와 TV 애니메이션으로 인기를 얻은 디즈니 애니메이션을 게임화했다. 주인공 '릴로'와 '스티치'를 조작해 총 28 스테이지를 공략한다. 스테이지는 액션과 레이싱 게임 등 다양성이 풍부하다. 스티치가 가진 외계인 파워를 효과적으로 사용하는 것이 중요한 포인트다.

금색의 갓슈!! : 더 카드 배틀 for GBA

TBL　반프레스토　2005년 7월 28일　5,040엔(세금 포함)

같은 제목 만화·애니메이션의 판권을 이용한 트레이딩 카드 게임의 휴대용 게임기판. 플레이어는 주인공 '갓슈'가 되어 카드 게임 제패를 노린다. 보이스와 연출 등의 완성도가 높아, 당시의 캐릭터 게임 중에서도 단연 수작이다. 소프트 하나만으로도 카드 컴플리트가 가능하다.

신(新) 우리들의 태양 : 역습의 사바타

RPG　코나미　2005년 7월 28일　5,229엔(세금 포함)　태양 센서 카트리지

시리즈 제 3탄이자, '태양 센서'를 탑재한 마지막 작품. 무기를 태양총과 '소드'만으로 고정하고, 다른 무기를 삭제했다. 특징은 주인공이 '트랜스 솔'과 '트랜스 다크'로 변신한다는 것. 게다가 '관짝 바이크'를 사용하는 배틀을 추가해, 신규 파고들기 요소 중 하나로 만들었다.

프리큐어 Max Heart : 진짜!? 진짜!? 파이트하면 되잖아

ACT　반다이　2005년 7월 28일　5,040엔(세금 포함)

같은 제목 애니메이션(원제는 '우리 둘은 프리큐어 Max Heart')의 게임화 제 2탄. 유원지·수족관 등이 모티브인 4개 월드를 이동하면서 적을 물리치는 액션 게임이다. 각 월드는 3 스테이지로 나뉜다. 프리큐어 3명은 성능차가 거의 없고, 스테이지별로 조작 가능 캐릭터도 정해져 있다.

어드밴스 전용 통신케이블 지원　어드밴스 전용 통신케이블 지원　어드밴스 전용 와이어리스 어댑터 지원　어드밴스 전용 와이어리스 어댑터 지원　카드e 리더 지원　카드e 리더 지원　카드e 리더+ 지원　카드e 리더+ 지원

로봇

ACT 비벤디 유니버설 게임즈 2005년 7월 28일 4,515엔(세금 포함)

같은 해 개봉했던 20세기 폭스 사의 애니메이션 영화가 원작인 액션 게임. 플레이어는 로봇만이 살고 있는 세계에서 주인공 '로드니'를 조작해, 중고 로봇을 모두 해체·폐기하려 하는 라쳇의 음모를 저지하기 위해 총 72플로어를 돌파한다. 무기는 도중에 강화 가능하다.

천하통일 파이어 비드맨

ACT 아틀라스 2005년 8월 5일 5,040엔(세금 포함)

같은 제목 만화의 애니메이션판(원제는 'B-레전드! 배틀 비드맨 파이어 스피리츠')을 게임화한 타이틀. 주인공 '야마토'가 새 필살기(스트라이크 샷)를 익히러 여행한다. 어드벤처로 스토리를 진행하며, 라이벌과의 배틀은 유사 3D 풍이다. 애니메이션의 필살기를 구호 보이스까지 잘 재현했다.

곤충의 숲의 대모험 : 신비한 세계의 주민들

ACT 컬처 브레인 2005년 8월 11일 5,040엔(세금 포함)

여름방학을 시골 할아버지 집에서 지내게 된 주인공이 곤충채집과 낚시, 카드 배틀로 방학을 보내는 액션 배틀 게임. 플레이 기간은 8월 1일부터 31일까지. 불꽃놀이 대회와 수박 깨기 등 여름방학다운 이벤트를 체험할 수 있는 게임이다. 통신 케이블로 대전도 가능하다.

프로 마작 츠와모노 GBA

TBL 컬처 브레인 2005년 8월 11일 3,990엔(세금 포함)

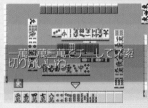

통신기능으로 4인 대전이 가능한 마작 게임. 작품 내에 '츠와모노'(역전의 강자)라 불리는 프로 작사 16명이 등장하여, 플레이어를 직접 지도해 준다. 마작 초보자~중급자라면, 배패 후의 손패 활용법 조언을 받아가며 실전에서 살아남을 수 있도록 자신의 기술을 연마하자!

마다가스카

ACT 반다이 2005년 8월 11일 5,040엔(세금 포함)

같은 해 개봉했던 드림웍스 사 제작 CG 애니메이션 영화를 게임화했다. 사자 '알렉스' 등 영화의 주연 캐릭터 4마리를 전환해가며, 적을 물리치거나 함정을 회피하면서 진행하는 횡스크롤 액션 게임이다. 도중에 동전을 많이 모으면 보너스 스테이지도 플레이할 수 있다.

쿠니오 군 열혈 컬렉션 1

ACT 아틀라스 2005년 8월 25일 5,040엔(세금 포함)

패밀리 컴퓨터용으로 많은 인기를 누렸던 「쿠니오 군」 시리즈 중에서 스포츠가 테마인 「열혈고교 피구부」와 「열혈! 스트리트 바스켓」 두 작품을 이식하여 합본 수록했다. 플레이어는 쿠니오 군이 이끄는 팀으로 세계의 라이벌들과 싸워 정상에 등극해야 한다!

STG 슈팅 게임 ACT 액션 게임 PZL 퍼즐 게임 RPG 롤플레잉 게임 SLG 시뮬레이션 게임 SPT 스포츠 게임 RCG 레이싱 게임 AVG 어드벤처 게임 ETC 교육·기타 TBL 테이블 게임

팀 버튼의 크리스마스 악몽 : 호박의 왕

ACT   D3 퍼블리셔   2005년 9월 8일   5,040엔(세금 포함)

팀 버튼 원작의 뮤지컬 애니메이션 영화를 게임화했다. 주인공은 영화와 동일한 '잭 스켈링턴'. 그가 맞이하는 첫 크리스마스를 그렸다. 무대인 할로윈 타운에서 숙적 '부기'와 그의 부하 3인조를 상대하며, 다양한 퍼즐을 해결하면서 모험하는 게임이다.

제멋대로☆요정 미르모 퐁퐁퐁! : 두근두근 메모리얼 패닉

AVG   코나미   2005년 9월 8일   5,040엔(세금 포함)

같은 제목 만화·애니메이션 작품의 판권을 이용한 타이틀로, GBA로는 6번째 작품. 제한된 하드웨어 환경과 용량으로 '풀 보이스&애니메이션'을 구현했다. 대신 게임 내용이 얄팍해, 단시간에 클리어 가능. 애니메이션은 게임 내에서 메모리 비즈를 입수하면 볼 수 있다.

닥터 마리오&패널로 퐁

PZL   닌텐도   2005년 9월 13일   2,000엔(세금 포함)

널리 알려진 명작 낙하계 퍼즐 게임 「닥터 마리오」와 「패널로 퐁」 두 작품을 수록한 합본 팩으로, 소프트가 없는 유저에게도 통신 케이블로 '체험판' 전송이 가능하다. 특정 조건을 만족시키면, 본체를 90도로 돌려서 즐기는 '세로화면 모드'가 신규 게임 모드로 추가된다.

마리오 테니스 어드밴스

SPT   닌텐도   2005년 9월 13일   3,800엔(세금 포함)

모르는 사람이 없는 닌텐도의 대표 캐릭터 '마리오'·'루이지' 등의 레귤러 멤버들이 등장하는 테니스 게임. 오리지널 캐릭터도 등장하여 테니스 실력을 연마하는 '스토리 모드'도 수록했다. 코트에서 구사 가능한 '스페셜 샷'을 습득하려면 미니게임을 다수 클리어해야 한다!

슈퍼로봇대전 J

SLG   반프레스토   2005년 9월 15일   6,090엔(세금 포함)

인기 애니메이션의 로봇들이 집결하는 전략 시뮬레이션 RPG 시리즈 신작. '기동전함 나데시코'·'기동전사 건담 SEED' 중심으로 스토리가 전개된다. 주인공 기체의 서브파일럿에 히로인 3명 중 누구를 제일 많이 태웠나로 엔딩이 변화하고, 함장이 전원 여성인 등 진기한 요소가 많은 작품.

스크류 브레이커 : 굉진 드리루루레로

ACT   닌텐도   2005년 9월 22일   3,800엔(세금 포함)   진동 카트리지

「포켓몬스터」의 개발사인 게임 프리크 사가 개발한 작품으로, 드릴을 장비한 이족보행 머신 '라센다 8'에 탑승해 적이든 벽이든 몽땅 파괴하며 돌진하는 액션 게임. L·R 버튼으로 조종간처럼 드릴을 조작하며, 진동 카트리지라 GBA 본체가 진동하는 리얼한 체감 플레이가 재미있다.

어드밴스 전용 통신케이블 지원   어드밴스 전용 통신케이블 지원   어드밴스 전용 와이어리스 어댑터 지원   어드밴스 전용 와이어리스 어댑터 지원   카드e 리더 지원   카드e 리더 지원   카드e 리더+ 지원    카드e 리더+ 지원

건스타 슈퍼 히어로즈
STG 세가 2005년 10월 6일 5,040엔(세금 포함)

액션 게임의 최고봉인 메가 드라이브용 게임 「건스타 히어로즈」의 속편. 기본 시스템은 전작과 동일하나. 나수의 무기와 점프 킥·슬라이딩을 구사하며 전진해, 다채로운 공격과 연출을 보여주는 각 스테이지 보스를 물리쳐라! 연출과 이펙트 등의 볼거리가 많은 것도 이 작품의 매력이다!

통근 일필
PZL 닌텐도 2005년 10월 13일 2,800엔(세금 포함)

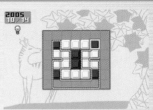

화면상에 배치된 '흑'·'백' 2색 패널은 가로 한 줄을 같은 색으로 맞추면 없어진다. 플레이어가 칸들을 커서로 이어나가면, 커서가 지나간 범위의 칸은 흑백이 반전된다. 한붓그리기 요령으로 패널을 잘 이어 패널 전체가 깔끔하게 일소될 때의 상쾌함은, 중독적인 마력이 있다.

유희왕 DUELMONSTERS GX : 노려라, 듀얼 킹!
TBL 코나미 2005년 10월 13일 5,229엔(세금 포함)

애니메이션 '유희왕 DUELMONSTERS GX'를 모티브로 삼은 카드 배틀 게임. 플레이어가 등장인물들과 듀얼 아카데미아에서 학교생활을 보낸다는 스토리다. 카드 종류가 1,000종 이상으로 늘었고, 애니메이션판 등장인물이 거의 망라되어 있는 등 컨텐츠 볼륨이 푸짐하다.

쿠니오 군 열혈 컬렉션 2
ACT 아틀라스 2005년 10월 27일 5,040엔(세금 포함)

패미컴으로 발매되었던 테크노스 재팬의 인기 타이틀 두 작품을 게임보이 어드밴스로 합본 이식했다. 「다운타운 열혈행진곡 : 가자! 대운동회」·「열혈고교 피구부 축구 편」두 작품의 패미컴판을 원작 그대로 수록했다. 피구부 멤버들이 축구로도 대소동을 일으킨다!

프론티어 스토리즈
RPG 마벨러스 인터랙티브 2005년 10월 27일 5,040엔(세금 포함)

서양에서도 호평을 받은, 퍼즐 요소가 강한 액션 롤플레잉 게임. 플레이어는 신참 가디언 '아크'가 되어, 이세계로부터 개척민들을 지켜내고 탈출시켜야 한다. 적인 'CIMA'는 희망을 먹어치우는 몬스터. 던전 곳곳에 설치된 트랩을 회피하면서 출구로 향하자.

미라클! 판조 : 일곱 별의 우주해적
ACT 아틀라스 2005년 11월 3일 3,990엔(세금 포함)

같은 제목의 만화·애니메이션이 원작인 횡스크롤 액션 게임. 플레이어는 판다 곰 모습의 우주경찰관 '판조'를 조작해 위험생물로부터 우주의 평화를 지켜야 한다. 난이도는 3단계 중에서 선택 가능. 클리어에 필요한 2단 점프와 배리어 등의 테크닉은 간단히 발동할 수 있다.

STG 슈팅 게임 ACT 액션 게임 PZL 퍼즐 게임 RPG 롤플레잉 게임 SLG 시뮬레이션 게임 SPT 스포츠 게임 RCG 레이싱 게임 AVG 어드벤처 게임 ETC 교육·기타 TBL 테이블 게임

포켓몬 불가사의 던전 : 빨강 구조대

RPG　닌텐도　2005년 11월 17일　4,800엔(세금 포함)

「이상한 던전」과 「포켓몬스터」의 콜라보로 탄생한 시리즈의 첫 번째 작품. 개발사는 「이상한 던전」 시리즈를 내놓은 춘 소프트다. 스토리는 돌연 포켓몬이 되어버린 주인공이 동료 포켓몬들과 구조대를 결성해, 어려움에 처한 포켓몬을 위해 던전에 도전한다는 것. 스토리상 인간이 나오지 않기 때문에 몬스터볼 개념이 없어, 대신 차근차근 동료를 늘려가는 시스템을 채용했다. 어나더 버전인 「파랑 구조대」는 닌텐도 DS용으로 발매되었다.

록맨 EXE 6 : 전뇌수 그레이거

RPG　캡콤　2005년 11월 23일　5,040엔(세금 포함)

「록맨 EXE」 시리즈 마지막 작품. 오른쪽의 「전뇌수 펄자」와는 '수화'가 가능한 전뇌수와 등장하는 내비가 다르다. '전뇌수'란 작품의 핵심을 이루는 존재로서, 그들의 힘을 빌리는 '수화'로 특수공격을 발동한다. 스토리 도중 만나는 내비 중엔 시리즈 최초 등장 내비도 있다.

록맨 EXE 6 : 전뇌수 펄자

RPG　캡콤　2005년 11월 23일　5,040엔(세금 포함)

시리즈 최종 작품. 전작까지의 '소울 유니즌'이 '크로스 체인지'로 바뀌어, 전투 도중 '크로스'를 장비하면 링크 내비의 힘을 사용할 수 있다. 「전뇌수 그레이거」와는 등장하는 '크로스'도 다르다. 코나미와 콜라보하여, 「신 우리들의 태양」과의 통신 대전이 가능하다.

금색의 갓슈!! : 울려라! 우정의 전격 – 드림 태그 토너먼트

ACT　반프레스토　2005년 11월 24일　5,040엔(세금 포함)

같은 제목의 만화·애니메이션이 원작인 대전 액션 게임. '파우드 편' 등장 캐릭터를 포함, 총 12개 팀이 원작자 라이쿠 선생이 개최하는 총 9스테이지의 라이쿠 배 쟁탈전에 도전한다. 전작까지와는 달리 마물만 화면 내에서 싸우며, 태그도 인간·마물 2인조 페어의 팀 대전이다.

시나몬 몽실몽실 대작전

ACT　로켓 컴퍼니　2005년 12월 1일　5,040엔(세금 포함)

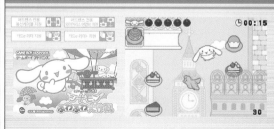

산리오 사의 캐릭터 '시나모롤'(통칭 '시나몬')이 활약하는 액션 게임 제 3탄. 기다란 귀로 하늘을 나는 시나몬을 조작해, 도중의 난관을 클리어하면서 골 지점으로 향하는 게임이다. 스테이지별로 가로·세로 스크롤이 나뉘는 것도 특징. 난이도는 3단계로 선택 가능하다.

HARDWARE
2001's SOFT
2002's SOFT
2003's SOFT
2004's SOFT
2005's SOFT
2006's SOFT
SOFT INDEX

어드밴스 전용 통신케이블 지원
어드밴스 전용 통신케이블 지원

어드밴스 전용 와이어리스 어댑터 지원
어드밴스 전용 와이어리스 어댑터 지원

카드e 리더 지원
카드e 리더 지원

카드e 리더+ 지원
카드e 리더+ 지원

슈퍼 동키 콩 3
ACT 닌텐도 2005년 12월 1일 3,800엔(세금 포함)

같은 제목의 슈퍼 패미컴판 액션 게임에 추가 요소를 덧붙인 이식작. 신규 월드 '퍼시피카 폭포'와 미니게임 3종류, 바나나새와 NPC인 곰, 새로운 보스가 추가되었다. 보너스 스테이지의 BGM과 주인공이 당했을 때의 보이스 등, 세부적으로 많은 요소가 변경되기도 했다.

서몬 나이트 : 크래프트 소드 이야기 시작의 돌
RPG 반프레스토 2005년 12월 8일 5,040엔(세금 포함)

해머를 사용해 다양한 무기를 만들어내는 견습 대장장이 RPG 시리즈 3번째 작품. 신무기 '보우'(활)를 추가했고, 대장장이 랭크도 무기별로 매겨지는 등, 육성·수집의 다양성이 더욱 늘었다. 이번 작품에선 주인공의 파트너 '호위수'가 스킬 발동 시 외에도 직접 전투에 참가하게 되었다.

슈가슈가 룬 : 하트가 가득! 모에기 학원
AVG 반다이 2005년 12월 8일 5,040엔(세금 포함)

안노 모요코 원작의 같은 제목 만화·애니메이션을 게임화했다. 플레이어는 주인공 '쇼콜라'가 되어 남자들의 하트를 획득, 라이벌 '바닐라'보다 많이 모으는 것이 목표다. 특징은 '보이즈 에디트' 기능으로, 디테일하게 설정하면 현실의 소년을 게임에 등장시킬 수 있다.

치킨 리틀
ACT D3 퍼블리셔 2005년 12월 15일 5,040엔(세금 포함)

디즈니의 같은 제목 애니메이션 영화(2005년판)가 소재인 액션 게임. 요요와 박치기 액션, 울끈불끈한 모습으로의 변신 등이 코믹한 작품이다. 스테이지 내의 도토리를 모으면 잡화점에서 레이싱 게임용 차량과 피구공을 구입하거나, 라이프 상한을 늘릴 수도 있다.

파이널 판타지 IV 어드밴스
RPG 스퀘어 에닉스 2005년 12월 15일 5,040엔(세금 포함)

뛰어난 스토리로 호평받았던 원작을 이식한, 'Finest FANTASY for ADVANCE'(FF 시리즈 휴대기 완전이식 계획)의 첫 번째 작품이다. 이식하면서 원작에서는 이탈하는 멤버를 다시 파티에 넣을 수 있게 했고, 숨겨진 던전 추가와 몬스터 도감 탑재 등의 변경점을 추가했다.

두근☆두근 비밀친구 : 두근☆두근 구출대작전! 편
AVG 코나미 2005년 12월 22일 5,229엔(세금 포함)

슈에이샤의 만화잡지 '리본'·'리본 오리지널'에 연재 중인 만화(원제는 '애니멀 골목길')와, 이 작품이 원작인 TV 애니메이션을 게임화했다. 원작의 메인 캐릭터이기도 한 이요·캔디·이씨를 조작해, 각자의 특성을 살려 스테이지를 진행한다. 아미의 동생 '히카루'를 구출하는 게 목적이다.

STG 슈팅 게임   ACT 액션 게임   PZL 퍼즐 게임   RPG 롤플레잉 게임   SLG 시뮬레이션 게임   SPT 스포츠 게임   RCG 레이싱 게임   AVG 어드벤처 게임   ETC 교육·기타 게임   TBL 테이블 게임

오챠켄의 모험도 : 한가로운 꿈의 아일랜드

ACT　MTO　2005년 12월 22일　4,410엔(세금 포함)

'오챠켄'이란, 세가 토이즈 사와 호리프로 사가 '차'와 '힐링'을 테마로 창조한 캐릭터다. 이 작품은 오챠켄이 '꿈의 섬'을 모험하는 액션 게임이다. 스테이지는 총 8종류, 각 스테이지는 3가지 에리어로 나뉘어 있다. 게임 내에는 미니게임이 삽입되어 있다.

하이! 하이! PUFFY AMIYUMI

ACT　D3 퍼블리셔　2005년 12월 22일　5,040엔(세금 포함)

당시 미국에서 방영됐던 같은 제목 애니메이션의 게임판. 일본의 여성 보컬 듀오 'PUFFY'를 모델로 삼았으며, 애니메이션판은 총 3개 시즌이 제작되었다. 횡스크롤 액션과 종스크롤 슈팅 장르를 조합한 게임으로, 등장 캐릭터의 설정은 애니메이션판을 기준으로 삼았다.

허드슨 베스트 컬렉션 Vol.1 : 봄버맨 컬렉션

ACT　허드슨　2005년 12월 22일　2,940엔(세금 포함)

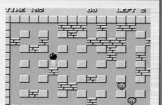

패미컴 당시의 자사 인기 타이틀을 모은 '허드슨 베스트 컬렉션' 제 1탄으로, 「봄버맨」·「봄버맨 2」 두 작품을 수록했다. 폭탄으로 벽과 적을 파괴하며 각 스테이지를 클리어하는 초대 「봄버맨」과, 스토리 모드가 추가된 속편 「봄버맨 2」를 어디서나 즐길 수 있다.

허드슨 베스트 컬렉션 Vol.2 : 로드 러너 컬렉션

ACT　허드슨　2005년 12월 22일　2,940엔(세금 포함)

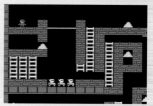

'허드슨 베스트 컬렉션' 제 2탄은 탈취당한 금괴를 모두 회수하고 골인해야 하는 「로드 러너」와, 한층 더욱 퍼즐 요소가 강화되고 난이도도 높아진 「챔피언십 로드 러너」 두 작품. 적의 머리 위에 올라타 이동하거나, 파괴 가능한 바닥을 정확한 타이밍에 부숴 길을 개척하자!

허드슨 베스트 컬렉션 Vol.3 : 액션 컬렉션

ACT　허드슨　2005년 12월 22일　2,940엔(세금 포함)

컬렉션 시리즈 제 3탄은 열차 위로 뛰어올라 '군대행진곡'이 울리는 가운데 사로잡힌 공주를 구출하는 「챌린저」와, 성과 우물 안에서 주인공 미론이 모험하는 「미궁조곡」 두 작품을 합본했다. 당시 대히트했던 허드슨의 대표작으로, 인생 첫 게임이 이것이었던 사람도 많다.

허드슨 베스트 컬렉션 Vol.4 : 퍼즐 풀기 컬렉션

ETC　허드슨　2005년 12월 22일　2,940엔(세금 포함)

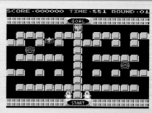

'허드슨 베스트 컬렉션' 제 4탄은 '퍼즐을 푸는 게임'이 테마다. 고정화면 액션 게임 「너츠&밀크」와, 키입력 좌우를 정반대로 이동하는 두 연인을 잘 유도해 동시에 골인시켜야 하는 「바이너리 랜드」, 커맨드 선택식 어드벤처 게임 「샐러드 나라의 토마토 공주」 3가지 작품을 수록했다.

HARDWARE

2001's SOFT

2002's SOFT

2003's SOFT

2004's SOFT

2005's SOFT

2006's SOFT

SOFT INDEX

2006

2006년에 발매된 소프트 수는 총 31개 타이틀. 이 해의 게임보이 어드밴스는 닌텐도 휴대용 게임기의 자리를 완전히 닌텐도 DS에게 넘겨주고, 무려 13년간이나 현역이었던 이전 세대기인 게임보이에 비해 불과 5년이라는 짧은 수명으로 세대를 마감했다.

소프트 자체는 닌텐도 DS로도 즐길 수 있었으니 딱히 하드웨어 부진의 결과라고까지는 하기 어렵긴 하나, 당초 커다란 기대와 함께 등장했으며 한때는 큰 영화를 누렸던 게임기의 결말

이라기엔 다소 쓸쓸한 퇴장이었다. 소프트 라인업 면에선 「MOTHER 3」와 「리듬 세상」 등 후세에 이름을 남긴 명작도 나왔으니, 유종의 미를 장식했다 하겠다.

허드슨 베스트 컬렉션 Vol.5 : 슈팅 컬렉션

STG　허드슨　2006년 1월 19일　2,800엔(세금 포함)

1985~87년에 발매되었던 허드슨 캐러밴 슈팅 게임 세 작품, 「스타 포스」·「스타 솔저」·「핵터 '87」을 수록한 소프트. 수록된 모든 작품이 '연사'를 구사해 고득점을 겨루는 게임이다. 플레이어의 재미를 배려하여, 오토 연사 모드를 기본 내장했다.

허드슨 베스트 컬렉션 Vol.6 : 모험도 컬렉션

ACT　허드슨　2006년 1월 19일　2,800엔(세금 포함)

1980년대 일본 전국 각지의 어린이들 사이에서 절대적인 인기와 동경의 대상이었던 영웅 '타카하시 명인'이 주인공인 액션 게임 「타카하시 명인의 모험도」 시리즈. 패미컴으로 발매되었던 총 4개 타이틀을 수록했으며, 모든 작품이 횡스크롤 스타일의 액션 게임이다.

더블 팩 : 소닉 어드밴스&츄츄 로켓!

ACT　세가　2006년 1월 26일　3,990엔(세금 포함)　GBA 케이블 지원

세가가 과거 발매했던 게임보이 어드밴스용 소프트 중 두 작품을 골라 하나로 합본한 타이틀. 이 소프트는 제 1탄으로서, 게임큐브용 「소닉 어드벤처 2 배틀」과의 연동 요소를 강화한 「소닉 어드밴스」와 대전 퍼즐 게임 「츄츄 로켓!」을 수록했다.

더블 팩 : 소닉 배틀&소닉 어드밴스

ACT　세가　2006년 1월 26일　3,990엔(세금 포함)　GBA 케이블 지원

세가가 자랑하는 인기 시리즈 「소닉」 게임 두 작품을 한 패키지로 합본한 타이틀. 「소닉 배틀」은 소닉 시리즈 사상 2번째 격투 게임으로, 역대 시리즈에 등장했던 캐릭터들 중 태반을 사용 가능하다. 「소닉 어드밴스」는 앞서 언급한 타이틀에도 수록된 원점회귀 2D 액션 게임이다.

STG 슈팅 게임　**ACT** 액션 게임　**PZL** 퍼즐 게임　**RPG** 롤플레잉 게임　**SLG** 시뮬레이션 게임　**SPT** 스포츠 게임　**RCG** 레이싱 게임　**AVG** 어드벤처 게임　**ETC** 교육·기타　**TBL** 테이블 게임

더블 팩 : 소닉 핀볼 파티&소닉 배틀

ACT 세가 2006년 1월 26일 3,990엔(세금 포함) GBA 케이블 지원

「소닉」 시리즈의 인기 타이틀을 2-in-1 패키지화한 알뜰 상품. 「소닉 핀볼 파티」는 에그맨에 납치당한 동료를 구하기 위해 소닉이 핀볼 토너먼트에 참가한다는 스토리이며, 「소닉 배틀」은 앞서 언급한 타이틀에도 수록된 격투 게임이다.

강의 누시 낚시 3&4

RPG 마벨러스 인터랙티브 2006년 2월 9일 5,040엔(세금 포함)

1997년과 1999년에 게임보이용으로 발매됐던 낚시 게임 두 작품의 합본. 낚시의 재미에 롤플레잉 게임 요소를 추가한 시리즈로, 그중에서도 팬들의 호평이 많았던 타이틀들이다. 이식하면서 그래픽을 리뉴얼해, 과거 플레이했던 사람이라도 신선한 기분으로 즐길 수 있다.

인크레더블 : 강적 언더마이너 등장

ACT 세가 2006년 2월 9일 5,040엔(세금 포함)

2004년 개봉했던 같은 제목 영화의 속편격 타이틀. 미국에서는 2005년에 발매되었다. 시스템은 횡스크롤 액션으로, 영화판의 마지막 장면 직후부터 시작한다. 'Mr.인크레더블'과 파트너 '프로존'을 조작해, 세계의 평화를 어지럽히는 언더마이너를 물리친다는 스토리다.

쿠니오 군 열혈 컬렉션 3

ACT 아틀라스 2006년 2월 16일 5,040엔(세금 포함)

패밀리 컴퓨터판 「쿠니오 군」 시리즈 중 두 작품을 골라 합본 이식한 타이틀 제 3탄으로서, 「다운타운 스페셜 : 쿠니오 군의 시대극이다 전원집합!」과 「가자가자! 열혈 하키부 : 미끄러지고 구르는 대난투」를 수록했다. 초회판 특전으로 쿠니오 군의 얼굴이 그려진 속옷 하의를 동봉했다.

유희왕 듀얼몬스터즈 익스퍼트 2006

TBL 코나미 2006년 2월 23일 5,229엔(세금 포함)

세계대회 '유희왕 World Championship 2006'의 공식 소프트. 스토리 모드 등이 없이, 듀얼에만 특화시킨 게임이다. TV 애니메이션에도 등장한 '원시태양 헬리오스' 등을 포함해 카드 약 2,000장 남짓을 수록했고, '드래곤의 힘'·'언데드의 위협' 등의 스트럭처 덱도 재현했다.

우에키의 법칙 : 신기 작렬! 능력자 배틀

ACT 반프레스토 2006년 3월 2일 5,040엔(세금 포함)

같은 제목 인기 만화·애니메이션의 게임판. 주인공 '우에키 코스케'가 되어, 계속 나타나는 능력자들을 물리치자. 등장하는 적이 많아, 특정한 적에 유효한 공격을 간파하는 게 공략 포인트. 필살기 '신기'를 사용하면 콤보를 늘릴 수도 있다. 원작의 인기 캐릭터도 다수 등장한다.

어드밴스 전용 통신케이블 지원   어드밴스 전용 통신케이블 지원   어드밴스 전용 와이어리스 어댑터 지원   어드밴스 전용 와이어리스 어댑터 지원   카드e 리더 지원   카드e 리더 지원   카드e 리더+ 지원   카드e 리더+ 지원

아카기

TBL　컬처 브레인　2006년 3월 3일　5,040엔(세금 포함)

만화·애니메이션(원제는 '투패전설 아카기 : 어둠에 강림한 천재')의 마작 게임화로, TV 애니메이션 방영 중 발매됐다. 원작에 충실한 '스토리', 스토리에서 꺾은 라이벌과 자유 대전하는 '프리 대전', '론을 한 번도 당하지 말 것' 등의 특정 조건으로 승부하는 '챌린지' 세 모드를 준비했다.

짱구는 못 말려 : 전설을 부르는 보너스 도시 쇼쿠간!

ACT　반프레스토　2006년 3월 23일　5,040엔(세금 포함)

같은 제목의 만화·애니메이션이 원작인 타이틀. 게임보이 어드밴스용 게임임에도 풀보이스를 구현해 화제가 되었다. 시스템은 횡스크롤 액션으로, 게임의 감독·각본·캐릭터 디자인을 애니메이션판 감독이 맡았다. 스토리가 진지하며, 이후 본작의 내용이 역으로 애니메이션화되기도.

파워포켓 대시

SLG　코나미　2006년 3월 23일　5,229엔(세금 포함)

「파워프로 군 포켓」 시리즈 최초의 소년야구 게임. 「파워포켓 코시엔」에 이은 시리즈 외전격 작품이다. 이번엔 카드 게임 시스템을 채용해, 기존 작품과 스타일이 꽤 다르다. 석세스 모드 한정으로, 선수 간의 대화 장면 도중에 기합이 오르거나 카드 능력이 바뀌는 이벤트가 있다.

마법선생 네기마! : 프라이빗 레슨 2 - 실례합니다야♥ 패러사이트예용~

AVG　마벨러스 인터랙티브　2006년 3월 23일　5,040엔(세금 포함)

같은 제목 만화·애니메이션 원작의 게임보이 어드밴스용 소프트 제 2탄. 시스템은 전작과 동일한 카드 배틀이다. 학교 내에서 행방불명된 학생을 찾는다는 스토리로, 동료가 되는 학생이 늘었고, CG 획득 등의 파고들기 요소도 있다. 튜토리얼도 친절하니, 이 게임이 처음이라도 안심하자.

유그드라 유니온

RPG　스팅　2006년 3월 23일　6,090엔(세금 포함)

원더스완용 게임 「Riviera : 약속의 땅 리비에라」와 세계관을 공유하는 시뮬레이션 롤플레잉 게임. 캐릭터 디자인은 만화 'GA 예술과 아트 디자인 클래스'의 원작자인 키유즈키 사토코가 맡았다. 특유의 아름다운 그래픽과 하이퀄리티 BGM은 지금도 호평이 여전하다.

아이실드 21 : DEVILBATS DEVILDAYS

AVG　닌텐도　2006년 4월 6일　3,800엔(세금 포함)

당시 '주간 소년 점프'에 연재되고 있던 만화·애니메이션을 게임화했다. 당시에도 진기했던 미식축구 소재 작품이지만, 시스템 자체는 텍스트 기반의 어드벤처 게임이다. 게임 전용으로 제작된 오리지널 스토리이며, 주인공 '세나'의 선택에 따라 스토리가 분기된다.

STG 슈팅 게임　ACT 액션 게임　PZL 퍼즐 게임　RPG 롤플레잉 게임　SLG 시뮬레이션 게임　SPT 스포츠 게임　RCG 레이싱 게임　AVG 어드벤처 게임　ETC 교육·기타　TBL 테이블 게임

모두의 소프트 시리즈 : 넘플레 어드밴스

PZL　석세스　2006년 4월 6일　2,940엔(세금 포함)

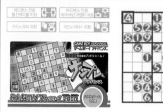

'모두의 소프트 시리즈' 마지막 작품. '넘플레'란 '넘버 플레이스'의 줄임말로, 당시 미국에서 유행하던 숫자 퍼즐 게임이다(세계적으론 '스도쿠'로 통칭). 튜토리얼이 충실해, 규칙을 쉽게 해설해준다. 난이도는 5단계로 전환 가능하며, 총 1,000문제가 준비돼 있다.

두근☆두근 비밀친구 : 두근☆두근 진급시험! 편

PZL　코나미　2006년 5월 18일　4,178엔(세금 포함)

같은 제목의 마에카와 료 원작 만화·애니메이션의 게임판. 선생님이 출제한 진급시험을 통과하기 위해 아미·이요·캔다·이싸를 특훈시킨다는 스토리다. 게임으로 코나미가 과거 발매했던 「교환구슬」 등 2종류를 준비했다. 코나미의 마지막 게임보이 어드밴스용 게임이기도 하다.

MOTHER 3

RPG　닌텐도　2006년 4월 20일　4,800엔(세금 포함)

카피라이터 이토이 시게사토가 시나리오와 게임 디자인을 맡은 RPG 시리즈의 3번째, 그리고 마지막 작품이다. 시리즈 중 유일한 장 단위 구성이며, 노웨어 섬을 무대로 총 8장에 걸친 군상극이 펼쳐진다. 이전 시리즈에 없던 요소를 다수 넣었지만, 목가적인 세계관과 드럼 롤링으로 HP가 증감하는 배틀 중 수치 표시 등, 「MOTHER」를 상징하는 요소는 계승했다. 스토리가 완전히 독립된 작품이라, 시리즈 팬이든 초보자든 상관없이 즐길 수 있다.

칼쵸비트

SLG　닌텐도　2006년 5월 18일　3,800엔(세금 포함)

현실감을 추구하는 경향이 강한 축구 게임 장르에, 일부러 기호화된 도트 그래픽으로 묘사한 캐릭터를 채택해 '코믹함'과 '가벼움'을 강조한 작품. 축구 클럽을 육성·경영하는 시뮬레이션 게임으로, 플레이어는 무명 클럽 'FC 쵸비트'의 감독이 되어 '전술'·'시합'·'특훈'을 반복해 선수들을 단련시키고, 돈을 벌어 강한 선수를 영입해 클럽을 강화시켜, 최종적으로 국내 리그를 완전 제패하고 세계 제일의 클럽으로 키운다. 통신으로 친구 팀과 친선시합도 가능.

HARDWARE
2001's SOFT
2002's SOFT
2003's SOFT
2004's SOFT
2005's SOFT
2006's SOFT
SOFT INDEX

167

어드밴스 전용 통신케이블 지원　어드밴스 전용 통신케이블 지원　어드밴스 전용 와이어리스 어댑터 지원　어드밴스 전용 와이어리스 어댑터 지원　카드e 리더 지원　카드e 리더 지원　카드e 리더+ 지원　카드e 리더+ 지원

카

RCG　THQ 재팬　2006년 7월 6일　3,990엔(세금 포함)

같은 제목 애니메이션 영화의 게임판. 래디에이터 스프링스 마을을 무대로 레이스를 펼친다. 코스에 가속 패널이 설치돼 있어, 이를 계속 통과하면 랩타임 단축이 가능하다. 기본은 탑뷰 레이싱 게임으로, 관성 작용이나 엔진음 등의 음향효과와 같은 디테일에 공을 들였다.

bit Generations : DIALHEX

PZL　닌텐도　2006년 7월 13일　2,000엔(세금 포함)

'게임의 원점으로 돌아간, 누구라도 즐길 수 있는 게임'이라는 컨셉으로 발매된 「비트 제네레이션즈」 시리즈 작품 중 하나. 커다란 육각형 필드에서, 위에서 떨어지는 색색의 삼각형을 커서 내에서 회전시켜 같은 색 육각형으로 맞추면 없어지는 낙하계 퍼즐 게임이다.

bit Generations : dotstream

RCG　닌텐도　2006년 7월 13일　2,000엔(세금 포함)

「비트 제네레이션즈」 시리즈로, 이번엔 플레이어가 '도트'가 되어 결승선을 노리는 레이싱 게임이다. 통과한 궤적엔 선이 그려지며, 교차는 가능해도 같은 선상을 주행할 수는 없다. 상하 이동과 브레이크로 장애물을 피하며 1위를 노리자. 대시 패널 위를 통과하면 가속된다!

bit Generations : BOUNDISH

ACT　닌텐도　2006년 7월 13일　2,000엔(세금 포함)

'원점회귀'와 '누구라도 즐길 수 있음'을 컨셉으로 삼은 「비트 제네레이션즈」. 이번엔 「PONG」을 연상시키는, 화면 내를 움직이는 구슬을 플레이어가 되치는 룰의 심플한 게임 5종을 수록했다. 룰을 몰라도 일단 즐겨보면 바로 알게 되는 단순한 게임들이라 재미있다.

bit Generations : ORBITAL

ACT　닌텐도　2006년 7월 27일　2,000엔(세금 포함)

우주공간의 '인력'이 테마인 액션 게임이다. 플레이어는 '작은 행성'을 조작해, '중력'과 '반중력'을 제어하며 백색·청색 행성을 획득해 자신을 커다란 행성으로 성장시켜 골 행성으로 향한다. 적색·황색 행성에 닿으면 목숨이 줄어드니, 이들 부근일 땐 신중히 조작해야 한다.

bit Generations : COLORIS

PZL　닌텐도　2006년 7월 27일　2,000엔(세금 포함)

칸칸으로 나뉜 패널은 같은 색이 3개 붙으면 사라지며, 위에서 새로운 패널이 떨어진다. 원하는 색으로 바꾸는 식이 아니라, 커서에 물들어있는 색을 패널의 색과 조금씩 혼합해 가며 색을 변화시켜야 한다. 패널 색깔을 바꿀 때마다 커서의 색 역시 변화되는 시스템이다.

bit Generations : Soundvoyager

ACT　닌텐도　2006년 7월 27일　2,000엔(세금 포함)　플레이시 스테레오 헤드폰(별매) 필요

'소리에만 집중하라!'라는 컨셉으로 제작된 게임으로, 플레이하려면 헤드폰이 필수다. 귀로 들리는 소리를 힌트삼아 달려오는 라이벌 카를 피하는 레이싱 게임과, 우리 안에 있는 닭을 잡는 게임 등을 수록했다. 화면을 보지 않고, 들리는 음만으로 판단하며 즐기는 게 전제인 게임이다.

bit Generations : DIGIDRIVE

ACT　닌텐도　2006년 7월 27일　2,000엔(세금 포함)

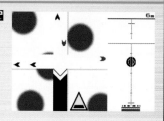

교차로를 오가는 화살표 모양의 '셰이프'를 마치 교통 정리하듯 네 구석에 잘 유도해 같은 종류로 5개 묶으면 '스톡 도형'이 형성되며, 이렇게 '셰이프'를 축적해 가득 채우면 각 도형이 삼각형 → 사각형으로 바뀌어간다. 환상적인 음악이 어우러진 불가사의한 감각의 게임이다.

리듬 세상

- ACT　닌텐도　2006년 8월 3일　3,800엔(세금 포함)

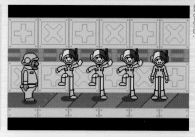

'리듬감을 단련하는' 것이 목적인 리듬 게임으로, 닌텐도 타이틀로는 최후의 게임보이 어드밴스용 소프트. 일본 대중음악계의 명 프로듀서 층쿠♂가 직접 닌텐도에 가져간 기획안에 따라 「메이드 인 와리오」의 개발팀이 제작한 게임으로, 층쿠♂의 리듬감 지론을 게임에 담기 위해 개발진들이 댄스 레슨까지 받으며 컨텐츠를 다듬었다고 한다. 40종류의 스테이지 모두가 개별 미니게임 형태이며, 제대로 리듬에 맞춰 버튼을 누르면 클리어할 수 있도록 만들었다.

파이널 판타지 V 어드밴스

RPG　스퀘어 에닉스　2006년 10월 12일　5,040엔(세금 포함)

1992년 발매된 같은 제목 작품의 이식판. '검투사'·'예언사' 등 4개의 잡이 추가됐고 클리어 후에 추가 던전이 나오는 등, 파고들기 요소를 강화했다. 휴대용 게임기임을 고려해 중단 세이브 기능이 들어갔고, 대화창에 아마노 요시타카가 디자인한 각 캐릭터의 얼굴 그래픽이 표시된다.

파이널 판타지 VI 어드밴스

RPG　스퀘어 에닉스　2006년 11월 30일　5,040엔(세금 포함)

원작은 1994년 발매된 슈퍼 패미컴판. 'FF 휴대기 완전이식 계획' 제 3탄으로, 일본 최후의 게임보이 어드밴스용 소프트다. 주인공 '록'이 되어 12명의 동료들과 모험하자. 마석과 각 캐릭터용 무기 추가를 비롯해, 클리어 후 추가 던전과 히든 보스 등 추가 요소가 상당하다.

원하는 게임을 바로 찾아보자! 전 타이틀 색인

일본 발매 게임보이 어드밴스 소프트 색인

이 페이지는 32p부터 소개한, 일본에서 발매된 게임보이 어드밴스용 게임 소프트 총 791개 타이틀을 가나다순으로 정렬한 색인이다. 특히 GBA는 시리즈물 게임 및 타이틀명이 유사한 게임이 많으므로, 일람으로 볼 수 있도록 배려했다.

이 책에 수록된 해당 게재 페이지도 소개하였으므로, 당시 갖고 있었던 게임을 회고한다거나, 컬렉션 수집을 위

해 타이틀을 조사한다거나…… 등등의 이유로 추억의 게임을 찾는 데 참고자료로 활용해준다면 감사하겠다.

HARDWARE
2001's SOFT
2002's SOFT
2003's SOFT
2004's SOFT
2005's SOFT
2006's SOFT
SOFT INDEX

HARDWARE

2001's SOFT

2002's SOFT

2003's SOFT

2004's SOFT

2005's SOFT

2006's SOFT

SOFT INDEX

HARDWARE

2001's SOFT

2002's SOFT

2003's SOFT

2004's SOFT

2005's SOFT

2006's SOFT

SOFT INDEX

176

HARDWARE

2001's SOFT

2002's SOFT

2003's SOFT

2004's SOFT

2005's SOFT

2006's SOFT

SOFT INDEX

177

GAME BOY ADVANCE

해설 한국의 게임보이 어드밴스 이야기
COMMENTARY OF GAMEBOY ADVANCE #3

대원씨아이에 의한, 게임보이 어드밴스의 국내 정규 유통 전개

제 3장은 원서인 일본판에는 없는 한국어판의 독자적인 추가 지면으로서, 원서 감수자인 마에다 히로유키 씨의 허락 하에 한국어판 역자가 추가 집필하였음을 먼저 밝혀둔다.

대원C&A(현 대원미디어)의 자회사로서 만화·잡지·애니메이션 등 일본 미디어·캐릭터 라이센스 서비스 사업을 다년간 해온 대원씨아이는 1998년 11월 '조이툰 소프트'라는 브랜드로 게임 사업부를 신설, 닌텐도와의 정식 계약을 거쳐 2000년 12월부터 게임보이 컬러의 소량 수입유통을 시작하면서 닌텐도 게임기의 한국 정식 유통사업을 개시했다. 이 시점부터 이미 대원씨아이 게임사업부(이하 대원씨아이)는 후일의 게임보이 어드밴스(이하 GBA) 및 닌텐도 게임큐브 유통을 시야에 두고 있었으므로, 게임보이 컬러는 어디까지나 초기의 소량 수입 판매에 그쳤다.

대원씨아이는 이후 2002년 1월 7일부터 한국판 GBA의 시판을 개시하였고, GBA용 소프트는 닌텐도 발매작 위주의 수입판매 형태로 유통하게 된다. 일본 게임기 및 소프트의 수입 자유화가 이루어진 이후에 사업을 전개했기 때문에, 적어도 하드웨어 및 닌텐도 소프트에 한해서는 일본 현지와 큰 시차 없이 기동성 있게 수입 공급되었던 점이 대원씨아이 GBA 사업 전개의 특징으로, 병행수입 역시 매우 활발했기 때문에 한국에서도 GBA는 휴대용 게임기의 대명사로서 당대의 저연령 학생층을 중심으로 상당한 보급률을 자랑했다.

이후 대원씨아이는 닌텐도 게임큐브(2002년 12월 14일 첫 출시)를 비롯해 게임보이 어드밴스 SP(2003년 3월 14일), 게임보이 플레이어(2003년 4월), 닌텐도 DS(2004년 12월 29일), 게임보이 미크로(2005년 12월 20일), 게임보이 어드밴스 SP 백라이트 버전(2006년 4월 8일; 해외판 수입발매), 닌텐도 DS Lite(2006년 7월 20일)에 이르기까지 당시 닌텐도가 전개하던 주요 하드웨어들을 한국에도 꾸준히 발매하여, 4년여에 걸쳐 닌텐도의 한국 공식 판매대행사로 활동하며 국내 비디오 게임 시장을 개척하게 된다.

▲ 대원씨아이 게임사업부가 발매한 GBA용 게임 패키지의 후면 예시(사진은 「메이드 인 와리오」). 실제 패키지 자체는 일본판의 완전 수입으로, 후면에 별도로 텍스트를 번역 제작한 안내지를 부착하고 내부에 1장짜리 간이 한국어 설명서를 추가 동봉한 형태였다.

▲ 2003년 3월의 게임보이 어드밴스 SP 정식 발매 시 전개했던 게임잡지 광고.

Built-in lighted screen
Folding, portable size
Rechargeable battery
Plays all Game Boy games

GAME BOY ADVANCE SP
FOR KOREA ONLY 한국 국내 전용

파랑색

□ **Built-in lighted screen**
프론트 라이트 탑재로 밝고 보기 쉬운 화면

□ **Folding, portable size**
폴더형으로 주머니에도 들어가는 컴팩트사이즈

□ **Rechargeable battery**
리튬이온 충전지 내장으로 건전지 불필요
약 3시간 충전으로 최대 10시간 즐기실 수 있습니다.(※)

□ **Plays all Game Boy games**
지금까지의 소프트웨어도 즐길 수 있다
게임보이 어드밴스 전용 소프트웨어·게임보이·게임보이 컬러 대응(일부 소프트웨어를 즐기실 수 없습니다.)
※ 백라이트에 따라 일부 달라지는 경우가 있습니다.

세트내용
■ GAME BOY ADVANCE SP본체(AGS-001) ■ AC어댑터 220V (AGS-002(KOR)) ■ 퀵글 설명서포함 ■ 원갈

⚠ 주 의 사용전에 반드시 취급설명서를 잘 읽어 보시고 바른 사용 방법으로 이용해 주십시오.

TM and ® are trademarks of Nintendo.
GAME BOY trademark is registered in Korea (No. 229480, 254206).
© 2003 Nintendo. MADE IN CHINA
PAT. PEND.   대원씨아이(주)

▲ 게임보이 어드밴스 SP의 한국 유통판 외장 패키지 앞뒤 사진. 전반적인 구성과 디자인은 대동소이하나, AC 어댑터는 한국 사양의 220V 규격품으로 변경되었다. 닌텐도의 휴대용 게임기는 이 시점부터 건전지식에서 충전지 내장형으로 바뀌었으므로, 한국 전용 AC 어댑터가 동봉되었다.

WIDE COLOR 32
GAME BOY ADVANCE
HIGH QUALITY WIDE COLOR SCREEN
AGB-001

흰색 White

JOYTOON SOFT
MADE IN CHINA

▲ 국내 정식발매 초기의 게임보이 어드밴스 한국 유통판 외장 패키지의 앞면 사진. '한국 지구 전용'이라는 표기와, 후면 설명에 한국어·영어 양쪽을 병기한 것이 특징이다. 참고로 동봉된 본체 기기 자체는 호주판(AGB-AUS)으로, 이는 GBA SP도 마찬가지였다.

'판매대행사'의 한계를 넘지 못하고, 한국닌텐도에 배턴을 넘겨주다

GBA가 국내 출시된 2002년 시점에서 이미 한국지사를 중심으로 직배체제를 구축하고 활동했던 타 콘솔 플랫폼사, 즉 PS2의 소니컴퓨터엔터테인먼트코리아(현 소니인터랙티브엔터테인먼트코리아)와 Xbox의 한국마이크로소프트(실제 유통은 세중그룹 계열사였던 세중게임박스가 담당) 등과는 달리, 닌텐도는 이 당시에는 한국을 비롯한 아시아 국가들에 지사 형태로 직접 진출하지 않고 현지 판매대행사를 통해 B2B 형태로 간접 대응하는 사업모델을 고수하고 있었다. 이렇다 보니 판매대행사 입장에서는 한국 시장에 맞는 하드웨어 모델 전개와 병행수입 기기와의 가격경쟁력, 소프트 공급(특히 유력 소프트의 한글화 발매 추진) 등등에 있어 제약과 고충이 크고 운신의 폭이 좁을 수밖에 없어, 특히 다수의 국내 서드파티 진용을 갖추는 데 성공해 일찍부터 적극적인 해외 게임 한글화 발매체제를 확립한 PS2 진영에 계속 비교당하지 않을 수 없었다.

이 과정에서, 2005년 1월엔 「마리오 파티 어드밴스」가 당시 게임 심의를 주관하던 영상물등급위원회로부터 '카지노 형태의 게임 포함'을 이유로 마리오 관련 게임으로는 최초의 청소년이용불가 등급을 받아, 당시 국내 게임언론과 게이머들 사이에 큰 논란이 된 등의 해프닝도 있었다.

이런 상황에 대한 자구책이었는지, 대원씨아이 역시 모회사인 대원C&A 내의 게임사업부와 당시 관계회사였던 반다이코리아(원더스완의 초기 국내 유통을 담당했고, 당시 PS2로도 게임 소프트 퍼블리싱을 하고 있었다)를 통해 한글화 소프트 공급 확충에 나서, 판권물 사업에 능숙한 그룹의 강점을 살려 2004년 4월의 「원피스 : 일곱섬의 대보물」을 시작으로 총 6종에 달하는 한글화 및 국내개발 게임의 발매를 성사시켰

다. 특히 대원C&A 게임사업부의 내부 게임 제작팀은 대원씨아이계 한글판 게임 대부분의 실제 한글화 작업을 우수한 퀄리티로 완수했고, 「메르포메네」 등의 오리지널 신작도 자체 개발하여 당시 게임잡지 등을 통해 홍보하기도 하였다. 하지만 이후 닌텐도 DS의 대두와 한국닌텐도의 설립 등으로 당시 시장상황이 급변했던 탓인지, 애석하게도 대원씨아이의 국산 오리지널 신작 게임은 결국 「아이언키드」 단 한 작품으로 끝나고 그 외에는 결국 미발매작으로 남았다.

2004년 12월 닌텐도 DS의 국내 발매를 기점으로 GBA 시장은 급격한 축소기미를 맞았고, 2006년 7월의 한국닌텐도 설립 이후부터는 닌텐도 제품의 판매권한도 한국닌텐도가 인계받아, 2007년 1월 18일의 한국판 닌텐도 DS Lite 발매 시점부터는 한국닌텐도가 닌텐도 제품 국내 보급의 전면에 나선다. 이후 대원C&A는 대원미디어로 사명을 변경하고 닌텐도와 파트너십 관계를 유지하여, 2020년 현재도 대원미디어 게임사업부가 한국닌텐도 제품의 국내 유통권을 배분받아 사업을 지속하고 있다.

▲ 게임보이 미크로의 한국 발매 시 잡지광고. 기본 컬러인 블랙·실버에 더해 호주 한정 컬러인 '레드'와 유럽 한정 컬러인 '그린' 버전도 한국에 함께 발매되었다.

▲ 2004년 초의 게임보이 어드밴스 SP 신색상 발매 시 잡지광고. 사실 「포켓몬스터 금·은」은 장기간 꾸준히 판매되기는 했으나 당초 기대보다는 판매곡선이 둔한 편이었기에, 회사 내부적으로는 고민이 많았다고 한다. 그 고뇌의 일단이 광고에도 엿보인다.

▲ 대원씨아이의 한글판 게임보이 어드밴스 게임 잡지광고. 당시는 소프트 불법 구동장치가 만연했던 GBA 후기였기도 하고, 닌텐도 DS와 PSP의 사전 발표로 유저들의 관심이 차세대 휴대용 게임기에 쏠리는 등 여건이 매우 좋지 않았으므로, 의욕적인 한글화 전개였지만 아쉽게도 큰 주목을 받지 못했다.

▲ 2005년 8월경 월간 게이머즈 등을 통해 공개되었던, 대원C&A 게임사업부의 내부 개발작인 오리지널 어드벤처 게임 「메르포메네 : 마지막 역사의 시작」(가칭). 제1차 세계대전의 결정적 원인이었던 사라예보 사건과 그 당시의 시대상이 모티브로서, 유럽 풍 국가 '페노루크 제국'에서 벌어지는 사건들을 황실 특수수사대 3인이 해결해간다는 가상역사 추리 어드벤처 게임이었다고 한다. 상당 부분 완성됐던 것으로 보이나, 애석하게도 결국 출시의 빛을 보지 못한 채 미발매작으로 남고 말았다.

한국에 발매된 게임보이 어드밴스 공식 한글화 소프트들을 한데 모은

게임보이 어드밴스
한글화 소프트 카탈로그

이 페이지에서는, 한국에 정규 발매된 게임보이 어드밴스용 소프트 중 한글화되어 발매된 소프트 및 국산 소프트 총 6타이틀을 카탈로그 형식으로 소개한다.

2002년부터 2007년까지 5년간 게임보이 어드밴스의 국내 유통을 도맡았던 대원씨아이 게임사업부는 거의 대부분의 소프트를 일본판 패키지 직수입(한국어 안내지 및 간이 매뉴얼 동봉) 형태로 유통했으나, 그중 총 5개 소프트는 일본 게임의 한글화, 1개 소프트는 국내 개발사의 자체개발 게임이었다. 후일의 한국닌텐도와는 달리 권한

도 여력도 적었던 판매대행사라는 악조건에서도 6종의 한국어 타이틀을 배출한 점은 응당 평가할 만하며, 미흡함은 어쩔 수 없었겠으나 그 노력과 분투만큼은 인정받아야 할 것이다.

원피스 : 일곱섬의 대보물
RPG　대원씨아이　2004년 4월 26일　오픈 프라이스

▶작업은 대원씨아이계 한글화의 실제 한글화 팀이 맡았었음.

같은 제목의 게임(82p)을 완전 현지화한, 게임보이 어드밴스용으로는 첫 한글화 게임이다. 모든 텍스트를 충실히 번역했으나, 발매 시점에 이미 유저층의 무단복제 구동이 만연했기에 상업적으로는 좋은 결과를 거두지 못한 것으로

보인다. 일본판과 마찬가지로 원피스 카드게임에 사용 가능한 '스페셜 앵무새 카드' 1장을 동봉했으며, 카드의 시리얼번호를 게임 시작 시 입력하면 다양한 정보를 알려주는 앵무새를 획득하고, 통신 케이블로 정보 교환도 가능하다.

드래곤볼 Z 무공투극
ACT　대원씨아이　2004년 9월 13일　오픈 프라이스

▶후속작으로 개발된 아크시스템웍스의 닌텐도 DS용 「드래곤볼 Z 무...

같은 제목의 게임(123p)을 완전 현지화한 대원씨아이의 2번째 한글화 게임. '드래곤볼 Z'계 게임 중에선 슈퍼 패미컴의 「초무투전 3」와 PS2판 「드래곤볼 Z」 1·2편에 이은 통산 4번째 한글판에 해당한다. 최대 3:3 팀 배틀이 가능

한 '러쉬 배틀' 장르를 표방했으며, 캐릭터의 파워 업이 '레벨'로 표현되어 레벨이 오르면 기술도 달라지는 것이 특징. 스토리 모드에는 원작과 다른 IF 스토리도 존재한다. 팬들 사이에선 수작으로 평가받는 작품.

HARDWARE
2001's SOFT
2002's SOFT
2003's SOFT
2004's SOFT
2005's SOFT
2006's SOFT
SOFT INDEX

원피스 고잉-베이스볼 : 해적야구

SPT　반다이코리아　2004년 11월 17일　59,000원

같은 제목의 게임(122p)을 현지화한, 대원씨아이 외 타사 발매작으로는 최초의 한글화 게임. 7인 팀제 야구 게임이며, '원피스' 원작에 등장했던 캐릭터들끼리 팀을 구성해 고유 능력을 발휘하며 경기에 참전하는 매우 변칙적인 전개가 특징. 통신 케이블로 2인 대전이 가능하다.

레전더 : 부활하는 시련의 섬

RPG　반다이코리아　2005년 3월 25일　가격 미상　　전용 영혼의 인형 어댑터 포함

같은 제목 게임(134p)의 한글판으로, 당시 국내에서도 TV 애니메이션·장난감·카드 게임 등을 전개했던 미디어믹스 '용의 전설 레전더' 관련작. 영혼의 인형 어댑터와 영혼의 인형 '헥사 드래곤'을 동봉했다. 별매한 다른 영혼의 인형과도 연동되지만, 아쉽게도 게임판은 이 한 작품만 나왔다.

드래곤볼 어드밴스 어드벤처

ACT　대원씨아이　2005년 2월 25일　오픈 프라이스

> 부르마
> 「아~~앗! 그 목에 걸려있는 것은!?」

같은 제목의 게임(142p)을 한글화한 작품으로, '드래곤볼 Z'가 아닌 초대 '드래곤볼'이 소재인 게임 중에서는 거의 유일한 한글화 정식 발매작이기도 하다. 원작 만화의 피콜로 대마왕 편까지를 다뤘으며, 드래곤볼 7개 모으기 요소나 엑스트라 모드, 스토리 모드 1회 클리어 시 크리링으로도 플레이할 수 있는 특전 등 볼륨이 충실하다. 전반적인 게임 내 텍스트 및 매뉴얼 등의 번역 퀄리티도 준수해, 원작 초기 스토리의 팬이라면 애장할 만한 수작이다.

아이언키드

ACT　대원C&A홀딩스　2007년 4월 19일　오픈 프라이스

GBA 최초이자 유일의 국산 오리지널 게임으로, 비트메이지 사가 개발한 횡스크롤 액션 게임. 대원C&A와 디자인스톰이 공동 제작해 2006년 중순 KBS 2TV로 방영했던 같은 제목의 국산 아동용 CG 애니메이션이 원작인 판권물 게임이다. 원작 자체의 인기가 부진했던 데다 게임도 거의 1년 후에나 간신히 나와, 게임 자체는 비교적 준수한 완성도임에도 불구하고 판권물로서의 혜택을 전혀 받지 못한 채 국내 최후의 GBA 게임 발매작으로 남았다.

한국 발매 게임보이 어드밴스 소프트를 표로 게재

게임보이 어드밴스
한국 정식발매 소프트 리스트

이 페이지에서는 2002~2007년까지 대원씨아이 등의 국내 회사들이 게임보이 어드밴스용으로 한국에 정규 발매한 소프트 총 84개 타이틀을 발매 시기 순으로 정렬해 리스트화하였다. 본서에 이미 소개된 타이틀의 경우 해당 게재 페이지와 타이틀명도 함께 기재해 두었다.

본 리스트는 역자가 보유한 게임잡지 및 웹 아카이브 형태로 발굴한 대원씨아이 게임사업부의 당시 홈페이지 정보, 네이버 카페 '추억의 게임 여행'에서 취합된 사진 및 자료 등을 기초로 하여, 실물 및 사진이 남아있는 소프트 데이터를 최대한 보강하여 다듬었다. 다만 시간과 자료의 한계로 누락이나 오류가 있을 수 있으며 리스트의 정확성을 완전히 담보하지는 못하

므로, 이 점은 너른 양해를 구하고자 한다. 또한 국내 유통사가 심의를 거쳐 최소한의 리패키징과 설명서 동봉으로 정규 발매한 소프트를 수록 기준으로 삼았으므로, 병행수입 소프트·타사의 비 라이선스 소프트 등은 목록에 수록하지 않았다.

- 본 리스트의 소프트명 표기는 실제 패키지 표기 혹은 대원씨아이 게임사업부 홈페이지의 표기 기준이다.
- 국내 발매 시기는 최대한 근사치를 기재하려 노력했으나, 당시 소프트 발매 특성상 불명확한 부분이 많기 때문에 대부분이 추정치이며, 발매 순서 등이 실제와 다를 수 있다.
- '본서 소개 정보' 란의 푸른색 문자는 본서에 소개되지 않은 타이틀의 영문 원제이다.
- 기본적으로 거의 대부분의 소프트는 대원씨아이 발매의 일본어판이며, 타사 발매품·한글판 등의 일부 소프트는 비고에 기재해 두었다.

발매일(추정)	소프트명	가격	본서 소개 정보	비고
2002.1.3	슈퍼 마리오 어드밴스	57,000원	슈퍼 마리오 어드밴스(32p)	
2002.1.3	마리오 카트 어드밴스	57,000원	마리오 카트 어드밴스(40p)	
2002.1.3	와리오 랜드 어드밴스	57,000원	와리오 랜드 어드밴스 : 요기의 보물(42p)	
2002.1.3	매지컬 베케이션	57,000원	매지컬 베이케이션(50p)	
2002.3	핑키몽키타운	–	핑키 몽키 타운(54p)	토마토프라자 수입판
2002.3.20	슈퍼 마리오 어드밴스2	57,000원	슈퍼 마리오 어드밴스 2(51p)	
2002.5.20	토마토 어드벤처	57,000원	토마토 어드벤처(56p)	
2002.5.20	파이어 엠블렘	57,000원	파이어 엠블렘 : 봉인의 검(61p)	
2002.6.11	슈퍼 퍼즐버블 어드밴스	55,000원	슈퍼 퍼즐 보블 어드밴스(53p)	엠드림 수입판
2002.6.28	황금의 태양	57,000원	황금의 태양 : 풀리는 봉인(41p)	
2002.7.19	보글보글	57,000원	버블 보블 OLD & NEW(72p)	엠드림 수입판
2002.7.26	파이널 파이어 프로레슬링	57,000원	파이널 파이어 프로레슬링 : 꿈의 단체 운영!(71p)	엠드림 수입판
2002.7	귀여운 페트샵 이야기 3	57,000원	귀여운 펫샵 이야기 3(68p)	엠드림 수입판
2002.8.2	스페이스 인베이더 EX	45,000원	스페이스 인베이더 EX(74p)	엠드림 수입판
2002.9.20	슈퍼마리오 3	57,000원	슈퍼 마리오 어드밴스 3(77p)	
2002.9	황금의 태양 2	57,000원	황금의 태양 : 잃어버린 시대(67p)	
2002.10.22	전설의 스타피	57,000원	전설의 스타피(76p)	
2002.11	포켓몬스터 사파이어	57,000원	포켓몬스터 사파이어(82p)	
2002.11	포켓몬스터 루비	57,000원	포켓몬스터 루비(82p)	
2002.11.18	별의 카비-꿈의 샘	57,000원	별의 커비 : 꿈의 샘 디럭스(80p)	
2002.	반지의 제왕 : 두 개의 탑	46,000원	반지의 제왕 : 두 개의 탑(93p)	EA코리아 수입, 영문판
2002.	SSX 트릭키	46,000원	SSX Tricky	EA코리아 수입, 영문판
2002.	해리포터 : 비밀의 방	46,000원	해리 포터와 비밀의 방(83p)	EA코리아 수입, 영문판
2002.	피파 풋볼	46,000원	FIFA Soccer 2003	EA코리아 수입, 영문판
2003.1	쿠루링 파라다이스	57,000원	쿠루링 파라다이스(84p)	
2003.1	킹 오브 파이터즈 EX2	57,000원	더 킹 오브 파이터즈 EX2 : Howling Blood(91p)	
2003.1	DARIUS R	45,000원	다라이어스 R(87p)	엠드림 수입판

2003.2.18	메트로이드 퓨전	57,000원	메트로이드 퓨전(93p)	
2003.3.12	파이널 판타지 택틱스	60,000원	파이널 판타지 택틱스 어드밴스(93p)	
2003.3.20	젤다의 전설 - 신들의 트라이포스 & 4개의 검	57,000원	젤다의 전설 : 신들의 트라이포스 & 4개의 검(94p)	
2003.3.20	메이드 인 와리오	57,000원	메이드 인 와리오(96p)	
2003.5.17	파이어 엠블렘 - 열화의 검	57,000원	파이어 엠블렘 : 열화의 검(99p)	
2003.7.16	슈퍼마리오 어드밴스 4	57,000원	슈퍼 마리오 어드밴스 4(102p)	
2003.7.18	MOTHER 1+2	57,000원	MOTHER 1+2(101p)	
2003.9.5	테일즈 오브 판타지아	59,000원	테일즈 오브 판타지아(105p)	
2003.9.9	포켓몬 핀볼 루비&사파이어	57,000원	포켓몬 핀볼 : 루비 & 사파이어(105p)	
2003.9.17	신약 성검전설	67,000원	신약 성검전설(106p)	디럭스 팩(76,000원)도 동시발매
2003.10.23	전설의 스타피 2	57,000원	전설의 스타피 2(107p)	
2003.10.31	오리엔탈 블루 - 푸른 천외	57,000원	오리엔탈 블루 : 푸른 천외(109p)	
2003.12.1	반지의 제왕 : 왕의 귀환	49,000원	반지의 제왕 : 왕의 귀환(118p)	EA코리아 수입, 영문판
2003.12.1	해리포터 : 퀴디치 월드컵	49,000원	해리 포터 : 퀴디치 월드컵(110p)	EA코리아 수입, 영문판
2003.12.1	피파 2004	49,000원	FIFA Soccer 2004	EA코리아 수입, 영문판
2003.12.15	마리오&루이지 RPG	59,000원	마리오&루이지 RPG(111p)	
2003.12.23	페르시아 왕자	68,000원	Prince of Persia : The Sands of Time	코코캡콤 수입, 영문판
2003.12.24	F-ZERO 팔콘전설	57,000원	F-ZERO : 팔콘 전설(112p)	
2003.12.31	슈퍼 동키콩	57,000원	슈퍼 동키 콩(115p)	
2004.1.5	심즈 : 세상 밖으로	49,000원	The Sims : Bustin' Out	EA코리아 수입, 영문판
2004.1.5	메달 오브 아너 : 침입자	49,000원	메달 오브 아너 어드밴스(117p)	EA코리아 수입, 영문판
2004.1.5	SSX 3	49,000원	SSX 3	EA코리아 수입, 영문판
2004.1.14	레이맨 3	57,000원	Rayman 3	코코캡콤 수입, 영문판
2004.2.25	록맨 & 포르테	57,000원	록맨 & 포르테(75p)	코코캡콤 수입, 일본어판
2004.4.26	원피스 일곱섬의 대보물	–	원피스 : 일곱섬의 대보물(82p, 182p)	한글판
2004.5.4	별의 카비 - 거울의 대미궁	–	별의 커비 : 거울의 대미궁(125p)	
2004.6.18	메트로이드 제로 미션	–	메트로이드 : 제로 미션(129p)	
2004.7.9	마리오 VS. 동키콩	–	마리오 vs. 동키 콩(129p)	
2004.7.23	슈퍼 동키콩 2	–	슈퍼 동키 콩 2(131p)	
2004.7.29	FINAL FANTASY Ⅰ·Ⅱ	–	파이널 판타지 Ⅰ·Ⅱ 어드밴스(134p)	
2004.7.29	쟈쟈마루 Jr. 전승기	57,000원	쟈쟈마루 Jr. 전승기 : 잘레코도 있소이다!(129p)	지피클럽 발매, 일본어판
2004.7.31	드래곤볼Z Taiketsu	55,000원	Dragonball Z : Taiketsu	아타리코리아 수입, 영문판
2004.7.31	닉툰 레이싱	44,000원	Nicktoons Racing	아타리코리아 수입, 영문판
2004.7.31	크레이지 택시 Catch a Ride	44,000원	Crazy Taxi : Catch a Ride	아타리코리아 수입, 영문판
2004.7.31	슈퍼 몽키볼 Jr.	44,000원	Super Monkey Ball Jr.	아타리코리아 수입, 영문판
2004.7.31	듀얼 마스터즈	59,000원	듀얼 마스터즈(105p)	아타리코리아 수입, 영문판
2004.8.6	전설의 스타피 3	–	전설의 스타피 3(135p)	
2004.9.13	드래곤볼 Z 무공투극	–	드래곤볼 Z 무공투극(123p, 182p)	한글판
2004.9.16	포켓몬스터 에메랄드	–	포켓몬스터 에메랄드(138p)	
2004.10	파이어 엠블렘 성마의 광석	–	파이어 엠블렘 : 성마의 광석(139p)	
2004.10.14	돌려라 메이드 인 와리오	–	돌려라 메이드 인 와리오(139p)	
2004.10.26	피파 2005	45,000원	FIFA Soccer 2005	EA코리아 수입, 영문판
2004.11.10	철완 아톰 : 아톰하트의 비밀	–	ASTRO BOY 우주소년 아톰 : 아톰 하트의 비밀(116p)	AK커뮤니케이션즈 수입, 일본어판
2004.11.16	반지의 제왕 : 써드 에이지	45,000원	반지의 제왕 : 가운데땅 제 3시대(149p)	EA코리아 수입, 영문판
2004.11.17	원피스 고잉-베이스볼 : 해적야구	59,000원	원피스 고잉 베이스볼(122p, 183p)	반다이코리아 발매, 한글판
2004.11.23	The Urbz	45,000원	The Urbz : 심즈 인 더 시티(144p)	EA코리아 수입, 영문판
2004.11.30	니드 포 스피드 언더그라운드 2	45,000원	Need for Speed : Underground 2	EA코리아 수입, 영문판
2004.12	젤다의 전설 - 이상한 모자	–	젤다의 전설 : 이상한 모자(141p)	
2004.12.17	요시의 만유인력	–	요시의 만유인력(146p)	
2005.1.27	마리오 파티 어드밴스	–	마리오 파티 어드밴스(150p)	
2005.2.25	드래곤볼 어드밴스 어드벤처	–	드래곤볼 어드밴스 어드벤처(142p, 183p)	한글판
2005.3	천년가족	–	천년가족(152p)	
2005.3.25	레전더 : 부활하는 시련의 섬	–	레전더 : 부활하는 시련의 섬(134p, 183p)	반다이코리아 발매, 한글판
2005.6	흔들흔들 동키	–	흔들흔들 동키(155p)	
2006.11.1	파이널 판타지 5	–	파이널 판타지 Ⅴ 어드밴스(169p)	
2006.12.7	파이널 판타지 6	–	파이널 판타지 Ⅵ 어드밴스(169p)	
2007.4.19	아이언키드	–	아이언키드(183p)	비트메이지 제작, 국내개발작

게임보이 어드밴스
퍼펙트 카탈로그

1판 1쇄 | 2020년 10월 26일
1판 2쇄 | 2023년 10월 30일
감   수 | 마에다 히로유키
옮 긴 이 | 조기현
발 행 인 | 김인태
발 행 처 | 삼호미디어
등   록 | 1993년 10월 12일 제21-494호
주   소 | 서울특별시 서초구 강남대로 545-21 거림빌딩 4층
          www.samhomedia.com
전   화 | (02)544-9456(영업부) (02)544-9457(편집기획부)
팩   스 | (02)512-3593

ISBN 978-89-7849-628-5 (13690)